批判性思维通识课

正确思考的方法

田洪鋆◎著

清华大学出版社
北京

本书封面贴有清华大学出版社防伪标签，无标签者不得销售。
版权所有，侵权必究。举报：010-62782989，beiqinquan@tup.tsinghua.edu.cn

图书在版编目（CIP）数据

批判性思维通识课：正确思考的方法 / 田洪鋆著.
北京：清华大学出版社，2024.8（2025.1重印）.-- ISBN 978-7-302-67202-9
Ⅰ. B80
中国国家版本馆 CIP 数据核字第 2024KF0246 号

| 责任编辑：徐永杰　朱晓瑞
| 封面设计：汉风唐韵
| 责任校对：王荣静
| 责任印制：丛怀宇
| 出版发行：清华大学出版社
| 　　网　　址：https://www.tup.com.cn, https://www.wqxuetang.com
| 　　地　　址：北京清华大学学研大厦 A 座　　邮　　编：100084
| 　　社 总 机：010-83470000　　邮　　购：010-62786544
| 　　投稿与读者服务：010-62776969, c-service@tup.tsinghua.edu.cn
| 　　质　量　反　馈：010-62772015, zhiliang@tup.tsinghua.edu.cn
| 　　课 件 下 载：https://www.tup.com.cn, 010-83470332
| 印 装 者：三河市东方印刷有限公司
| 经　　销：全国新华书店
| 开　　本：148mm×210mm　　印张：9.5　　字　数：220千字
| 版　　次：2024年9月第1版　　印　次：2025年1月第6次印刷
| 定　　价：78.00元

产品编号：104455-01

自序
为什么要写这本书

批判性思维到底有多重要呢？这么说吧，我们在成长过程中所追求的一切美好词汇与批判性思维有密不可分的关系，如独立思考、探寻本质、解决问题、应用知识、良好决策、提升认知、创新创造等能力，以及自我反思、积极心态、坚毅品格、谦虚谨慎和开放包容等个人状态。埃隆·马斯克说："ChatGPT出现后，教育最核心的任务是培养批判性思维。"批判性思维一方面是突破传统教育领域内以知识传递为主造成的教育困境的必然路径，另一方面是在以ChatGPT为典型代表的人工智能时代，人所必备的生存能力。自杜威在1910年提出批判性思维以来，美国开始大力推进批判性思维的研究和通识类批判性思维课程的开设，截至20世纪80年代，美国本土产生了数量庞大的批判性思维研究成果和教材，绝大部分大学都将批判性思维列为通识课程的必要组成部分，发展学生的批判性思维已经被公认为是高等教育的核心理念和基本目标。联合国教科文组织也已经明确将批判性思维培养列为21世纪高等教育的重要议题。在中国，批判性思维亟需得到很好的开展。

第一，中国的批判性思维亟需实现通识化。在中国，批判性思维多存在于学科范畴，如哲学、逻辑学、心理学等领域，这些领域中的批判性思维学科化（理论化）、抽象难懂、进入门槛高，这使得意识到批判性思维重要性以及对其感兴趣的学生望而生畏、产生学习困难。笔者也曾多次参加有关通识教育发展的论坛，观摩过几所声望很高的院校对批判性思维通识课程的建设，但这些课程都没有做到真正的通识化，而且多由哲学等相关专业老师讲授，晦涩难懂，讨论主题远离学生生活，选课人数和教学效果都不理想。如何在与学生息息相关的领域里，以符合学生认知的方式，采用学生熟悉的话语体系，讲好批判性思维的故事，是中国发展批判性思维教育遭遇的第一个问题。

第二，中国的批判性思维亟需实现本土化。从源头上来讲，批判性思维产生于西方，在研究的深度和推进的广度方面，一些西方发达国家走在我们前面。于是，有一些对批判性思维感兴趣的学者产生了将国外关于通识批判性思维的著作、教材引入国内的想法并付诸实施。应该说，这一类尝试并不少，因此国内也充斥着大量的、有关批判性思维的国外书籍的翻译版本，但本土的研究几乎没有。上文提及的专业领域内（哲学、心理学等）关于批判性思维的研究其实也都是由国外引领的。这些外国的著作在引入中国的过程中存在几方面的问题。首先，外国教材和专著与中国教育体系配套性差，无法直接嵌入中国的教育体系并对其起到支撑作用。每个国家的教育体系各有不同，相应地，每个国家开发的教材和专著都与本国的教育体系相配套。美国的相关著作虽已被引入国内，但其在叙事结构、内容筛选等方面无法与中国目前的教育体系衔接和配套。其次，外文著作在翻译的过程中会产生很多错误和词不达意的情况。尽管国内存在着很多关于外国通识批判性思维的优秀读物，但我们仔细翻阅的话，还是会发现在关键术语的翻译、上下文衔接、内容理解上存在不准确等问题，有的甚至还存在重大错误。受到翻译者自身的语言功底、专业功底的限制，翻译著作对原著的还原度有限，这在翻译界是不争的事实。而且，从事外文优秀批判性思维读物翻译工作的很多译者也不是专业出身，更多的是批判性思维的爱好者，这就使得国外的批判性思维优秀读物和思想在传入国内的过程中出现了错误、混淆和不一致的情况。最后，每一部国外的批判性思维著作中都会引入大量的例子，这些例子涉及软毒品、军火贸易、总统选举、枪支辩论、种族歧视、非法移民……这些在西方尤其是美国广泛存在并受到关注的例子对中国来讲并不适合，我们对这些问题的关注度相对较低。而且，书中的各种例子还会夹杂着西方的价值观念，这也是我们目前需要特别警惕的地方。此外，还有一些学者通过对国外批判性思维的研究成果进行加工和重整以形成自己的专著，但是翻阅这些专著我们会发现其内核依旧是国外批判性思维的内容（有的甚至是整段直接翻译过来变成自己的内容）、体例和案例。甚至有些案例在引入的过程中，还有些作者试图将这些案例改成国内案例，但改得不彻底，还出现过同一个案例的主人公在前半部分名字叫作张三，在后半部分名字就变成了索菲亚的错误。如何实现批判性思维的本土化是中国发展批判性思维教育遭遇的第二个问题。

第三，中国的批判性思维亟需做到可视化、可操作和可测量。尽管人们（尤其教育界）都认为批判性思维的培养对于当今的教育而言十分重要，并且经常将思维培养挂在嘴边，但事实上，如果你深入细致地追问什么是批判性思维，它由什么要素组成，本质是什么，作用机理是什么，底层的规律是什么，你会发现对这些问题的回答都是十分模糊的。尽管国外做得要比我们早一些以及好一些，但是距离可视化、可操作和可测量依旧存在不小的差距。虽然美国和一些西方国家在批判性思维方面比我们先启动了几十年，但实际上批判性思维本身仍处于一个不断发展和完善的过程中，它与一个具有成熟教育内容的学科之间还存在一些距离，这对美国和中国来说都是一样的。未来从事批判性思维研究的学者需要不断地将可视化、可操作和可测量作为发展批判性思维的首要目标，谁能够率先在这方面实现突破，谁就能引领批判性思维发展的前沿。如何实现批判性思维的可视化、可操作和可测量是中国发展批判性思维教育遭遇的第三个问题。

基于上述问题，本书试图在以下方面形成特色和创新，也试图为中国通识批判性思维教育作出努力和尝试。

第一，在人工智能时代，尤其是ChatGPT对现代教育形成碾压态势的宏观背景下探讨批判性思维教育和发展的重要意义，并从教育学原理出发，科学系统地解释批判性思维对于未来教育改革及转型、对抗人工智能对教育的冲击以及人的全面发展的重要性。

第二，使批判性思维挣脱哲学、心理学等学科纯理论研究的束缚，使其走下学术的高台，并将其融入与学生息息相关的领域，以符合学生认知的方式、采用学生熟悉的话语体系讲好批判性思维的故事，实现批判性思维培养在中国的通识化。

第三，改变外国译著占据中国批判性思维教育主导地位的现状，实现批判性思维本土化教学、开发配套教材以及选取合适的例子来发展批判性思维。重置教学内容，使之符合中国教育体系，符合中国学生的学习和生活体验，使批判性思维真正实现本土化发展。

第四，努力实现批判性思维的可视化、可操作和可测量，这也是国外批判性思维发展面临的难题。目前关于批判性思维的专著和教材过于扁平化和静态化，不同层面的术语和理论被放在同一个层面展示，不仅无法呈现它们之间丰富立体的层次，还无法体现出相关环节在动态思维运作过程中的关系、交互和作用，这并不利于读者或者学生快速、便捷、高效地理解和掌握批判性思维。本书在理论篇创新性地揭示出批判性思维内部暗含且相互交织的四条线索——思维线索、论证线索、前提线索和问题线索。首先，思维线索是指所有的思考过程都包含问题、结论、前提、未表达前提这些核心要素，理解批判性思维就要理解这些要素之间的关系；其次，本书单独强化了论证线索，并将论证深入推进到解构论证和建构论证、分析论证和评论论证层面，同时关注论证的语言要求和逻辑要求；再次，本书深入分析了前提线索，指出客观真实（包含知识）在思维运作中是以前提、未表达前提的样态呈现的，深刻揭示了客观真实的作用、类型、获取、筛选和识别，以及前提和未表达前提的凝练和总结；最后，本书还从问题的角度将批判性思维运作的过程分解为提出问题、分析问题和解决问题三个环节，这是理解批判性思维的问题线索。本书对批判性思维内部四条线索的整理和阐释是开创性的，是任何目前关于批判性思维的研究都没有揭示的，这是本书对批判性思维的理论研究在微观操作层面做出的贡献。在分门别类地介绍了四条线索之后，本书同时剖析了这些线索在实际操作中是如何交织和相互作用的。可以说，结合大量学生熟悉的生活、学习场景解释思维运作的过程及四条线索之间的互动是本书最大的特色和亮点，也是本书区别于目前国际、国内各类批判性思维专著和教材的最显著标志。

笔者出身法学学科，批判性思维（非形式逻辑）在起源上是借鉴了法律思维的范式，这使得笔者天然就具有研究批判性思维的学科优势。此外，笔者参与吉林大学教务处、教师发展中心工作多年，不仅对中国高等教育相关政策、宏观趋势有较为深刻的理解，还在常年指导和提升教师教学能力的日常培训中学习了大量的教育学原理和方法，时刻提示自己和指导参加培训的老师"以学生的认知为中心"进行课程建设和教学研究。过往的学术和工作经历使得笔者能够转换视角，以便学生理解、接受并符合教育学原理的方式和方法展开本书的行文和叙事。再加上笔者从事批判性思维研究多年，已经将批判性思维运用于很多场景中，出版了《批判性思维与写作》《批判性思维视域下课程思政的教与学》等批判性思维相关专著，均获得良好的阅读反馈和市场表现。这些学习和工作的经历以及对批判性思维理论和实践的长期观察，结合人工智能最近的快速发展，使笔者萌生了撰写一本关于批判性思维通识论著的想法，以帮助人们在新时代下更加深刻地了解学习的本质和全面而深入地发展自己。

亚里士多德曾经将思维描述成知识的知识，用以凸显思维培养的重要性，这个论断在人工智能快速发展的今天尤显睿智。在ChatGPT的挑战之下，传统教育面临着不得不转型的局面，而批判性思维作为驾驭人工智能、改善学习体验、提升综合能力、实现人的全面发展的重要议题，必将成为21世纪教育最为核心的内容。笔者尝试将自己多年从事批判性思维理论与实践观察的经验结合教育学原理，从学生认知出发构建起人工智能时代背景下适合中国高等教育转型的通识批判性思维教育体系，希望能为中国批判性思维教育发展贡献绵薄之力。

田洪鋆
2024年6月6日

目 录

第一部分 理论篇——本质、要素与内部线索

第一章 什么是批判性思维？/3

一、什么是"思维"？/3

二、批判性思维是思维的一种/6

三、批判性思维常见的"敌人"/11

四、批判性思维与学科思维/22

本章核心观点提示/29

第二章 为什么要学习批判性思维？/31

一、批判性思维能"提升认知"——哲学观察入口，探寻事物本质/32

二、批判性思维能"解决问题"——社会学观察入口，工具属性/36

三、批判性思维能"反思自我"——心理学观察入口，内在对话/37

四、批判性思维能"提升严谨度"——逻辑学观察入口，变得靠谱/43

五、批判性思维能"促进自主学习"——教育学观察入口，提升内驱力/47

本章核心观点提示 / 50

第三章　批判性思维对高等教育的重要意义 / 52

一、ChatGPT 引发的对中国教育的担忧 / 52

二、中国高等教育的困境 / 53

三、中国高等教育急需批判性思维的融入 / 56

本章核心观点提示 / 72

第四章　批判性思维与相关概念的关系 / 74

一、批判性思维与思维 / 75

二、批判性思维与逻辑 / 78

三、批判性思维与论证 / 79

四、批判性思维与知识 / 100

本章核心观点提示 / 101

第五章　批判性思维相互交织的四条线索 / 103

一、理解批判性思维的第一条线索——思维线索 / 103

二、理解批判性思维的第二条线索——论证线索 / 104

三、理解批判性思维的第三条线索——前提线索 / 133

四、理解批判性思维的第四条线索——问题线索 / 171

本章核心观点提示 / 184

第六章　批判性思维实操的关键——驾驭四条线索 / 186

一、宏观——含有四条线索的综合实操图 / 186

二、微观——综合实操图的具体操作点 / 188

本章核心观点提示 / 204

第二部分　实践篇——万物皆思维

第七章　商业决策中的批判性思维 / 207

　　一、没有调查就没有发言权——小米电视进军印度市场 / 207

　　二、顺势而为——新东方的初创和东方甄选的转型 / 210

　　三、需求（问题）导向——下沉市场的拼多多和内容电商的抖音 / 212

第八章　个人生活中的批判性思维 / 217

　　一、知道自己不知道是一种难能可贵的品质
　　　　——秋裤风波 / 217

　　二、用想象代替法律——婆婆诉儿媳赡养义务案 / 222

第九章　科学世界中的批判性思维 / 224

　　一、大事不好——冥王星被踢出了九大行星 / 224

　　二、大胆假设小心求证——苯分子的结构和钨丝灯泡 / 226

第十章　阅读与写作中的批判性思维 / 230

　　一、批判性阅读——将阅读推进到思维的层次 / 231

　　二、批判性写作——将写作推进到思维的层次 / 239

第十一章　专业学习中的批判性思维 / 246

　　一、批判性思维与法律思维 / 246

　　二、批判性思维与医学临床思维 / 247

　　三、又是批判性思维——轰动全国的"ATM 机吐钱案"的理论争议本质 / 248

第十二章　人生规划中的批判性思维 / 256

　　一、人生规划与批判性思维 / 256

　　二、一个目标明确的学生的人生规划 / 257

第十三章　反思中的批判性思维 / 261

　　一、涉及事实判断的反思案例 / 263

　　二、涉及价值判断的反思案例 / 267

结语 / 275

附录　批判性思考的过程 / 278

参考文献 / 287

第一部分

理论篇——本质、要素与内部线索

ly # 第一章
什么是批判性思维？

一、什么是"思维"？

  批判性思维是思维的一种，要想弄懂什么是批判性思维，首先需要明白什么是思维。"思维"是人们在日常生活中经常使用且耳熟能详的词汇，但又很少有人能够准确说出"它"到底是什么。我们经常说，这个人思维敏捷，那个人思维不在线，这个人抽象思维很厉害，那个人思维能力很弱。在大学里，经常能听到，大学生要有学科思维、要有写作思维、要有研究思维、要有设计思维、要有……可思维到底是什么？

  当我们带着疑问打开搜索引擎，发现人们对思维的定义一般是这样的——思维就是思索、思考的意思，要不就是这样的——思维是人接收信息、存储信息、加工信息的活动过程，而且是概括的、反映客观现实的过程，或者是这样的——思维是具有意识的人脑对客观现实的本质属性、内部规律的自觉的、间接的和概括的反映，再或者是这样的——思维是人类特有的一种精神活动，将外在所得的表象、概念经由分析、综合、判断、推理等步骤的认识活动的过程。这样的解释不仅不能让我们理解什么是思维，反而会让人更加糊涂，在若干具有距离感的专业词汇和学术名词的描述之下，人们会觉得"思维"愈加神秘。

让我们从日常生活和人们最能理解的角度揭示思维的本质并且将其要素化，使得我们的学习者能够看得到、摸得着思维，而不是对着上述空洞的描述望而生畏。所谓思维，就是指思考，它是指对于一个问题，人们给出结论的过程。也就是说，思维就是人们尝试解决、回答或回应一个问题的思考过程，也是人们表达观点、立场、态度的过程。从这个定义中，我们就能清晰地看到，思维确实是大脑的一种活动，它的目的是解决问题，形成自己的观点，这个观点就是结论。

尽管我们给出了思维的定义，学习者可能还会觉得不好理解。那我们接下来将思维要素化，让学习者看得更清楚。首先，人的大脑不总是在思考的，也即不是一直处在调动思维的状态，只有在面临问题的时候，大脑才启动思维。因此，思维的第一个要素就是问题。其次，思维强调对问题得出结论，这个结论有可能是立场、观点，也有可能是行动、方案等，总之，思维强调对问题的解决，要有结论。最后，思维强调得出结论的过程，即结论是怎么来的，这就涉及推理的过程了，这个结论有前提（也叫论据、条件）支持吗？前提是什么样的呢？前提和结论之间的关系是怎样的呢？因此，思维就以简单且便于学习者理解的日常化的方式被呈现出来了，它是指解决问题的思考过程，包含问题、结论和前提三个要素，如图1-1所示。[①]

---

① 本书使用的是思维的"三要素"说，即问题、结论、前提。也有"四要素"说，将未表达前提作为第四个要素。其实，"三要素"说与"四要素"说并没有太大区别，因为未表达前提是决定前提能否推出结论的保障，是暗含在前提和结论的关系里的。这两种关于思维要素的说法本质上都是一样的，笔者也是根据不同的阐述场景使用不同的表达，这在下文都会有详细的阐述。本处，为了简化描述和不给初学者带来太多的概念和困惑，我们暂且使用"三要素"说。

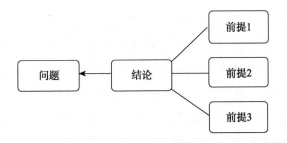

图 1-1　思维的要素

我们再进一步解释一下思维的各个要素,以帮助学习者更深入地理解思维对我们日常生活的重要性。思维包含三个要素——问题、结论、前提。其中,问题可以是一个提问,比如:世界会爆发核战争吗?你经过思考之后认为"不会"(这是结论),理由是目前拥有核武器的国家之间已经形成了一个核制衡,当每个拥有核武器的国家都能毁灭地球的时候,它们手中的核武器就不再是一个威胁,而是相互制衡的工具(这是前提)。你看,这就是一个完整的思维过程,问题、结论、前提一目了然。但这个思维过程是否正确,我们会在下文讨论,在这里,我们仅揭示思维的定义、要素。问题也可以是一项工作任务,比如你的老板让你开展市场调研,以决定是否开设新店。你通过一系列努力最后得出不能开设新店的结论,并且提供了不能开设新店的理由。在这个场景里,思维的要素——问题、结论、前提也是具备的,这也是一个思维过程。思维中的问题还有可能是一个观点,是一个让你怀疑、不能接受的观点。比如,有人跟你说×××导演的水平实在太差了。这个观点你不太同意,于是你的结论是×××导演的水平其实可以,有些片子拍摄得差主要是因为要拿投资,不能完全按照该导演自身的意图拍摄。在这个思维的过程中,你是为了反驳一个观点而引发了一个思维过程。本文使用上述这些例子是想说明，思维无处不在，发生的场景也是多样化的，只要你想表达你的观点，思维就在，这也说明你在思考。只是，有些人的思考（或思维）是仓促的、不成熟的，即他的结论不成立，站不住脚；有些人的思考（或思维）是经过深思熟虑的，即他的结论很可靠，令人感到信服，思维质量很高。思考（或思维）的质量等相关内容，我们会在下文展开讲解。

介绍完思维的要素之后，也许会有很多学习者觉得思维的要素这么简单，想要驾驭思维是一件很容易的事情。这是一种错觉，思维的要素虽然很简单，但是它的变化形式很多、覆盖的范围很广，对人的综合能力的要求也很高，而且思维也是一个跨学科的议题，涉及心理学、哲学、社会学、逻辑学等诸多领域，学习和应用都存在一定的难度，这些都会在下文被一一拆解。

写到这里，我们需要小小地总结一下，思维很重要，它就是思考的过程。人们为什么会思考？是为了解决问题。为了能够让问题得到有效妥善的解决，人们必须了解思维，了解自己的思考过程，只有这样才能对问题的解决拥有掌控力。其实，人的一生就是一个解决问题的过程，小到吃穿、看病、升学，大到就业、婚姻、生育等事项，都伴随着很多需要解决的问题，需要人们不断作出决策（结论）。但凡是需要人们解决问题、作出决策的场景，就一定伴随着思维和思考过程。因此，一个人的思维质量是决定他"人生质量"的重要因素。这也是本书的目的之一——帮助人们认识思维，提升思考的质量。

二、批判性思维是思维的一种

要想弄明白什么是批判性思维，需要先了解思维的分类。尽管人们在日常生活中频繁使用着各种各样的关于思维的表述，比如抽象思维、具象思维、设计思维、形象思维、结构性思维、系统性思维、整体性思维、结果导向性思维、富人思维、穷人思维、财富思维、投资思维、女性思维、男性思维……但其实，这些表述都没有说清楚。

从最为底层的本质上来看，思维就分成两种：理性思维和非理性思维。理性思维是指面对一个问题，人们依据"客观真实"，经过"推理"作出明智的决策或者得出有充分依据的结论，即结论正确。非理性思维指的是面对一个问题，人们依据的不是"客观真实"，而是主观感受、倾向、喜好等，没有经过"推理"或者"推理"不正确，从而做出了不明智的决策或者得出了没有依据、依据不充分的结论，即结论不正确（表 1-1）。

表 1-1 思维的类型和构成要素

构成要素 思维类型	理性思维 （批判性思维）	非理性思维 （感性思维）
前提 （论据、理由等）	依据客观真实	依据主观的想象、感受、喜好等非客观的事实
推理 （前提到结论的过程）	经过正确推理	不推理或者推理谬误
结论 （决策、观点等）	正确、明智	不能保证正确

客观真实是被证明是正确的（真实的）、客观存在的人类的认知。它的特征是正确的、客观的。

通过表 1-1 可以看出，理性思维和非理性思维的主要区别在于面对同一问题的时候，理性思维的前提是客观的，推理是正确的，最终使得其结论是正确的。而非理性思维的前提是主观的，没有经过推理或者推理不正确，最终致使其结论是不正确的或者不可靠的。因此，理性思维和非理性思维的差别就体现在前提、推理和结论这三个方面。

理性思维又被称为批判性思维，非理性思维又被称为感性思维，因为非理性思维的前提是感性认识而不是客观真实，感性认识是不可靠的。非理性思维并不是本书要探讨的重点，我们此处还是把重点放在理性思维，即批判性思维上。通过上面对思维、思维分类的解释，我们现在可以给批判性思维下一个定义。批判性思维是指针对问题给出前提充分的结论。通过这个定义能够看出，批判性思维强调以下几点：

首先，批判性思维强调解决问题。如上文所述，人的大脑并不是时刻都在思考的。相反，由于思考会消耗大量的能量，所以大脑的常规状态是能不思考尽量不思考。[①]一般情况下，大脑将我们的生活区分为常态化和非常态化状态，针对前者，大脑会发展出习惯性行为，然后在习惯的支配下由身体自动完成相应行为，就不动用大脑了。一个有着多年驾驶经验的司机，他平时都是靠肌肉记忆和习惯动作完成驾驶的，哪怕是面对很危险的情况，在大脑来不及思考和反馈的时候，肢体也会自动完成切换挡位、松油门、踩刹车、转方向盘等动作。很多人经常在出门后怀疑自己没有锁门，返回去查看发现已经锁好。这种情况也是习惯性行为，大脑也不调动思考（以至于都记不住锁没锁门）。类似的情况特别多，脑科学家认为，这是大脑为了节省自身能量的消耗，把一部

---

① 这也能解释某些人不爱动脑（即不爱思考），因为思考很累，很消耗能量，俗称烧脑。

分常态行为变成了习惯,交给习惯动作处理,而不是每次都要调动大脑来发出指令。而在某些非常态的情况下,习惯动作无法完成任务处理,这时候大脑就要出面,通过"思考"来完成对问题的解决。比如你的老板给你布置了一项任务,你的客户向你提出了一项新的需求,你的对手又在背地里说你的坏话并给你制造工作上的麻烦,你的朋友或者家人发表了一个你不太认同的观点,你的父母吵架并让你来评判是非……这时候,你需要思考,思考就需要动用思维,所以在这里我们强调批判性思维的第一个特征——解决问题。

其次,批判性思维强调对问题的正确解决。与非理性思维(上文提及的感性思维)不同,作为理性思维的批判性思维,它强调对问题的正确解决而不是使情况变得越来越糟糕,陷入泥潭。现实生活中,人人都有思维,人人也都声称在思考,但其实不同思考之间的差距特别大。有些人面临一个问题的时候只给出结论,没有前提。这种结论是站不住脚的。比如我们可能碰到过小情侣吵架,有的时候是女孩强调男孩对她不好,男孩问怎么不好了,女孩回答说不好就是不好。这种只有结论、没有前提的思维过程是一种情绪的宣泄,不能使问题获得真正的解决。结局要么是一方降低姿态、贡献情绪价值,以"哄"告终,要么就是双方谈崩,不欢而散。谈到这一点并不是说在所有的问题处理中我们都要严格做到一板一眼的理性、客观,不允许情绪掺杂其中,这也不符合人之常情,毕竟人都是有丰富情感的。这里只是想强调,要想使问题得到真正的解决,恐怕动用的还是理性思维,只要人们在宣泄完情绪之后,还能理性地坐下来交谈和寻求解决问题的路径,这就是理性思维的魅力。

最后，批判性思维强调对问题的正确解决需要进行过程控制。解决问题的过程就是给出结论的过程，而结论不是凭空出现的，是经由前提推导出来的。现实中，很多人遇到问题会直接给出结论。当你问他为什么结论是这样的？他却给不出前提。他要么说他没想过，要么说平时看别人都是这样办的。比如，你大学毕业工作几年之后回家乡过年，你的父母问你打算什么时候结婚。你回答说我不想结婚。你父母说，那不行，这么大岁数不结婚多丢人。你反问——为啥岁数大不结婚就丢人？你父母却也说不出个所以然，只是说身边像你这么大的年轻人都结婚了。面对你不结婚这个问题，你父母的结论是必须结婚，不结婚丢人。至于为什么不结婚丢人，他们没有思考过，或者就是看到别人都结婚了，所以你也必须在这个年龄段结婚。这样的结论注定会在已经上过大学的你和一直在家乡的父母之间产生分歧。父母的这个思维过程的问题在于，他们要么不提供前提，要么前提是人云亦云、盲目从众（要求别人做的你必须也得做）的，而且是在婚姻这件比较私人①的事情上。因此，在批判性思维的指导下对问题进行解决要求在过程上满足两个条件：第一，结论得有前提；第二，前提为真且前提能推出结论。"得有前提"是指你不能面对一个问题只给出结论。比如，在你的男朋友问你为什么要分手的时候，你回答说没什么理由就是想分手。或者你的男朋友问你："我哪儿对你不好了？"你回答说不好就是不好。这些都是胡搅蛮缠、不讲道理的表现，也不是一个好的思维过程。"前提为真且前提能推出结论"是指你得出结论的前提首先得正确，其次得能推出结论。比

---

① 私人事务而非公共事务，理论上父母也没有权利干涉，更何况还是如正文所说的非理性干涉。

如在一起案件中,你怀疑张三偷走了你的手机,你的理由是张三在案发当时曾经出现在你的身边。这个前提可能是"为真"的,但是这个前提推不出结论。就像在上文那个"催婚"的例子中,可能村子里的其他人都在这个年龄段结婚了,这个前提不假,但是这个前提也不能推导出别人结婚你就必须结婚这个结论。因此,批判性思维强调对问题若想获得正确的结论,需要在过程上掌控前提以及前提和结论之间的关系。

综上,我们小结一下,批判性思维是思维的一种,它跟思维一样拥有三个要素——问题、结论、前提。但是批判性思维是思维分类中的理性思维,它强调面对问题得出正确的结论,而要想得出正确的结论则要在过程上满足"前提为真"和"前提能推出结论"这两个条件,如图 1-2 所示。这样,我们就对批判性思维有了一些初步的认识。

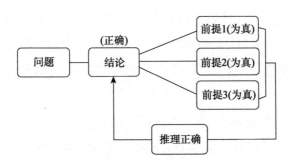

图 1-2　批判性思维的要素及其关系

三、批判性思维常见的"敌人"

我们在上文已经指出批判性思维是一种理性思维——要求前提

为真（即依据客观真实），前提能推出结论（即经过正确推理）——只有满足以上两个条件，得出的结论才会是正确的。那是不是知道了批判性思维的定义，明白了它的两个前提条件，我们就能够正确地思考了呢？（或者说掌握了批判性思维这种技能了呢？）并非如此。批判性思维技能是需要通过不断地练习才能获得的。这是因为，在漫长的成长过程中，有很多先天或者后天形成的思维惯式会根深蒂固地存在于人脑内，并潜移默化、不自觉地影响人们的思考，使得我们即便知道了批判性思维的定义和要素，也很难将之完整、快速、彻底、正确地运用在自己对所有事物的思考上。相反，本书接下来提及的几种思维的惯式在我们练习批判性思维的过程中会反复地干扰我们，试图"阻止"我们获得正确思考（批判性思维）的方式。批判性思维的练习者要常常对自己面对的问题、得出结论的依据、推理的过程、最终的结论进行掂量、反思和斟酌，这也是美国著名教育学家杜威将批判性思维命名为"反思性思维"（reflective thinking）的原因，他强调，批判性思维技能的获得，总是伴随着不断反思，即对自我和内在的一种审视。也就是说，虽然上文指出批判性思维只有问题、前提和结论几个简单的要素，但是识别问题是什么、前提是否为真（需要会事实判断）、前提能否推出结论（需要逻辑知识）是一个很复杂、很有挑战性的事情。接下来，我们就来看几种常见[①]的阻碍我们进行正确思考的、我们自己又很难发现的思考误区，也就是我们在本章戏称的"批判性思维的敌人"。

---

① 只是常见的几种，还有很多其他的思考误区需要批判性思维的学习者通过不断练习才能发现和体会。

（一）自我中心

自我中心指的是人们通常根据自己的需要和情感对事物进行判断和采取相应的行为。这是瑞士心理学家让·皮亚杰（Jean Piaget）提出的。自我中心从婴幼儿时期就开始在我们的身体中发展，孩子特别小的时候，这种自我中心是在没有"意识"的情况下发生的，这是因为婴儿总是通过自己的身体和动作并以此为中心来认识周围，认识他所处的世界。比如婴儿有一个非常明显的口腔期，愿意把自己的手放在嘴巴里啃。老人经常会说，小孩的手上有二两蜜，用来形容这个时期孩子爱吃手的状态。但其实这只是因为孩子突然发现了自己的手，通过用嘴巴吃手来感受这个"东西"。等到小孩子会爬了之后，他会尝试把自己能够触摸到的所有东西都送到嘴巴里尝一尝，这也是婴幼儿认识世界的一种方式。因为婴幼儿只能通过触觉、嗅觉、味觉、视觉、听觉等主观感受来认识世界，通过上述手段收集到的信息也都会反馈到婴幼儿的身体系统中，所以我们从小就是从自身出发来认识世界的，也就产生了一个潜移默化的认识世界的前提——从自身出发来认识世界，并将认识世界的信息反馈回自身——这被认为是自我中心的来源。之后，即便我们长大了，已经不再主要依靠身体和动作而是主要依靠"意识"来完成对周遭的认识，我们却依旧使用自己的经验和视角去认识事物。人们是很难关注别人的意见和看法的，因此人们对客观事物的认识会带有强烈的主观性。

自我中心就是这样在人类小的时候形成了，它使得人类完全从自身的角度出发去看待和判断周围的事物。这也是我们固定在身体里的认识世界的一种模式，也可以说是人类的"出厂配置"。可是，批判性思维则要求我们不能从自身出发认识事物，而是应该从客观实际出发，尽量做到客观、公正，考虑除自身之外的、其他人的观点和事物发生发展的客观规律。但是，很不幸，绝大多数的人都是自我中心的。比如，你上班快要迟到了，赶到电梯门口的时候，电梯门马上就要闭合，你一边喊着等一等，一边迅速按下电梯键，希望能够搭乘这趟电梯。很幸运，电梯门打开了，你挤进了电梯。这时候你心里窃喜，好高兴。但眼看着电梯门在你面前即将关闭，突然又有一位女性跑过来，大声地喊着"等一等"。你却当作没听见，甚至偷偷按了关门键。这段描写就是关于人在挤电梯前和挤上电梯之后心理发生的变化，无论是怎样的表现，其根源就是自我中心，即从自己的角度考虑问题。你也可以去试想一下其他场景，其实人们很多时候是从自己的感受、感觉、喜好出发来判断事物和采取决策的。比如你和你的室友是好朋友，关系一直很好，但是由于你的期末考试成绩比她好或者由于你找了一个很帅的男朋友，可能都会破坏你们之间的"友谊"，原因是你"没有照顾到"你室友的感受，而这背后就是人类的"自我中心"。

"自我中心"会给个人带来很多麻烦，最简单的原因是，无论人们怎么看待事物，怎样采取行为，世界的运行规律都是客观的、不以人们的意志为转移的。人的自我中心本质上是一种"任性"的行为，会与客观世界产生矛盾。当产生矛盾的时候，如果个人还认识不到这是自身的问题，反而将这个问题归结到不公平、命运坎坷等因素上，就会发生"归因谬误"[①]。很多时候，人们是因"自我中心"而产生了对自己的束缚，而不是客观世界束缚了自

[①] 归因谬误是指当人们尝试找出自己或者他人行为的原因时，并不能反映现实情况，如将主观的过错归结于客观原因，将自身的问题归因到别人身上等。

己。但不幸的是，很多人终其一生都不清楚。从这一点来看，自我中心是阻碍批判性思维形成的一个重要因素。

人类需要不断地学习才能认识到自身的"自我中心"，进而不断摆脱"自我中心"对自己的控制和影响。有人说人生就是一场修行，那修行的是什么呢？在很大程度上，修行的目的就是要去除自我中心。从这种意义上来说，批判性思维的功能之一是让你发现"自我中心"并试图通过一系列可以看得见的方法去除它。

（二）集体中心

"集体中心"也是批判性思维的敌人。曾经有一个心理学实验说明一个人独自对事物做判断时的错误概率其实没有这个人在群体中对事物做判断时的错误概率高。什么意思呢？就是说，一个人自己做决定，正确率要比这个人在一群人中，大家一起做决定时高。这是为什么呢？原因就是集体中心。人们在群体里的时候很容易屈从于集体的意志，放弃自己的真实想法，屈从于集体非理性，以获得群体的接纳、别人的认同和安全感。举个我自己的亲身经历，在我小学的时候，有一篇语文课文讲的是蔡伦造纸。在学习那篇课文之前，我们所处的小组（有七八位同学）的同学说我们一起预习。大家当时把蔡伦的蔡字念成了"祭"（jì），我家有个亲戚是姓蔡的，其实我从小是知道这个字的读音的，但是我当时却没有勇气告诉大家这个字的正确读音。我当时内心的想法是："万一不是我认识的那个字呢？万一是我记错了呢？万一人家说的是对的呢？"总而言之，我在小组预习的过程中，没能表达自己的观点，不仅没有表达，还对自己的认知能力产生了怀疑。我怕我说对了，会被别人认为是显摆，从此他们再也不愿意和我一起玩；我又怕我说错了，会遭到他们的嘲笑。这个事情一直在我的脑海中反复出现，我一直在反思我为什么没有表达，原因就是集体中心，人们在集体中通过隐藏自己来获得集体的接纳，获得安全感。小孩子如此，成年人也是如此！集体中心是批判性思维的敌人，它阻止人们进行正确而独立的思考，它使得人们的思考起点建立在寻求集体的接纳和自我的安全的基础上，而不是批判性思维所强调的依据"客观真实"作出判断。因此，这种思考的结论很容易出错。从这一点来看，批判性思维其实是一种勇敢者的游戏，如图 1-3 所示，你必须有跳脱集体接纳给你带来的安全感的勇气，才能成为真正意义上的批判性思考者，这也是批判性思维又被称为独立思考的原因。

图 1-3　集体中心是批判性思维的"敌人"

(三)诉诸权威

诉诸权威是指人们用权威人士的某些论断作为论据来支持某个观点或者否认某个观点而对论证本身不作任何讨论的思维方式。它的问题在于虽然权威人士具备权威性,但权威人士的观点并不一定或者并不总是正确的,所以这种想要依靠权威性来达到论证目的的想法是非常不理性的。

例如,"地心说"是不能被怀疑的,因为亚里士多德就是这么认为的。

该论证是根据亚里士多德身份的权威性,认定"地心说"是正确的,此论证方式即诉诸权威。亚里士多德虽然是权威的科学家,但并不代表他所有的观点是正确的。

我经常在指导学生论文写作的时候发现,很多同学会援引某个学者的观点来证明自己观点的成立,这就是一种诉诸权威的谬误。有些学校已经明令禁止用学者的观点作为论据来支撑自己结论的写作手段。诉诸权威之所以是错误的,是因为使用者将权威的观点作为论据,是一种以人为据的表现。我们在上文已经明确提及,批判性思维也即正确的思考应当以客观真实为依据,而非以个别人的观点为依据,原因在于人的观点并不总是对的,即便是对的,也是因为它的本质是客观真实,我们的决策依旧依据的是客观真实而非某人(权威)的观点。如果是错的,那就落入了非理性思维的牢笼,不仅不能保证结果是对的,还使得我们养成了不能正确思考的"坏习惯"。

(四)诉诸情感

诉诸情感指试图通过操控别人的情感来取代一个有力论述的

思维方式。这里的情感可能包括恐惧、嫉妒、怜悯、骄傲等。一个逻辑严谨的论述可能激起别人的情感波动，但是如果只用情感操作而不用逻辑论述，那就犯了诉诸情感的错误。

　　例如，小红在饭店看到小明吃狗肉，于是上前训斥："你怎么可以吃狗肉?! 小狗多么可爱，就像小朋友一样。你忍心伤害小朋友吗？"小红犯了诉诸情感的谬误。再如，找工作的时候，老板看重的首先是求职者本身的资质，而非其家庭情况。毕竟工作面试不是做慈善，不是看谁可怜就施舍一个工作机会。但是如果一个求职者面试的时候只字不提他的工作经历、经验、专业背景等与工作有关的内容，大谈特谈与工作无关的可怜之处，这就是犯了诉诸情感的逻辑错误，英文中称为 appeal to pity。诉诸情感的人通过操纵受众的情感——而非事实本身——来干扰受众的判断。需要指出的是，使用诉诸情感的人有可能是有意的，也可能是无意的。有意使用诉诸情感的人使用情感以影响别人的判断来获得对自己有利的局面；无意使用"诉诸情感"的人通常都不是一个理性的人，只能被自己的情感所支配。因此，上文的这名求职者，有可能就是采用诉诸情感的策略来博取同情以期获取一个岗位，也有可能误以为这种手段就是获得岗位的必要前提。以上批判性思维的"敌人"既有可能是人们在无意识的情况下产生，也有可能是人们在有意识的情况下故意为之。前者是认知不够（认识客观真实的能力不够），后者是认知清晰的（即知道客观真实是什么），但试图用诉诸情感的方式来操控对方，这时候就考验面试官能不能识别出这是一个错误的思维模式了。

　　诉诸情感的错误思维模式其实更广泛地存在于家庭生活中，有些孩子的妈妈经常会在遇到问题的时候不直接面对问题，而是数落孩子，经常使用的表达就是——我如何不容易，我含辛茹苦地把你养大，结果你现在翅膀硬了就不听我的了。这是一种典型的诉诸情感的表达方式，这种表达方式并没有在"事"（客观真实）的层面上讨论问题，而是在"情"（情感）的层面上发泄情绪，试图达到让孩子妥协和听话的目的。这种方式在孩子小的时候可能还会管用，但是一旦到了一定的岁数，孩子有了一定的辨别能力，就会很排斥。通常的表现就是，孩子很逆反，不爱听父母的"唠叨"。当然，还有一部分小孩没那么幸运，他们可能一辈子都走不出父母情感的牢笼，被情感捆绑住了！

上述四种思维模式之所以是错误的，是批判性思维的敌人，是因为它们都没有能够做到以"客观真实"为依据，经过推理得出正确的结论。第一种情况——自我中心是将自己的"自以为是"作为依据，从而得出结论，这种结论是不可能正确的。持有这种思维模式的人常常在现实生活中碰壁，如果不去反思自己的"自以为是"，不去将自己的"自以为是"调整到"客观真实"的层面，那么将永远都不知道自己为什么到处碰壁，然后还会慨叹命运多舛，对自己不公平。第二种情况——集体中心是将集体的"自以为是"作为依据，从而得出结论的。这种结论也不可能是正确的。集体的想法不一定就是客观真实，处在一个集体里的个体更容易出现盲从的情况，不去分析这个集体的想法是不是客观真实，而是直接采取了顺从、同意甚至是支持的立场。这是因为集体的力量有时候会很强大，持有不同意见的人恐怕会面临被孤立、被排斥和被边缘化的风险。内心怯懦的人缺乏与集体对抗的勇气，这就是为什么具有批判性思维能力的人又被称为独立思考者，它不仅指一个人的思维能力很强大，理性客观，还指一个人能够有勇气坚持客观真实、理性思考，因为坚持批判性思考是需要勇气的。第三种情况——诉诸权威是"以人为据"的表现，即以某些所谓的权威人士的观点为依据而不是依据客观真实得出结论，这同样不符合批判性思维（也即理性思维）的要求。最后一种情况——诉诸情感是"以情为据"的表现，即以情感为依据而不是依据客观真实得出结论，这也是不符合批判性思维的要求的。

综上，我们就将批判性思维常见的"敌人"介绍完毕，结合上文关于理性思维、感性思维的分类，以及批判性思维作为理性思维的要求，我们就能较为容易地理解这几种错误的思维类型。但是，批判性思维从理论上、定义上是比较好理解的，它的难点在于如何将它运用到自身的实践中，这个过程不仅伴随着我们对于自身行为、思考过程的观察，还包括识别出问题之后对自己做出的调整，而改变自己是这世界上最为艰难的事情。比如，你发现自己就是自我中心的人，你经常把遭遇的困难归结为环境的不友好、他人的不友善，这种归因对你来说很容易。但是如果你发现解决困难的根源其实是在自己，你需要停止抱怨、努力奋发，这就困难得多。所以你看，抱怨的人都是把问题的根源归结到别人身上，认为自己没问题，这是一个自我中心的人的典型特征，想要改变是十分困难的。回归到事物发展的真相，尊重客观真实，做一个理性的人就不太容易受到外界环境的影响，内心的焦虑也就会少一些。苏格拉底说过："人的灵魂有三个层次，第一个层次是欲望，第二个层次是意志，第三个层次是理性。"而理性就是指尊重客观真实，依据客观真实来作出判断、得出结论，这是具有批判性思维的人才具备的能力。

细心的读者已经发现了，我们在上文给出思维定义和解释思维的要素的时候都是将"思维"和"思考"两个词混着使用的，在这里，我们还需要交代一下它们的关系。思维和思考在英文中是"thinking"，它们指的都是大脑的活动，但还有一点差别，具体表现在"思考"强调大脑对问题的宏观反应，强调整体性，强调与大脑不思考的时候的状态对比。这里涉及大脑运作的一些生理规律，人的大脑只有 1.4 千克左右，占人体总重量的比重非常低，大脑运行起来消耗的能量却占到人体消耗总能量的 20%，所以思考是很累的。大脑节省能量的方法就是把一些行为习惯化，通过下意识来解决，这样就不会占用太多大脑的资源。[①]但是在一些特殊场合（比如遇到问题的时候），没有办法通过习惯解决，就需要调动大脑的资源，启动思考程序。而"思维"更强调在思考的过程中大脑是怎样运作的。在思维的各种要素中，前提和结论之间的关系就是论证。你其实不必了解它们之间这么细微的差别，如果非要弄清楚它们之间的不同，可以这样记忆——思考是一个统称，描述的是大脑运作的状态，主要与大脑休息的状态或者不思考的状态形成一个对比，用来强调大脑面临一个问题时与休息时不同的状态。而思维则是大脑在思考时遵循的一些规律和原则，它有具体的要素，要素之间会互动并相互发生关系。思维相对于思考而言更为细化，是微观层面的东西。思维有好的思维和不好的思维、质量高的思维和质量不怎么高的思维，思维的品质直接决定思考的质量。那些不遵循正确思维规律去进行的思考（胡乱思考）还不如不思考。这就是为什么米兰·昆德拉（Milan Kundera）

---

① 比如你经常会怀疑自己没有锁门或关煤气而回去检查，发现自己已经锁好或关好。这是因为你在处理这些问题的时候都是下意识的，启动的都是大脑的习惯性思维模块。大脑将这些日常的行为转化成习惯，不用思考，就可以节省很多的资源。

说:"人类一思考,上帝就发笑。"①正如本书的书名——《批判性思维通识课——正确思考的方法》,思考离不开思维,思维是思考的具体化、过程化和要素化。不是所有的思考都是正确的,只有依照批判性思维的要求、要素、过程、原理去思考才能得出正确的结论,才能保证人类的思考是正确的。也正是如此,有些人将正确的思考称为"批判性思考"!②

四、批判性思维与学科思维

我们在上文已经强调了思维的重要性——思维可以被用来解决问题,但不是所有的思维都是好的思维,若想问题获得正确的解决,我们需要学习和掌握思维中最为重要、理性和客观的一种——批判性思维(理性思维)来帮助我们获得正确的结论。从批判性思维的角度来观察人的一生,你会发现,人的一生就是一个不断遇到问题和解决问题的过程,人和人最大的差别在于解决问题的能力上的差别。批判性思维能够提升我们解决问题的能力,能够有效地改善和提升我们的生命质量和生命体验,我们将拥有批判性思维的人称为智慧的人,或者开悟的人。

但是,上文所举的例子都发生在生活中,这会让我们的读者误以为,批判性思维是不是只有在生活中才会起作用,在其他的领域中没有什么存在感?这种观点是错误的,批判性思维具有基

---

① "人类一思考,上帝就发笑"出自捷克作家米兰·昆德拉创作的小说《生命中不可承受之轻》。

② 斯特拉·科特雷尔. 批判性思考——跳脱惯性的思考模式[M]. 郑淑芬,译. 台北:台湾寂天文化出版社,2013.

础性和底层性，它渗透于社会生活的各个方面，也贯穿人的一生，无论什么事情，从底层分析来看，都属于批判性思维的范畴。在接下来的部分，我们要着重谈一谈批判性思维与学科思维（也叫学科学习或专业学习）之间的关系。

按照我国的教育体系设置，在上大学之前，同学们接受的都是通才教育，几乎全国的学校开设的课程都差不多，语文、数学、英语、化学、物理、生物、地理……这些属于通识培养。但是到了大学之后，同学们是分专业培养的，这又被称为专才培养，也就是说，每个大学生都是有自己的专业的，上了大学之后就很少学习统一的内容，而是按照专业目标成长为具有某个专业性的、系统性的知识和能力的人才了。

除了专业知识之外，当今的大学教育还强调对学生的学科思维（或者叫做专业思维）[①]的培养。什么是学科思维呢？就是利用某一学科知识针对某个学科的专业问题形成专业解决方案的能力。比如法律思维，它是指法学学科（专业）的学生针对一个法律问题能够给出论据充分的结论。医学临床思维，它是指医学学科（专业）的学生针对一个医学问题（通常是患者所患的疾病）能够给出准确的治疗方案（论据充分的结论）。其他学科（或专业）的读者也可以将这个公式或者表述方式套用在自己的专业思维上。它总体上是指批判性思维用于解决一个"学科"的问题，强调问题是具有学科属性的，论据是"学科"的知识或者理论，结

[①] 专业思维和学科思维在本书中并不加以区分，可以被认为具有同一含义。但事实上专业和学科是两个概念，比如法学专业和法学学科。专业是针对社会需求而言设计的，学科是从知识体系而言的称谓。学科知识体系是专业设置的基础。但在思维层面，专业思维和学科思维其实含义相同。

论也是针对问题且能够体现"学科属性"的结论（而且必须是正确的）。可以看出，学科思维（或者专业思维）就是批判性思维在某个具体学科领域的体现。这一点也得到了莎伦·白琳（Sharon Bailin）和马克·巴特斯比（Mark Battersby）的认可，他们指出，批判性思维在学科中的体现是针对一个学科问题给出论据充分的结论。①

长期以来，各个学科都以培养学生的学科思维为己任，比如法学院经常会声称自己要培养具有法律思维的人才，经济学院经常会把培养具有经济思维的人才挂在嘴边……但是，如果要详细解释什么是法律思维、什么是经济思维等，大抵是没办法说清楚的。这也是为什么学科思维培养提出了好多年，在实践中的效果却不是十分理想，过程不可控，结果也不可控。大多数的培养对象是不具有相应学科的思维能力的，培养过程和培养结果并不可控。本书则要做这样的尝试，从思维的要素、规律、过程来解释学科思维的培养，这就使得我们长久以来关注但又无法落实的学科思维能力培养具有了可操作性、可控制性和可预见性。

那么，为什么我们目前较难培养出具有批判性思维以及以批判性思维为底层规律的学科思维能力的人才呢？原因就在于，人才培养的基本单元是课程，而我们目前的课程以及课程内容的载体——教科书都是知识点的集合，是图 1-4 左侧的知识体系。接下来我们详细解读知识体系和知识图谱的关系，以及揭示学科思维培养对于学科人才培养的重要意义。

---

① 莎伦·白琳，马克·巴特斯比. 权衡——批判性思维之探究途径[M]. 仲海霞，译. 北京：中国人民大学出版社，2014.

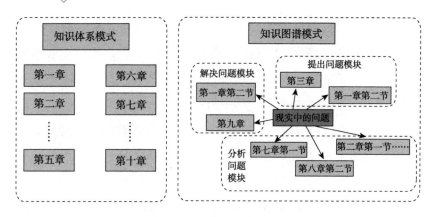

图 1-4　知识体系和知识图谱

目前,绝大多数高校的教材或者课程内容体系都是按照图 1-4 左侧的知识体系方式整合和排列的。这是什么意思呢？它意味着我们给学生的是一套完整的学科知识体系。这里面有非常完整、丰富的知识点,并且这些知识点是按照学科内在逻辑顺序排列的,并不是按照现实生活中知识被使用的时候所需要的逻辑顺序排列的。这就有点像你的衣橱中衣服的收纳方式是按照外套、裤子、棉衣、袜子、内衣等类别进行分类的,但是等你真正穿的时候你需要在外套中选一件、裤子中选一条、棉衣中选一件、袜子中选一双……然后组合搭配起来。你根据什么选呢？是根据你今天出席的场合,即图 1-4 右侧知识图谱中的问题,你要解决你的出席场合给你提出的着装问题,在你的衣橱里选择搭配出一套衣服。我们目前教给学生的是左侧的知识体系,也即一个完整的衣橱。①

---

① 这还是在学生对知识掌握得很好的情况下,我们认为学生拥有了一个完整的衣橱,很多同学对基础知识和理论不重视,成绩也很一般,他们的衣橱其实是破损和残缺的。

采用这种方式培养学生的好处在于知识体系完整,但是缺点在于学生可能不会"搭配"(解决问题)。现实生活中,我们能遇到很多拥有一柜子衣服还是一直嚷着自己没有衣服穿,总是需要添置衣服的人。但是我们也能看到另外一些人,他们衣橱里的衣服数量不算太多[①],但是总能搭配出精妙的、适合各种场合的着装。这就是知识体系和知识图谱的关系,也能反映出我们目前教育的一个短板——我们给了学生很多知识,却没有教给他们怎样利用这些知识解决现实中的问题。学生需要的不仅是一整套学科知识体系,更是一个能够帮他们在实践中解决问题的方案。而这套解决方案,即图1-4右侧的知识图谱的底层原理就是批判性思维在各学科中的体现——学科思维。

接下来我们细致地介绍一下图1-4右侧的知识图谱是怎么形成的,它是围绕现实中的问题将我们在课堂上学习的专业知识重新整合形成的,你可能需要在你学习过的知识中提取出某个章节的知识来识别(提出)问题,你还需要在另一个章节中提取出知识来分析问题和解决问题。知识图谱才是我们使用知识甚至是创造新知识的底层逻辑,即现实世界中的知识并不是按照教材的知识体系方式被使用的,而是按照知识图谱的方式被呈现,而知识图谱的底层本质就是我们上文所提及的批判性思维。

再退一万步讲,知识体系是怎么形成的?它也离不开学科思维(批判性思维)。我们通常将书本上的知识称为既有知识。如果你从批判性思维的角度来观察,既有知识也是前人在认识自然、

---

① 虽然数量不多,但是得满足基本需要,如果衣橱里衣服的数量太少,有思维也没办法搭配。

改造自然、认识社会、改造社会的过程中，通过解决问题创造出的当时的"新知识"。这些当时的"新知识"出于"人才培养"的目的被写进了教科书，变成既有知识。这些既有知识也是通过知识图谱产生的，遵循批判性思维的原理，即针对一个问题，给出论据充分的结论。只不过，为了加快人才培养的速度，提高人才培养的效率，现在的大学生不用像古人一样一点一点地通过解决问题重新得出教科书上的"既有知识"，而是坐在教室里，以听老师讲课的方式，获取被写入教科书的"既有知识"（知识体系）。这种传递方式很高效，使得学生在很短的时间之内就能掌握一个学科的完整的知识体系，但是缺点就在于上文所提及的知识排列逻辑——按照学科内部逻辑而非按照现实中的问题解决逻辑。如果我们的学生只学习了教科书上的知识体系，他在实践中是不会使用知识解决现实中的问题的。学生就像一个知识仓库，大脑中充满了知识，却只是一个保管员，不会使用这些知识，更不要期待在这些既有知识的基础上创造出新知识。但是，这并不意味着对知识的学习是没有用的，我们的观点是，学习不能仅停留在知识的层面上。那么知识最大的用处是什么呢？为了解决这个问题，我们需要重温思维的类型和构成要素等内容（表1-2），批判性思维强调依据客观真实来作出决定。那么什么是客观真实？客观真实就是客观上真实存在并验证为真的东西，是一种事实。它的种类很多，包括信息、报表、案例……但是其中有一类最为重要的客观真实是知识。知识分为显性知识和隐性知识，显性知识就是我们在书本上学习的知识，隐性知识是我们在生产生活实践中学习到的稳定的、被验证为真的"经验"。现在，你明白为什么要学习知识了吧？知识就是客观真实的一种，而且是很重要的一种。学习知识是为了帮助我们对事物做出正确的判断，对问题形成正确的解决方案，而不只是为了考试、为了记住它。

表 1-2　思维的类型和构成要素

构成要素 思维类型	理性思维 （批判性思维）	非理性思维 （感性思维）
前提 （论据、理由等）	依据客观真实	依据主观的想象、感受、喜好等非客观的事实
推理 （前提到结论的过程）	经过正确推理	不推理或者推理谬误
结论 （决策、观点等）	正确、明智	不能保证正确

批判性思维在专才培养、分科而治的背景下是学科思维的内核，这对培养学生的实践能力、运用知识能力和解决问题能力非常有帮助。关于这一点的说明，我们还会在下文中进一步展开。通过这一章的学习，我们了解了思维和思维的要素、思维和思考的关系、思维的类型、批判性思维的定义和要求、常见的批判性思维的敌人以及批判性思维对大学阶段的专业学习（专才培养）的重要意义。我们先总结这部分的要点，然后再开启下一章内容的学习。

本章核心观点提示

1. 思维是一个非常重要的事物，人们经常把它挂在嘴边，但并非都能说清楚它到底是什么。

2. 所谓的思维，就是指思考，它是指对于一个问题，人们给出结论的过程。

3. 思维的要素包括问题、结论、前提，其中前提到结论的过程被称为推理。

4. 思维包括两种最为基本的类型——理性思维和非理性思维（感性思维）。

5. 批判性思维是一种理性思维，它强调如果想使问题得到正确的解决，前提必须为真（即依据客观真实），推理必须正确（即经过正确推理）。

6. 理性思维是可靠的，感性思维是不可靠的，是否拥有批判性思维决定人生的质量。

7. 批判性思维有几个常见的敌人——自我中心、集体中心、诉诸权威、诉诸情感等，它们之所以阻碍批判性思维的形成，是因为它们都没有做到理性思维的要求——依据客观真实和经过正确推理。

8. 通过学习本章的内容，你会很容易弄懂批判性思维的原理，但是不要以为这样就掌握和学会了批判性思维，批判性思维的难点在于如何在实际生活的各个方面（包括专业学习）中去熟练使用它。

9. 思维和思考在英文中是同一个词汇——thinking，在汉语中也都指向大脑的活动的含义，但有一点差别。思考强调大脑对问题的宏观反应，强调整体性，强调与大脑不思考的时候的状态对比，而思维更强调在思考的过程中大脑是怎样运作的。这也是为什么本书的正标题是"批判性思维通识课"，但是副标题是"怎样才能正确思考"。只有按照批判性思维的要求、遵循批判性思维的原理去思考才是思考的正确打开方式。

10. 批判性思维在各学科中表现为学科思维，如法律思维、临床思维、经济思维、商业思维、工科思维……在目前以知识体系为主要培养载体的专业学习中，批判性思维也即学科思维的培养是尤为重要的，否则我们的学生就是知识的保管员，拥有知识却不会使用。

11. 既有知识即教科书上的知识也是通过批判性思维获取的，只不过在现代快速高效培养人才模式的引导下被整合成了教科书上的知识体系的呈现方式。我们不仅要让学生拥有知识体系，还要让他们拥有知识图谱，而这需要借助批判性思维。

第二章
为什么要学习批判性思维？

通过第一章的介绍，我们已经能感觉到批判性思维的重要性了。本部分，我们会继续从更为细致、微观的层面揭示批判性思维的重要意义，这也源于批判性思维本身的特性——多学科性、底层性。多学科性是指批判性思维是多个学科都研究的主题，每个学科关注的角度是不一样的，这在下文会详细展开。所谓的底层性，是指批判性思维是思考的底层，是万事万物的底层。从1910年杜威教授提出批判性思维之后，美国开始大力推进批判性思维研究和通识批判性思维课程的开设，截至20世纪80年代，美国本土产生了数量庞大的批判性思维研究成果和教材，绝大部分大学都将批判性思维列为通识课程的必要组成部分，发展学生的批判性思维已经被公认为是高等教育的核心理念和基本目标。联合国教科文组织已经明确将批判性思维培养列为21世纪高等教育的重要议题。在今年早春的时候，ChatGPT横空出世，埃隆·马斯克一针见血地指出："ChatGPT出现后，教育最核心的是培养批判性思维。"批判性思维一方面是突破传统教育领域内以知识传递（表现为知识体系）为主造成的教育困境的必然选择，另一方面是在以ChatGPT为典型代表的人工智能时代，人所必备的生存能力。然而在中国,批判性思维一直没有解决通识化、本土化、可视化、可操作和可测量等问题,致使批判性思维这一重要的教育内容在国内的教育领域内没有得到很好的开展。在介绍这部分内容的时候,我们会频繁使用上文提及的思维及其要素。你会观察到,每个学科都在围绕批判性思维展开研究,但是其关注的要素是不一样的,这使得只有几个简单要素的批判性思维,却在现实中变幻万千,渗透于人的内在和外在、工作和生活的各个方面。

一、批判性思维能"提升认知"——哲学观察入口,探寻事物本质

在展开这部分内容之前,我们先引入批判性思维的要素和关系图(图 2-1),这能够帮助我们看清楚不同学科是从何种角度来观察批判性思维的。

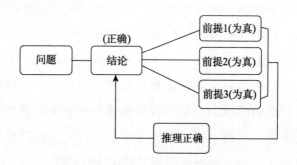

图 2-1 批判性思维的要素及其关系

哲学的任务就是探寻事物的本质,探寻世界的真相。只有拥有批判性思维的人才能够在认识世界和改造世界的过程中更容易探寻到事物的本来面目。因此,哲学家们的任务就是回答"世界

的本源是什么"等问题,并强调对这些问题得出一些答案,那么哲学最开始关注的就是批判性思维中的前提以及前提和结论的关系(图 2-2)[①]。但是必须指出的是哲学的侧重点在于发现人类尚未发现的新的真相,理论上这部分属于知识增量,而不是既有知识。这一点要与其他学科观察的入口相区别,很多学科观察批判性思维,即便关注的都是前提的部分,但有可能是其他存量知识或者隐性知识。理解哲学与批判性思维之间的关系需要捋清以下几点:

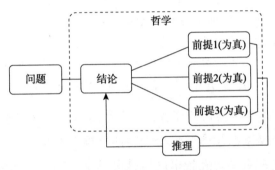

图 2-2　哲学观察入口

1. 哲学更多地关注思维的规律和本质、世界的规律和本质等问题

这些内容从总体上而言是超乎现实社会的,属于形而上的部分,相对晦涩和难以理解,哲学学科属性非常强烈,不太能够被普通读者所接受。举例来说,哲学关注的问题通常都是终极问题——世界是由什么构成的?人从哪里来?到哪里去?人为什么存在或者活着?对这些问题的回答通常伴随着非常深奥、艰涩、难懂的探

[①] 哲学对于批判性思维的观察其实是全方位的。

索，哲学家们的认知通常也比较高深，普通人难以企及。

2. 哲学关注的问题与具体学科不同

现代教育中的物理学、数学等具体学科原来都是哲学的范畴，都是从哲学范畴里慢慢脱离出来的。随着认识的加深和研究的推进，一旦一个学科有了成型的知识体系和方法论，这些学科就会从哲学学科中独立出来。因此，哲学研究的都是没有太成型知识体系和方法论的形而上的领域。哲学领域中的批判性思维其实与大众的生活离得比较远，解决的问题也不同于我们日常生活和学科学习中所能看到的具体问题，带有极强的抽象性、距离感。

3. 哲学家负责提出"假设"，科学家负责验证它

这一点是为了说明哲学家的工作主要是提出"猜想"，提出猜想的过程也是不断思考和运用批判性思维的过程。如在古希腊历史上，恩培多克勒曾经指出世界是由"土、气、火、水"四大元素构成的，德谟克利特指出世界是由"原子"构成的，阿那克萨戈拉认为"努斯"是世界产生运动的原因，这个"努斯"有点类似"能量守恒定律"中的"能量"。后来，有了具体的科学方法和手段之后，哲学家的猜想也就会慢慢被证实或者证伪。

总结一下，哲学观察批判性思维，在问题上比较关注一些终极问题(或者说普通人不会察觉的问题)，如世界是由什么构成的，是由什么推动的，比较抽象、比较宏观。在前提方面比较愿意通过思考来提出假设(更类似一种猜想)，通过后续不断有新的哲学家提出新的"猜想"质疑、辩驳之前的"猜想"[①]来实现对世界本

---

① 想一下亚里士多德说的那句话："吾爱吾师，吾更爱真理。"

源的探索（不断逼近真理）。同时，哲学和具体学科的关系是，哲学家负责提出假设，科学家负责验证。一旦验证成功并且形成了一套独立的知识体系和方法论，一个学科就从哲学学科中独立出来了，如物理学等。①

很多学校打算（或已经）开设批判性思维的通识课程，多由哲学系老师从哲学范畴讲解。图 2-3 是这类课程的一个示例。对

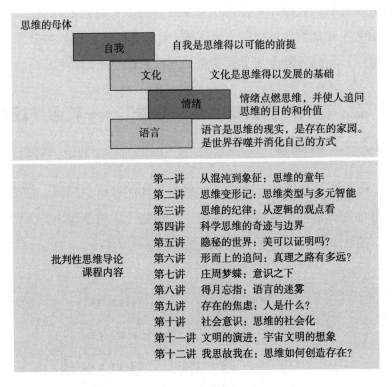

图 2-3 囿于哲学范畴的通识批判性思维

---

① 物理学曾被称为自然哲学，后来独立出来。牛顿将自己的力学著作命名为《自然哲学的数学原理》，也标志着物理学和哲学之间的关系。

大学生（或者普通读者）而言，更具意义的是通识批判性思维，而非学术性批判性思维。充满哲学思考的学术话语体系难免让人望而生畏，更何况探讨的不是混沌、象征，就是意识、真理。这样的课程大多数学生敢选吗？

通识批判性思维至少要在内容、话语体系、认知上降维，直接连接到学生所处的认知层面，并且做到要素化以及可以被分解和实操。哲学领域内的批判性思维并不是本书探讨的重点。为了加深学生对批判性思维的全面了解，突出批判性思维的多学科性、底层性，我们简要介绍了哲学角度的批判性思维的特性。

二、批判性思维能"解决问题"——社会学观察入口，工具属性

社会学对批判性思维感兴趣是因为其能够解决问题，即批判性思维具有某种工具属性，掌握这项技能的人具备解决问题的能力。图 2-4 展示了社会学观察批判性思维的入口。

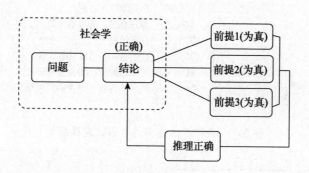

图 2-4　社会学观察入口

正如我们在前面所介绍的那样,批判性思维强调对问题的解决,并且给出了正确解决问题、形成正确结论的方法——依据客观真实和经过正确推理。这样一来,具备批判性思维的人无疑在方法论上要比那些不具备批判性思维的人更具有正确解决问题的思路。不可否认的是,解决问题的能力是无数人都梦寐以求的能力,也是用人单位特别看重的能力,具备解决问题能力的人在哪里都具有竞争力。尽管很多学者反对将批判性思维工具化,认为过分强调批判性思维的工具性是对批判性思维丰富而广泛的内涵的一种减损。但是,鉴于本书是在多学科背景下讨论批判性思维,本部分强调批判性思维的工具属性也不会造成读者对其内涵的片面理解。下文,我们还会从心理学和其他角度继续阐释批判性思维的重要意义。

三、批判性思维能"反思自我"——心理学观察入口,内在对话

心理学也关注批判性思维,原因就是批判性思维能够让人反思自己,时刻审视自己的观念是否跟客观真实保持一致,减少自我内耗,解决思想上的困惑,提升自己的认知(也被称为认识客观真实的能力)。图 2-5 展示了心理学观察入口。

细心的读者可能已经发现了,图 2-5 跟之前的图是不一样的,这是因为我们引入了假设(未表达前提、观念)这个概念。在之前,为了方便理解,我们将批判性思维(思维)的要素解读成三要素——问题、结论、前提。其中,前提到结论的过程是推理或

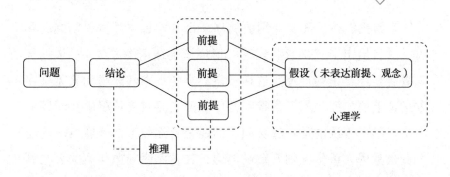

图 2-5　心理学观察入口

论证①，在这里我们需要引入未表达前提的概念，未表达前提是指前提能够推出结论的依据，即前提之所以能够推出结论是因为未表达前提的存在。未表达前提在不同的场景下还会被称为假设（如哲学、经济学）、观念（如心理学）、大前提（逻辑学中的三段论演绎推理）。我们先用一个例子说明什么是未表达前提。以法学为例，要判断张三是否构成故意杀人罪，要看他是否符合故意杀人罪的四个构成要件——主体、主观方面、客观方面、客体。以主体要件为例：故意杀人罪要求行为人年满 14 周岁，这是大前提，也就是本处所说的假设、未表达前提；张三的身份证显示他出生于 1998 年，已经年满 25 周岁，这是小前提，按照本书思维要素的表达方式，这部分属于前提。那我们用批判性思维的要素表格（表 2-1）来表现一下，就能发现未表达前提（假设、大前提、观念）在整个思维中起到什么样的作用——它决定前提能否推出结论，是前提能推出结论的底层原理，即未表达前提决定前提和结

---

① 推理和论证都涉及前提和结论之间的关系，其中，推理强调从前提到结论的正向过程；论证是指先有结论再用前提来证明结论，是一个结论到前提的逆向过程，在本书中，两者是混用的。

论之间的论证关系是否成立。

表 2-1　未表达前提决定前提能否推出结论

问题	结论	前提	未表达前提
张三是否符合故意杀人罪的主体要求？	符合	张三的身份证显示他出生于 1998 年，已经年满 25 周岁	法律规定，故意杀人罪的主体必须年满 14 周岁

从表 2-1 就能明确看出来，前提之所以能够推出结论是因为未表达前提的存在，我们之所以在上文介绍思维要素的时候没有对未表达前提展开介绍，是因为未表达前提背后还有未表达前提，只要往前推，未表达前提就有很多层，是一个相对复杂的概念。例如，表 2-1 中的例子展开，你就能发现未表达前提的层次性（表 2-2）。层次推进得越深，思考的层次也就越深，也表明一个人的认知越高，格局也会更大一些。

表 2-2　未表达前提的层次很多

问题	结论	前提	未表达前提	未表达前提的未表达前提	未表达前提的未表达前提的未表达前提
张三是否符合故意杀人罪的主体要求？	符合	张三的身份证显示他出生于 1998 年，已经年满 25 周岁	法律规定，故意杀人罪的主体必须年满 14 周岁	国家出现，有了刑法之后，不允许人们私力救济，个人需要将报复的权利交给国家，所以出现了法律、法庭以及审判	没有国家出现，或者国家发育不完善、没有现代刑法出现的时候，最开始是允许私人报复的，比如"以牙还牙，以眼还眼"

我们回到心理学观察批判性思维的角度，心理学观察批判性思维是基于这样的想法："那些能够对问题做出正确判断、形成正确结论的人在观念（未表达前提）、精神品质、心智模式上都有什

么样的特征?"因此,心理学更关注的是什么样的人,具备什么样的精神品质、心理状态、认知水平才能够对事物做出正确判断,能够对问题形成正确的解决方案。这就涉及本书在此处探讨的话题。我们用一个生活中的例子来进一步解释一下不同观念的人对同一件"小事"的判断折射出来的不同的精神品质和心理状态。比如,我分别问了 A 和 B 两名同学同一个问题——中午去哪里吃饭?A 同学给我的反馈是学生食堂,并且很明确地告诉我是在从东向西的第二个窗口打饭。我问他为什么,他说人少,不记得吃的是什么。我继续问他为什么要找人少的地方吃饭,他回答我说,吃完了赶紧去图书馆抢座位。B 同学面对同样的问题给我的反馈是去校门口×××饭店,我问他为什么,他说好吃,就是得排队等着。我们用表 2-3 来整理一下这两名同学不同的观念[①]。

表 2-3 不同的结论折射不同的观念

问题	结论	前提	观念 (未表达前提)	观念 (未表达前提)
中午去哪里吃饭	学生食堂	人少,不记得吃的是什么	去图书馆占座	节省时间 > 吃好
	校门口饭店	好吃,但人多	排队等着	吃好 > 节省时间

我们从表 2-3 中能很轻松地发现,A、B 两名同学头脑中的价值观念是不一样的。所谓的价值观即为价值排序。对于 A 同学而言,节省时间要比吃好重要;但是对于 B 同学而言,吃好要比节省时间重要。批判性思维能够帮助我们观察一个人的观念。如果你认为心理学对于批判性思维的探索到此为止,那就想简单了。

---

① 观念其实是具有一定的稳定性的,即多次被问及同一个问题都是一个选择。在这里我们假设 A、B 两名学生常规的选择就是这样的,不是一次性的选择。特此说明一下!

批判性思维最初就被杜威称为反思性思维，原因就是，掌握批判性思维的人有能力探查自己的观念，并且能够在觉察到自己观念不对的时候勇于改变自己错误的观念，争取让自己的观念贴近"客观真实"。还是上文 A、B 两名同学的例子，A 同学将时间花在了学习上，B 同学将时间花在了美食上。期末考试的时候，A 同学的成绩比 B 同学好，这时候 B 同学不服气，说 A 同学可能跟老师关系很好。我们将 B 同学的这个观点用批判性思维的要素拆解一下，并且审视一下是否正确（表 2-4）。

表 2-4　B 同学错误的观念以及他能否自己反思

问题	结论	前提	未表达前提
A 同学比 B 同学考得好，B 同学不服气	B 同学认为 A 同学并不比自己优秀	A 同学只是跟老师关系好	①A 同学成绩好并不是由于他努力学习 ②自己成绩不如 A 同学，并不是自己的问题

实践中，我们很容易被愤怒、嫉妒、不平衡等主观情绪冲昏头脑，而不是客观冷静地分析一个事物的结果。实际上，A 同学的成绩之所以好，是因为其努力，将时间花在了学习上。而时间花在哪里，人就会在哪里收获结果。B 同学将时间花在了美食上，可能会收获体重，也可能会收获对美食的体验（美食家）。表 2-4 向我们展示了一个归因谬误的例子，在自己没有努力的方面要结果，还嫉妒在这方面付出很多并取得成果的人，这就是一个错误的观念。拥有批判性思维的人会时刻检视自己的观念是否正确，是否公平地评价他人、平等地对待他人。如果不能时刻反思自己的思想观念、思想动态，而是一味认为自己没有问题，问题都出现在别人、环境或者其他什么方面，这就不是具有反思性品质的

人，也不会获得长远的发展，会被自己的思维束缚住。

这是心理学观察批判性思维的入口，在于提示人们，批判性思维不仅可以用来观察别人，还可以用来观察自己，观察自己对待问题或者特定场景的反应（结论）、得出结论的前提，以及前提背后的未表达前提。要有识别自己观念的能力，当发现自己的观念不正确时要有改变自己、使自己的观念不断接近客观真实的能力。只有不断地检视自己的想法，观察自己，不断反思，使自己的观念接近客观真实，人们才有可能在充满挑战的人生中获得真正的生命体验，否则，就会陷入生活的困境与泥淖之中无法自拔。当我们去观察身边那些在各行各业令人敬佩、取得成功的人时，你会发现他们都具有自省、反思和内观的品质，否则是无法在他们各自的行业中脱颖而出的。

心理学观察批判性思维的切入点为什么是未表达前提？它为什么可以帮助人们自我反思？要想对问题获得正确的解决方案，人们必须依据客观真实，这个客观真实表现为前提，也表现为未表达前提。我们在上文提及过，客观真实的种类很多，教科书上的知识是我们最常见的客观真实的种类，但我们必须明白的是，更多的客观真实是存在于生活中、工作中的隐性知识（如生活经验），是在书本上学不到的（会形成生活观念）。从这个意义上来看，心理学就是让人们不断反思自己，突破自己的未表达前提（观念的束缚），使自己的观念疆域不断拓宽，这表现为思维者的格局不断变大；使自己的观念不断贴近人类社会运行的底层规律，这表现为思维者越来越接近于客观真实，变得理性客观；使自己的观念不断体系化、理论化，这表现为思维者有一套自己为人处世的能够自治的哲学，思想越发深刻。关于心理学部分的批判性思维我们暂时介绍到这里，在下文的具体例子中，我们还是会用到这种反思性的手法来观察生活，观察身边的人、事、物以及观察自己。

四、批判性思维能"提升严谨度"——逻辑学观察入口，变得靠谱

批判性思维与逻辑之间存在着千丝万缕的联系。逻辑分为形式逻辑和非形式逻辑，而批判性思维又被称为非形式逻辑。形式逻辑是很枯燥的、用纯粹的符号表示的抽象的逻辑关系。起初并没有批判性思维课程，只有形式逻辑课程。但是，形式逻辑太抽象又距离生活太远，学生出现了厌学现象。到了20世纪70年代，美国和加拿大两国哲学系的逻辑学教师开始怀疑基础形式逻辑或演绎逻辑对日常生活的效用。于是就逐渐发展出非形式逻辑这种以日常生活中的论证为研究对象，颠覆传统的作为范式的形式逻辑的分析标准。英国科学哲学家图尔明的论证理论，比利时哲学家、法学家佩雷尔曼的新修辞学以及澳大利亚计算机科学家汉布林的谬误理论是非形式逻辑的三个重要理论来源。有充分的证据表明，非形式逻辑其实是借鉴了法学的模型，来源于法学学科。总之，批判性思维作为非形式逻辑，是为对抗形式逻辑的抽象性和低效用性而产生的，它将形式逻辑的基本范式引入生活，关注社会实际，可以帮助我们解决现实中的问题。非形式逻辑一经产生就迅速普及，显示了其强大的生命力。对这方面感兴趣的读者依旧可以寻找相关书籍进行阅读，本书就不再展开了。

逻辑学视野下的批判性思维主要集中在论证的部分（图2-6），

即逻辑学关心前提是怎样推出结论的。根据论证类型的不同，前提与结论的关系也不一样。我们在上文曾经指出，批判性思维的特征之一就是要求经过正确的推理，推理指的是前提和结论的关系。只有在前提为真（即依据客观真实）、前提能推出结论（即经过正确推理）的情况下，才能保证结论是正确的。因此，我们必须掌握一定的推理（或论证）①的知识来保证我们能够驾驭批判性思维。

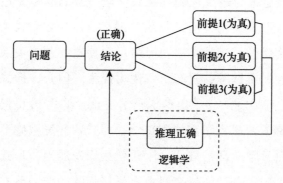

图 2-6　逻辑学观察入口

通常意义上，在一个推理（或论证）中，被拆分出来的要件（也可以称为条件或前提）与待证明的结论之间会构成四种关系：充分条件、必要条件、充分且必要条件、既不充分也不必要条件。我们之所以要考察条件和待证明结论之间的关系，是因为条件的状态会决定结论的状态。也就是在充分条件、必要条件、充分且必要条件之下得出的结论可信度是不同的，既不充分也不必要条

---

① 本书并不严格区分推理和论证之间的区别，有时候甚至会混用。推理和论证之间最大的区别在于前提和结论的顺序不同。推理强调用前提推导出结论，先有前提后有结论；论证强调用前提证明结论，先给出结论，后给出能证明结论的前提。

件就根本不用考虑了,这种条件下得出的结论基本就是无稽之谈。

我们在日常生活中经常使用含有充分条件和必要条件的表达,如我们有"足够"的证据判被告有罪;痛苦是人生"必不可少"的一部分;想要成功,练习是非常"必要"的……只是我们并没有注意两者的区别。那么,充分条件和必要条件到底是什么意思呢?我们先从哲学的概念上解释一下:

必要条件:

如果 P 是 Q 的必要条件,那么除非 P 为真,否则 Q 不可能为真。简单表述为,只有当 P 为真的时候,Q 为真。用通俗点的语言解释就是 P 是 Q 不可或缺的,因为 Q 如果想要为真,需要 P 为真。举个例子,你通过高考被大学录取的必要条件有哪些呢?

(1)你是个高考考生;

(2)你有高考成绩;

(3)你高考成绩达到该大学的录取线。

充分条件:

如果 P 是 Q 的充分条件,那么 P 为真就足以推出 Q 为真。简单表述为,如果 P 为真,则 Q 是真的。用通俗点的语言解释就是 P 对于 Q 来说是足够的,只要有 P 就有 Q。举个例子,被大学录取的充分条件有哪些呢?

如果一个 17 岁的孩子获得了国际奥林匹克数学竞赛的一等奖,那么估计很多学校都愿意直接录取他。也就是说,这个国际竞赛的一等奖是被大学录取的充分条件。我们继续用表 2-5 来解释一下充分条件和必要条件之间的几种组合关系。

下面仍用张三构成故意杀人罪这个例子来分析充分条件和必要条件(表 2-6)。

表 2-5　充分条件和必要条件的几种组合

组合	类型	示例
1	必要不充分	努力学习是学习好的必要但不充分条件。努力是学习好的必要条件,你不努力,学习不会好。但是光努力不能保证你一定学习好,非常努力的人在学习上也经常不尽如人意,这是因为还得懂学习方法
2	充分不必要	用水煮是使土豆变熟的一个充分条件,但它并不是必要条件,因为使土豆变熟还有油炸、烧烤等其他做法
3	充分且必要	在考试中,把卷子里的题全部答对是获得满分的必要条件,因为除非你把这些题全做对,否则你拿不了满分。同时把所有题目答对也是拿到满分的充分条件,因为把所有题目答对就足以拿到满分
4	既不充分也不必要	"考上大学"是"找到女朋友"的既不充分也不必要条件

表 2-6　张三构成故意杀人罪中的必要条件和充分条件

问题	结论	前提
张三是否构成故意杀人罪?	张三构成故意杀人罪	1.张三年满 14 周岁,精神上没有障碍 2.张三主观上是故意 3.张三实施了杀人行为 4.张三侵害了他人的生命权

　　这四个前提中的每一个对于证明张三构成故意杀人罪都是必要的,但都是不充分的。只有这四个前提放在一起才是证明张三构成故意杀人罪的必要且充分条件。批判性思维者在论证的时候,一定要思考前提与结论之间的关系,是充分条件、必要条件,还是充要条件。在一个可靠的演绎论证中,如张三这个例子,前提一定是结论的充要条件。

　　分析了前提和结论的关系,又举了这么多例子,无非是想告诉读者朋友们,逻辑学关注的内容与其他学科不太一样,逻辑学对前提和结论之间关系的要求能够提升我们思维的严谨度,使我们成为一个"靠谱"的人,而不是一个不区分前提类型、不考虑前提和结论之间关系的"满嘴胡诌"的人。

五、批判性思维能"促进自主学习"——教育学观察入口,提升内驱力

在介绍完几个学科对于批判性思维的观察入口之后,我们再关注一下教育学为什么要关注批判性思维。理论上,教育学关注批判性思维的全过程,关注批判性思维给受教育者在解决问题(社会学、逻辑学)、人文情怀(心理学、哲学)等方面带来的全方位影响。美国在过去五十年开展的批判性思维运动就能很好地说明这一点。关于批判性思维对于教育的影响我们会在本书的后续部分慢慢展开,但在此处,我们介绍批判性思维在促进自主学习、提升学习者的内驱力方面的功能。

如图 2-7 所示,批判性思维能够提升学习者自我学习的能力。当面临一个问题的时候,一个批判性思维者会清晰地意识到,要想对问题形成正确的结论必须满足两个条件——前提必须为真,

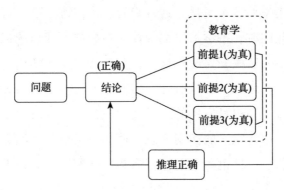

图 2-7 教育学观察入口

前提必须能推出结论。但是，如果在"前提"是学习者不具备的知识的情况下，为了解决这个问题，学习者就必须自己去学习和寻找这个"前提"。

这样介绍可能很抽象，我们用现实中的例子来说明。我先生出生于 1980 年，是一个游戏爱好者。在他年轻的时候，日本的游戏比较盛行。为了能在打游戏的过程中获得更好的体验，他自学了日语。在这个例子中，日语是什么？是能够获得更好游戏体验的前提，他作为一个中国孩子，小时候学习的通用外语是英语，日语是跟他八竿子打不着的语言。但是，为了解决他打游戏中的问题，他自己学习了这门外语。

我们经常会说，×××家的孩子没有内驱力，学习不主动。这不是孩子的问题，孩子好奇是天性，好奇意味着他们总是能关注到一些成年人不关注和关注不到的问题，这属于发现问题。在发现问题的时候，孩子应当被告知正确解决问题的方法——寻找能够解决问题的正确"前提"，这才是学习的正确方式。可是，我们目前对于孩子的"好奇心"却总是持否定态度，过分强调书本上知识的重要性，总是跟孩子说，你把成绩搞上去比什么都重要。这样就硬生生地扼杀了孩子的好奇心，也封锁了孩子自主学习的路径。与此同时，把学习过程变成了枯燥的对知识的记忆过程，而孩子学习完这些知识又不会用，于是产生了厌学情绪。当许多人都厌学，都感觉知识没有什么用时，就滋生了"知识无用论"的错误观点。知识是有用的，但是知识只能在解决问题的过程中发挥作用，这是知识的使用状态，而我们目前的学习都是学习知识的静止状态。这也是目前教育遇到的问题，我们在下文会详细说明。

由于批判性思维关注问题的解决以及知识在问题解决中发挥的作用，在教育（不仅是高等教育）中普及批判性思维能够使中国的人才培养过程发生比较明显的转向，即未来中国教育发展趋势势必要从单纯的知识传递转型到思维（本书所指的批判性思维）培养。

再次强调，本书在此处仅是介绍从教育学的学习论视角观察批判性思维的一个入口，批判性思维的全过程都是教育学关注的内容，教育学还关注批判性思维在人才培养、教育内容、教育模式等方面带来的变革。事实上，本书在很多内容的介绍上都试图去展示批判性思维对中国教育改革、对人才培养的重要性，也请读者从更为广阔的教育格局、趋势和范畴上理解批判性思维。

通过本章内容的介绍，我们已经对批判性思维的多学科性、底层性有所了解，尤其是批判性思维对教育学的重大意义。批判性思维在提升认知、解决问题、反思自我、增强思考严谨度和激发学习内驱力方面都有很好的指导作用，也期待有更多的学者投身批判性思维的研究并将这些领域逐渐开发出来，最终应用于人才培养的过程之中。[①]虽然我们在本章将批判性思维从不同学科关注点的角度分别解释了一下，但在实际生活中，批判性思维的这些特征并不会被特意区分，它会在一个问题解决的过程中被（融合性地）体现出来。当你面临一个问题的时候，你能运用批判性思维的工具属性把它解决，这是社会学属性；你之所以能正确解

---

① 笔者著有《批判性思维与写作》《批判性思维视域下课程思政的教与学》等，前者是将批判性思维（解决问题的工具属性）运用到写作的场景中，后者是将批判性思维（能观察人的观念、提升自省能力的心理学内涵）运用到了课程思政的教学设计中。

决问题,是因为你遵循了逻辑学关于前提和结论之间关系的理论,这是逻辑学属性;解决问题要求你的前提必须是正确的,你必须是依据专业的知识把这个问题解决,这又是哲学关注的问题;如果你不具备解决问题的前提,为了解决这个问题,你很有可能产生自驱力来进行自学,这又是教育学中的学习论关注的内容;心理学则关注在解决问题过程中,拥有什么样精神气质和心智模式的人能够正确解决问题,是积极的心态、探索的精神、坚忍的意志还是永远保持好奇心,还关注到了能够正确解决问题的人通常会带有某些独特的精神气质,比如开放、公平、包容以及接受变化等。因此,批判性思维是很复杂的,光是在理论上知道它的要素、要求和特征是远远不够的,还要在实践中不断地运用、反思、提升、优化,最终才能成为一名熟练的批判性思维者。

本章核心观点提示

1. 批判性思维是人必须具备的底层思维,ChatGPT 出现之后,教育最核心的任务就是培养批判性思维。

2. 联合国教科文组织已经明确将批判性思维培养列为 21 世纪高等教育的重要议题。

3. 美国从 1910 年杜威教授提出批判性思维之后,就开始大力推进批判性思维研究和通识批判性思维课程的开设,截至 20 世纪 80 年代,美国本土产生了数量庞大的批判性思维研究成果和教材,绝大部分大学都将批判性思维列为通识课程的必要组成部分,发展学生的批判性思维已经被公认为是高等教育的核心理念和基本目标。

4. 批判性思维具有多学科、底层性的特征。

5. 哲学范畴的批判性思维更关注人类整体的认知，即认识"世界"的能力，哲学认为批判性思维可以用于探寻事物的本质。但哲学范畴的批判性思维过于抽象和理论化，这也是开发"通识"批判性思维课程的原因。

6. 社会学更关注批判性思维能解决问题的部分，更注重其工具属性。

7. 心理学认为拥有批判性思维的人能够常常自省，反思自己对问题得出的结论是依据什么样的观念得出来的，这个观念是否正确。当结论和事实不相符的时候，批判性思维者能敏感地意识到自己的观念（也叫潜意识）出错了，并有勇气改变它。因此，拥有批判性思维的人在精神气质和心智模式方面也会有一些不同的特质。

8. 逻辑学关注的是批判性思维必须借助论证的一些基本原理来保证结论的正确性，如前提为真，前提能推出结论。逻辑学是批判性思维最为重要的内容，缺少了它，批判性思维将丧失最为重要的技术模块。

9. 批判性思维对高等教育的影响是全方位的，这也是美国产生了批判性思维"运动"并且持续了50年（还在推进）的原因。批判性思维不仅能改变知识传递的方式、培育品格健全的人，还能促使人产生自驱力、自主学习。拥有批判性思维的人会清晰地意识到解决问题是需要依据"客观真实"的，如果他不具备这个"客观真实"，又想解决问题，他会通过自学来获取这个"客观真实"。

第三章
批判性思维对高等教育的重要意义

本章我们会着重介绍批判性思维对高等教育的重要意义，你也可以将这部分内容理解成第二章中教育学对批判性思维的观察入口的延伸，在这个部分我们会全方位揭示批判性思维对现代高等教育，尤其是对中国的高等教育的重要意义。

一、ChatGPT 引发的对中国教育的担忧

ChatGPT 是 OpenAI 研发的聊天机器人程序，于 2022 年 11 月 30 日发布。ChatGPT 是人工智能技术驱动的自然语言处理工具，它能够通过理解和学习人类的语言来进行对话，还能根据聊天的上下文进行互动，真正像人类一样来聊天交流，甚至能完成撰写邮件、设计视频脚本、文案制作、代码编写、论文写作等任务。ChatGPT 一经推出就受到强烈的关注，其重要原因是引入了新技术基于人类反馈的强化学习（reinforcement learning with human feedback，RLHF）。RLHF 解决了生成模型的一个核心问题，即如何让人工智能模型的产出和人类的常识、认知、需求、价值观保持一致。ChatGPT 是人工智能生成内容（AI-generated content，AIGC）技术取得进展的成果。该模型能够帮助人类利用

人工智能进行内容创作、提升内容生产效率与丰富度。

ChatGPT 的应用范围非常广泛，ChatGPT 的应用场景还包括：用来开发聊天机器人，也可以编写和调试计算机程序，还可以进行文学、媒体相关领域的创作，包括创作音乐、电视剧、童话故事、诗歌和歌词等。在某些测试情境下，ChatGPT 在教育、考试、回答测试问题方面的表现甚至优于普通人类测试者。这就引发了很多人对于中国教育的担忧。长久以来，中国的教育一直强调对基础知识的记忆和理解，而且在这方面投入了大量的资源并消耗了学生大量的精力，但这恰巧是以 ChatGPT 为典型代表的 AI 的强项。中国学生花四年时间完成了本科学习，记住了上文所提及的知识体系，拥有了一个学科的完整知识，但是这个过程在人工智能面前不值一提，因为 AI 可能只需要用 1 秒钟就都能完成，准确度和完整度要比经过四年学习的本科毕业生高得多。而且 ChatGPT 能做的事情更多，在论文写作、绘画、音乐、影视、诗词创作等方面的表现已经优于普通大学生。这就使得在 ChatGPT 推出之后，中国高等教育界就掀起了一场热烈的讨论——ChatGPT 出现之后的中国教育该何去何从？

二、中国高等教育的困境

中国高等教育发展的主线就是移植和杂糅，这也是近代中国历史的一个缩影。中日甲午战争后，中国开始兴起向西方学习的思潮并兴办各类学堂。当时，中国学习的对象很笼统，主要是英、德、法、美等国家。1898 年，梁启超参照日本东京大学的规程主持制定了《京师大学堂章程》，确立了中国高等教育初期的日本模式。20 世纪 20 年代，蔡元培提出了"仿德国大学制"的理念，并在该理念指导下制定了《大学令》，于其治下的北京大学开始实施。与此同时，在留美归国教育博士郭秉文的主持下，东南大学建立起一套集基础研究与应用研究于一体，从管理体制、系科设置、课程内容到经费筹措等全方面学习、借鉴美国高等教育模式的高教体制。新中国成立之后，由于当时的历史环境，我们又开始了全面学习和照搬苏联课程体系的过程。随着1961年《中华人民共和国教育部直属高等学校暂行工作条例（草案）》（以下简称《高教60条》）、1985年5月《关于教育体制改革的决定》、1998年8月《中华人民共和国高等教育法》的陆续出台，中国逐步构建起自己的高等教育体系。虽然经过了近百年的发展，但是仍可以看出杂糅了各个国家高等教育模式的痕迹，中国的这套教育体系从教育内容上来看，仍然是以"知识传递"为核心构建起来的。之前社会上流传的"知识就是力量""学校是学习知识的地方"等公共认知观念都能反映出中国高等教育体制的特点。

这套人才培养模式或者高等教育体制应该说在当时还是能够满足中国社会需求的，并为中国培养了大量的人才，为中国的改革开放、市场经济制度的确立、加入WTO以及成为世界第二大经济体提供了强有力的支撑。但是同时，我们也越来越感觉到教育有点跟不上经济和社会发展的需要。从中美贸易摩擦开始，中国人开始意识到我们被别人"卡脖子"的技术，我们在国际组织的说服力、影响力都非常有限，这反映在教育层面上就是教育的内容和相应的体制不能满足中国在当今的国际国内环境下对于人才的需求。当今社会不再是仅注重知识的社会，由于信息时代的到来，海量的信息向我们呼啸而来，这些信息有的是真的，有的是假的，有的是虚幻的，有的甚至是欺诈的、恶意和故意误导公众的。我们如何能在这信息的汪洋中不溺水而亡？同样，以知识的学习为中心的教育已经不能满足社会对于创新性的要求，而创造性思维、创新性能力成为新时代中国的迫切要求。当我们被美国卡脖子的时候，当我们遭遇南海仲裁的时候，当我们在国际社会上被打压的时候，当我们想要实现中华民族伟大复兴的时候……我们回望我们的教育，突然发现这一套生于20世纪，以知识传递为核心的体系已经不够用了。因此当今的教育，亟须升级换代，面临着从知识培养和知识灌输的模式中走出来的挑战。教育兴则民族兴。《教育部关于加快建设高水平本科教育，全面提高人才培养能力的意见》(以下简称《新时代高教40条》)指出：(我国)对高等教育的需要，对科学知识和优秀人才的需要，比以往任何时候都更为迫切。

国家显然意识到了教育亟须转型升级的问题并不断作出指示，如2018年针对本科教育，教育部提出了《新时代高教40条》；2020年针对研究生培养提出了《习近平对研究生教育工作作出重要指示》。上述文件都指出目前高等教育面临的挑战主要是：第一，培养高素质的人才，这一条指向的是学生；第二，提升培养能力，这一条是针对高校。那么什么是高素质？上述文件继续指出，学生在毕业的时候应当具备实践能力、创新能力、研究能力。怎么能让学生具备这些能力？这就与第二个挑战——高校需要提升培养能力联系在一起了，也即高校需要提升自己培养学生实践能力、创新能力、研究能力的水平。而这一切的核心就在于，我们的高校怎样培养具有实践能力、创新能力和研究能力的高素质人才？

这个问题相当复杂，涉及思想层面、管理层面、机制层面、导向层面，但其中最核心的是我们的教育内容要更新。如前所述，我们现在的高等教育仍然是以知识传递为核心构建起来的一整套课程体系，这套体系不能有意识、成体系、规范化地培养学生的批判性思维，因此也就无法使学生具备在批判性思维指引之下所应具备的各项能力（正文中会专门论述批判性思维与能力培养的关系）。学生是否具备这些能力，是否养成批判性思维完全取决于一些偶然的、不可预测的、先天的和后天的因素，这就导致我们培养的人才绝大部分是不具备思维能力的，难以满足时代和国家发展的需求。

综上，我们总结一下，中国的高等教育目前面临的问题主要集中在两个方面：①在内容上主要以传递知识为主，并没有教会学生如何应用知识以及在既有知识不够用的情况下如何生产出新知识（即所谓的创新能力）。②在人才培养目标上，中国希望高等教育培养出具有解决问题能力、实践能力、应用知识能力以及创新能力的适应中国社会新发展的人才的目标始终没有实现。或者说，培养具有解决问题能力、实践能力、应用知识能力、创新能力的人才在当前的以知识传递为核心的教育模式下是无法实现的。那么，中国的教育就面临转型，至少在内容上必须从以知识传递为核心转向以思维培养为核心，这并不是说对知识的记忆和理解不重要，而是要将知识的学习放在思维培养的正确位置上，最终实现对学生的能力培养。

三、中国高等教育急需批判性思维的融入

哈佛校长德鲁·吉尔平·福斯特（Drew Gilpin Faust）曾说："教育的目的是让学生知道有人在胡说八道。"其背后蕴含着教育

的一个根本目标,就是培养学生辨别是非的独立思考能力,而这正是批判性思维的要义。批判性思维是指通过审慎的、理性的思考作出判断的思维过程,它强调不盲从、理性客观,并且保持独立思考。可以说,教育的终极目的不是把知识灌输给学生,而是教会学生一套思维(或者思考,即解决问题)的方式,在这种思维方式的指导下,学生学会使用自己学到的知识,处理自己面对的海量信息,识别各种观点的真伪,探寻事物最真实的本质;在这种思维的指导下,学生还能进一步搜寻自己需要的信息和知识,在运用知识的过程中掌握诸如关键问题识别能力、信息检索能力、分析评价能力、解决问题能力、创新能力(批判性思维是生产新知识的方法),也就达到了上述文件中所指出的高素质人才所应具备的实践能力、创新能力以及研究能力的目标。本书接下来会条分缕析地指出批判性思维对于中国高等教育转型的重要性。

(一)批判性思维有助于"知识图谱"的形成

上文已经提及,大学的学习和高中的学习最大的不同在于:高中是通才教育,全科学习,不分专业;大学是专业学习,分专业,是专才教育。上了大学之后,每个学生因为专业不同,学到的知识就不同。那么是不是学到了专业知识就会成为专业人才呢?知识和人才之间还需要有一架桥梁——会正确使用自己的专业知识,擅长用自己的专业知识解决问题,能用自己的专业知识推动社会的和谐和进步,这才是专业人才。

长期以来,我们的教育长于传授知识,但是短于知识运用和思维培养,以至于大量的学生到了工作岗位不能很快进入职业角色，即便是最终进入角色也要花费很长时间。这就导致了学界普遍探讨的大学培养目标和雇主需要的人才之间的"差距"，同时也引起了高等教育对于人才培养的新一轮讨论。批判性思维是一种理性思维，其核心特征就是依据事实和知识对事物进行判断。也就是说，我们在大学学到的专业知识是批判性思维的原材料，是批判性思维对事物进行分析的依据。这就是我们要在大学打好基础，专业知识一定要扎实的原因。否则，你即便学习了批判性思维，了解了批判性思维的过程，掌握了批判性思维的技能，仍然是"巧妇难为无米之炊"。但是从另一个角度来讲，如果你只具备专业知识，但是没有思维，你就不会盘活你的知识。这个怎么理解呢？你学习到的知识就好比放在仓库里的物品，如果不会用或者不被使用，就会一直放在仓库里变成库存积压，只有有了思维，调动起大脑中存储的知识，这部分知识才会从惰性知识变成活性知识。举几个例子来说明我们是怎么运用专业思维解决问题的。

在我们法学院，学生会在大学期间接触几十部法律，其中不乏民法、刑法、商法、经济法、宪法等这些重要的法律。有一次，一个学生很沮丧地问我："老师，我都学习了三年法律了，为什么我回家的时候，朋友问我债务需不需要父债子还这么简单的问题，我都回答不了？"我说，因为你只学了知识，但是你并不会用这些知识解决现实中的问题。这个情况在我们开设了模拟法庭课程之后有所好转，在模拟法庭课程中，我们要用一个真实的案件，讲授律师是怎样运用知识解决法律问题的。学生在拿到案件之后，首先要调动自己所学的法学知识来确定这是一个什么法律问题，其次要在自己的大脑中搜寻学过的知识，找到这个案件对应的法律依据，然后根据法律依据作出判断。这就是思维，运用专业知识解决现实中的法律问题的思维，也是批判性思维在具体学科中的应用。医学本科生也是如此，医学本科生要花一年时间在医院实习，这个实习的过程就是为了让学生感受知识是怎样被运用到实际的病例中的。学生平时在教科书上学到的都是×××疾病、×××特征这些描述性和说明性的疾病信息。但是真正到了临床，学生是需要用这些知识判断患者的病情的。同理，这个判断过程也是批判性思维起作用的过程。首先，你需要调动你大脑中以往学习过的知识来快速判断面前这个患者罹患的是什么疾病（所谓诊断），所以基础知识十分重要！其次，你还要继续检索大脑中的知识来确定这个疾病的常规诊疗手段。最后，根据治病的依据对患者采取治疗措施。

通过这两个法学和医学的例子，我们已经能够看出我们的知识在学习的时候都是以知识点的方式呈现给我们的，如×××概念、×××特征。但是在实践应用的时候你需要调出相应的知识点并把这些知识点整合，然后对摆在你面前的纠纷或者疾病作出判断。这个依据知识、通过推理解决问题的过程其实就是批判性思维的过程，你能清晰地看到专业知识在这里是怎么被运用和激活的。如果没有实践，没有思维，你学到的知识将永远存储在大脑这座仓库里不见天日，甚至腐烂。你只有在批判性思维的指导下，调动知识，整合知识之间的联系，通过推理，对事物作出判断，进而采取对策，大脑中的知识才变成了活的知识！

因此，大学应该开设作为通识课的批判性思维课程，以及融入专业的批判性思维课程，比如法学思维就是批判性思维在法学领域中的具体运用，它是指依据法律，通过法律推理得出结论的过程。在没有接触到批判性思维之前，我们学习到的知识是按照学科体系的脉络整理并呈现的，分章节，如图 3-1 的左侧。但是当我们接触到实践，在具体问题引导下，批判性思维会将我们学习时的知识体系拆解开，让我们带着问题找到知识点和知识点的新联系，你会发现 A 知识点出现在你学习时的第三章，B 知识点出现在你学习时的第八章，C 知识点出现在你学习时的第十章……它们原本是散落在教科书中的点，由于现实中的问题和你脑中的批判性思维将它们连接在一起，你发现了这些知识点之间的新的"关系"，并且知道了 A 推出 B，B 推出 C 这种内在的逻辑，如图 3-1 的右侧。这个时候，是批判性思维让这些原本以学科体系存在的知识突破了原有的知识体系，以实践中的问题为导向，以解决问题为目的，构建起知识之间的"新联系"，这就是我们在上文所指出的知识体系和知识图谱的关系。

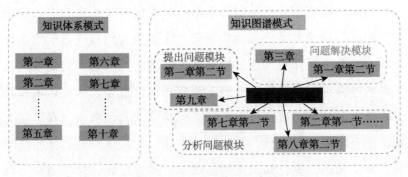

图 3-1　知识体系和知识图谱

再次强调，我们现在上课用到的教材都是以学科知识体系为主线编写的，教材中的知识体系跟实践中运用知识形成的知识图谱①是不同的。这样编写教材，可以使学生的头脑中形成一个完整的知识体系，但缺点就是这个知识体系与怎么在实践中运用知识没太大关系，也就是说学生学完了，还是不会用。相反，如果以现实中的问题为导向，直接向学生展现的是从现实的问题角度观察出的知识和知识之间关系的新的结构——知识图谱的话，它的好处在于你能够知道不同的知识点在实践中是怎么勾连在一起的，但是缺点是这样学习到的知识是碎片化的，缺乏整体性。因此，当我们弄清楚了知识体系和知识图谱之间的不同，那么最好的学习方式是两者兼顾。在学习完了知识体系之后，在批判性思维的指引下发现知识点之间的实践联系，然后再构筑知识图谱。通过上面的介绍，我们能清楚地看到批判性思维是怎样将学习到的知识激活并且构建出知识点之间的新联系的。

（二）批判性思维能培养高阶认知

针对教育目标中的认知领域，布鲁姆教授将其分为六个层次——记忆、理解、应用、分析、评价、创造（见图3-2）。记忆、理解、应用属于初级认知（也被称为低阶认知），分析、评价和创造属于高级认知（也被称为高阶认知）。我们先深入细致地将这些认知的具体内涵介绍给大家：①记忆是指对具体知识或抽象知识的辨认和识记，这是一种最基本的学习方式，也是教育目标在认知领域中的最低层次的要求。②理解是指对事物或者知识的领会，

---

① 在本书中，知识图谱是指把不同类的知识连接在一起，得到一个展现知识之间关系的网络，与以学科逻辑为中心构建的知识体系是不同的，知识图谱中的每个知识点（节点）都代表现实中的"实体"，每条边为实体和实体之间的"关系"，通俗一点讲，知识图谱提供了从现实的问题角度观察出的知识和知识之间关系的新结构。

这里的领会是指初步的、肤浅的领会，受教育者只要能用自己的语言复述、解释、描述、比较即可。③应用指的是将自己所学习到的知识包括概念、原理等应用到具体问题的解决当中。这里所指的应用是简单的、初步的直接应用，如已知三角形两个角的度数，求第三个角的度数。④分析是指按照一定的（理性的）标准将材料分解成不同的部分，从而将其内部组织结构呈现，既可以详细地说明其内部结构，也可以看出其内部结构是否缺失。⑤评价是指在分析的基础之上评价已经被分解的各个要素是否符合一定的标准，从而做出一定的判断。应当指出的是这种判断是基于理性的判断，而非基于直观感受。⑥创造是指在分析、评价的基础上，有可能会产生新的知识，或者新的方法，抑或发现事物之间新的联系。创新性是最高层次的教育目标。长期以来，正如上文中所指出的那样，我们的教育花了大量的时间在①②两个层次上，对于如何实现高级认知领域的教育目标并没有太清晰的路线和方法。

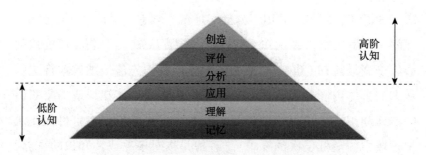

图 3-2　布鲁姆教育目标分类

批判性思维的教学能够对布鲁姆教育目标分类中的各种认知能力进行直观的培养和塑造。批判性思维是以对知识的记忆和理解为前提的,如图 3-3 所示,要想开展批判性思维,我们必须依据客观真实,它通常以前提的形式出现,而前提通常表现为我们在教科书中学习的知识。我们必须确保我们头脑当中拥有作出判断所依据的专业知识,这就要求我们在学习的过程中牢牢掌握住所学的内容,构建专业知识体系。批判性思维是专业知识的检测器,它很容易检查你的知识体系是否牢固、是否完整。

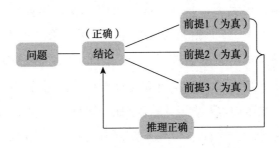

图 3-3　批判性思维的要素和关系

同样,批判性思维需要进行分析和评价。在图 3-3 中,我们将对问题的解决拆解成结论、前提,以及前提如何推导出结论的推理过程,而且每个环节都还可以继续细分,这是典型的分析能力——将一个复杂事物按照一定的逻辑进行解构。再比如上文的张三是否构成故意杀人罪(见表 3-1),我们将这个复杂的问题按照刑法学中的犯罪构成要件理论拆解成了四个方面——主体、主观方面、客观方面、客体,这也是一种典型的分析。可以毫不客气地说,没有专业知识和专业理论做基础,无法进行专业的分析活动。

分析是为了评价,当我们把论证过程拆解成不同的环节使得我们能够清晰地看到一个事物的内在结构时,我们继续使用评价标准来对每个环节进行判断:它是好的?不好的?充分的?不充分的?……这是对分析和评价能力的培养和塑造。我们再用表 3-1

表 3-1　故意杀人罪中的分析

问题	结论	前提	
张三是否构成故意杀人罪？	张三构成故意杀人罪	主体	张三年满 14 周岁，精神上没有障碍
		主观方面	张三主观上是故意
		客观方面	张三实施了杀人行为
		客体	张三侵害了他人的生命权

故意杀人罪作为例子，只有在我们将一个复杂问题——张三是否构成故意杀人罪，按照犯罪构成要件理论拆分成了四个方面之后，我们才能围绕这四个方面进行评价，比如张三是否符合主体要件的要求？张三是否符合客观方面要件的要求？整个解决问题的过程就是知识的运用过程，因此，批判性思维还能培养应用能力。不仅如此，当我们发现既有的知识不能够解决我们面临的问题的时候，批判性思维还会继续激励人们探索新的知识直至新知识产生，而这个过程又被称为创造。因此，批判性思维不仅能够满足教育培养的最高目标，还能由低到高地贯穿各个层次的培养目标的始终。

（三）批判性思维能够实现能力培养的目标

在我国政府相关部门的各种文件、教育培养方案、课程大纲中总是不断地申明要培养学生的实践能力、解决问题能力、独立思考能力、研究能力、创新能力……但是这些能力是怎样培养出来的，却不太好说清楚。其实，目前中国对学生上述能力的培养还是很弱的，原因还是在于我们的课程体系是围绕"知识"构建的，并不是围绕这些能力构建的。这导致我们培养出来的学生的各种能力根本没有办法被测量，也没有办法令雇主感到满意。

批判性思维的培养过程能够很清晰地让我们看到这些能力的

形成过程，还能够让这些能力可测量、可评估。如图 3-4 所示，当你发现了问题并且运用自己的知识（前提，即依据客观真实）、通过推理得出了结论，在这个过程中你既培养了自己运用知识的能力，又培养了自己的实践能力，还在问题引导下培养了自己解决问题的能力。当你发现你目前的专业知识虽然够用，但是要想妥善处理面前的问题，还缺乏相应的信息，否则不能进行准确的判断时，批判性思维就会督促你继续搜索需要的信息。在检索你需要的信息的过程中，你通过不断碰壁，慢慢摸索出哪些网站是权威的信息网站，哪些书籍和杂志能够给你提供最新的动态，哪些信息是可以入选的，哪些信息是必须摒弃的。在你检索了大量的信息之后，你还要尝试处理这些信息，如分类、筛选、去伪存真、寻找信息之间的关联、整合……最后使信息达到你需要的状态。这个过程就是信息的检索和处理过程，也是批判性思维必不可少的一个环节。

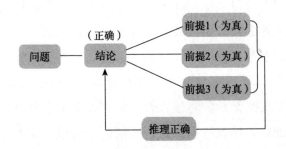

图 3-4　批判性思维的要素和关系

批判性思维本身就意味着独立思考，熟练掌握批判性思维的人能够依据客观真实、经过正确的推理得出自己对事物的判断，而不是盲目跟从别人的观点。当自己的结论与对方的观点一致时，这时候批判性思维者表现出来的是对对方观点的认同，而不是盲从；当自己的结论与对方的观点不一致时，批判性思维者不仅会告诉对方自己不同意该结论，还会理性地说出不同意的依据。整个过程都代表着批判性思维者完成了独立的思考，不会因为外界对于某个问题的某种看法影响自己的独立判断。因此，批判性思维是能够培养独立思考能力的。

批判性思维与研究能力培养的关系也十分密切。所谓的研究是指寻求根本性原因与可靠性更高的依据，对事物真相、性质、规律等进行的无穷尽的积极探索，由不知变为知，由知少变为知多。"研究"简单地说，就是一个认真地提出问题，并以系统的方法寻找问题答案的过程。研究可以从两方面来理解：

一方面，它指一种研究的精神和状态，即一个人对于事物的认识和理解绝不停留在表面，他愿意通过搜集和整理多方面素材，深入研究事物的本质，从而获得新的、深刻的理解。这种研究精神和研究态度可以被运用在生活和工作之中，我们把这种具有研究精神的人称为研究型人才。无论哪个职业都是一样的。曾经有一个法院的院长跟我说，法官分为两种，一种是研究型法官，一种是普通法官。这两种法官在办理普通案件的时候没有任何差别，但是在处理疑难案件的时候，普通法官就会束手无策；研究型法官一遇到疑难案件就特别兴奋，仔细研究案情，深入细致地去研究法律规定甚至是法学理论，直到抽丝剥茧把这个案件搞清楚。这就是两者的不同。在律所也是一样。律师分为普通律师和研究型律师，普通律师只能做一些难度系数较低的案子，没什么挑战性，一旦遇到疑难案件就分析不明白；而研究型律师能够静下心，通过学习和钻研，找到疑难案件的破解之术。两者的差别就在于，普通律师也好，普通法官也好，他们的专业知识体系是固化的，超出这个知识体系和认知能力的案件就处理不了；而当研究型的律师和法官遇到疑难案件的时候，他们愿意继续补充自己的专业知识体系模块，愿意随时通过钻研、学习扩大这个模块的容量（即该模块是开放的）。因此，对于研究能力而言，我们能看见的是解决问题的能力，是遇到挑战不退缩继续钻研和学习的能力，看不见的是研究型人才通过疑难问题打破其固有的知识体系，从而完成自我能力的提升。这是我们在工作和生活中理解的研究型人才或者研究精神、研究能力。

另一方面，研究特指从事科学研究。根据教育部门的相关定义，科学研究是指为了增进知识（包括关于人类文化和社会的知识）以及利用这些知识去发明新的技术而进行的系统的创造性工作。从上述定义来看，科学研究的目的是探索和认知一些新的知识，以突破人类的认知为主（知识生产）。科学研究的手段主要有调研、实验等。科学研究的过程也是由问题或者现象引导，经过调查、验证、讨论及推理、分析和综合来获得事物根本规律和真相的过程。对于学生而言，本科生进入大学后以专业知识的学习为主，旨在构建整个学科的知识体系，掌握学科的思维方法。但是到了研究生阶段就必须开始专业的"研究"而非像本科生那样的"学习"。所以，科研工作者不仅指从事科研工作的大学老师，其实还包括博士和硕士研究生群体。研究的主要目的是在专业问题或者现象的指引下，通过各种调查、验证、实验手段，再经过分析、归纳、综合等思维过程，探索出新知识、新方法或新工艺。

从上述对"研究"内涵的分析中我们可以发现，批判性思维是研究者从事研究活动时所必须具备的思维形式。它是指在现有的知识无法解决所面临的问题时，研究人员或者具有研究精神的人对于新的知识、新的解决问题的方法的探索。这个探索过程其实就是胡适所说的"大胆假设，小心求证"。先是在专业领域产生了一个新的问题，或者一个新的现象，当前的知识解决不了，也就是既有的知识体系和假设都无法为这个新问题提供解决的依据。那么研究工作者根据自己以往的经验和知识（旧知识），再结合自己经由调查、实验等手段搜集来的信息，先大胆预测导致这个问题的原因，然后再一步一步地求证。最后，如果这个假设被验证为真，那么新知识产生并被补充到人类关于这个领域的认知中（会被写入教科书）；如果这个假设不能被验证，假设失败，再重新假设、重新验证直至产生新的知识。通常这个过程也是一个创新的过程，这也是科学研究一再强调创新性的原因。同样，我们也可以从移动通信从1G到5G的发展变化中看到科学研究的创新性。1G只是一个模拟电路；2G升级为数字电路；3G实现了移动互联网，打电话功能降到了次要位置；4G使用了扁平的网络结构，减少了"端到端"通信时信息转发的次数，同时增加了基站之间光纤的带宽，因此网速变得很快；5G使通信网和互联网融合成为一个真正的网络，实现了质的飞跃，这一切都是科学通过研究推进的。同样，冥王星被发现的过程、冥王星被踢出太阳系大行星家族的过程也都是科学研究的过程，这整个过程都是批判性思维作用的结果。

研究能力的培养离不开批判性思维，无论是问题意识，还是假设与求证、信息获取与验证、实验与调查……这些都得在批判性思维的指导下完成。批判性思维是知识转化、实践以及产生新知识的摇篮。如果大学生具备了批判性思维，他可以根据所学的知识，将其面临的问题通过推理的方式解决掉，这也就是为什么批判性思维能培养知识应用能力。对于研究生而言，批判性思维可以帮助学生在现有知识无法解决问题的情况下，先进行实验推理，然后反复验证结果，最终确认结果，这将会导致新知识或新方法的出现，这也是一种批判性思维的运用方式。研究本身也是以创新为目标的，所以批判性思维与研究能力和创新能力培养之间的关系是十分紧密的。

（四）批判性思维能够培养优秀的心理特质

批判性思维不仅是一个推理的技术过程，也不仅是一个在旧知识基础上产生新知识的过程，它还是一个作用于人的内心、塑造人的心理特质的过程。理查德·保罗和琳达·艾尔德指出，批判性思维会对人的思维方式产生很大的影响，也是一个人能否幸福和成功的决定性因素，成功人士都具有批判性思维。我们接下来就从教育学角度来观察批判性思维能够培养出哪些我们所需要的"毕业生特质"。[①]

第一，批判性思维能够培养开放的心态。之前提到过，批判性思维形成的一个障碍就是个人中心主义，即从个人的感受和观念出发来判断事物。批判性思维要求我们依据客观真实来判断事物，并且为了避免个人的主观臆断要求"兼听则明"，要想对事物做出正确的判断，必须听取多方面意见，否则信息的片面性、知识的偏颇性、人的主观性就会导致对事物的判断出现偏差。那么，

[①] 毕业生特质是教育学术语，指的是现在的教育不应当只是专注并围绕自身的知识体系进行教学，要将着眼点放在毕业生应当具备的特质上，围绕这些特质来设计教学内容、使用教学方法并进行教学设计。

批判性思维者就要学会就一个问题听取多方面的意见。久而久之，批判性思维者在追求正确的、本质化的对问题的解决方案的过程中就培养了开放的心态，即不拒绝不同的声音和观点，甚至主动探寻各种不同的可能。批判性思维者绝不在思想上狭隘，故步自封，不听取别人意见。批判性思维者还会尝试站在别人的角度换位思考，体会不同的视角、不同的人对事物不同的观察。

第二，批判性思维能够培养公正和正直的品质。批判性思维者不会站在自己的角度考虑问题，也不会利用思维技能为个人的私利服务，他思考是为了找到事物的真相和本质。这样一个出发点已经能够让批判性思维者抛弃个人的好恶、感受、利益等主观偏好，客观理性地看待问题。他能够用同样的标准对待所有的观点，而不是根据这些观点对自己是否有利采取不同的态度和标准，这同样也让批判性思维者具有了理性。

第三，批判性思维能够培养坚毅的品格。批判性思维代表着深度思考，但凡是对事物的本质进行探寻的工作都是非常艰苦的，都是非常耗费脑力的，也就是学生们经常说的——烧脑。有些问题非常复杂，不容易解决。只有品格坚毅的人才会在面对挑战和挫折时不退让，他们能够忍耐长期的学习、思考以最终换来对事物本质化的认识。相比之下，那些思维不够坚韧的人，面对特别难的问题时容易放弃。我们回忆一下我们的学习过程，很多同学都说数学很难，然后越学越难，最后就放弃了。这是因为这种学科需要大脑付出更多的思考，很多人无法面对这么辛苦的脑力劳动，也没有办法面对暂时没有结果的思考给自己带来的情绪上的打击，于是他们开始回避数学的学习。我本人就是这样的，我在高中一直讨厌学数学，我喜欢记忆，所以但凡是需要记忆的学科我都学得很好，也考得很好。但是数学一直是我学习生涯的短板，上了大学之后我又选择了一个不用学习数学的学科，这一切都代表着我在数学学习上不够坚韧。但是如果我在高中时代就有现在的思维能力，可能我会鼓励自己，再坚持一段时间，可能困难期过去之后，对数学的学习就会走向光明，但可惜，我当时并没有这样想和这么做。

第四，批判性思维能够使人谦虚谨慎。人之所以能够保持谦虚，是因为保持着对未知世界的敬畏，并能时刻提醒自己，这世界上还有很多自己不知道、不了解的东西。相反，自我中心主义则会蒙蔽人的谦逊之心。自我中心主义者通常依据自己的主观想法对事物进行判断，他们默认自己感受到的就是世界本来的面目，就是客观真实，就是世界的全部，他们因此也会相信根据自己的主观感受判断事物而得到的结论是可信的。批判性思维时刻提醒我们脱离自我中心主义的控制，并对试图用自己的感觉认知世界这种行为保持警觉，然后去努力认识这世界中的未知事物。批判性思维者是谨慎的，他们不会在自己不了解、不知道的事情上宣称自己知道，更愿意在充分调研、充分把握的基础上对事物作出本质的判断。而这种判断是建立在严谨的推理以及依据客观真实或者可靠的知识的基础上的。经常练习批判性思维的人能够发现除了自己的主观世界之外还有广阔的未知的世界，从而保持谦逊。与此同时，批判性思维要求的严格的论证过程促使人们在得出结论的过程中必须提供证据并遵循推理的基本原则，这样就会在不知不觉就会锻炼出他们严谨的品质。

第五，批判性思维能够使人勇敢且独立。批判性思维要求人们不盲从，不轻易相信任何意见、观点和信念，而是经过审慎的判断才能作出决断。为了能够做到这一点，批判性思维者不能被动地、不加批判地接受所有东西，要具有勇气，敢于质疑，敢于不遵从大众的观点。我们之前提到过集体中心主义是独立思考最大的障碍之一，人的内心都是期待能够被群体接纳和认同的，这样才会带来内心的舒适度和安全感。为了不被群体抛弃，人们有的时候甚至将自己的真实想法放弃，盲从集体的非理性思维。只有思维勇敢的人，才敢于质疑群体的观点或者别人的观点与信念，否则在面对强烈的观点冲突的时候，人们常常会感到威胁，不敢坚持自己的信念。思维勇敢的结果是直接引导批判性思维者变成一个独立的主体，他们不会受到任何的牵绊，在思想上是自由的，只遵从于客观真实，只相信通过严密推理得出的结论，不会受到外界的干扰，遇到问题能够独立思考，进而形成独立人格。

本章核心观点提示

1. 批判性思维对于高等教育具有重要意义。

2. 以ChatGPT为代表的AI人工智能给中国教育带来了挑战，原因是中国教育擅长对知识的记忆和理解，中国学生本科数年学习到的知识，人工智能用1秒钟就能全部"掌握"，这使得人们对现在的高等教育感到焦虑。

3. 但是随着国际格局的变化、国家之间竞争的加剧、产业结构的调整、信息时代的到来、国内经济增长模式的转型，这一切都要求教育的发展要配合上社会发展的脚步，因此高等学校如何培养有实践能力、研究能力、创新能力等的高素质人才的任务就摆在所有教育人的面前。

4. 中国高等教育的转型是一项非常复杂的工程，涉及方方面面，但是其中最为核心的是教育内容要更新，要从以知识传递为核心转向以思维培养为核心，最终实现学生的能力培养。

5. 批判性思维有助于"知识图谱"的形成，而不再让学生局限于"知识体系"。

6. 批判性思维能培养高阶认知，如分析、评价和创造。

7. 批判性思维能实现中国教育目前急需的各种能力培养，如实践能力、解决问题能力、独立思考能力、研究能力、创新能力……

8. 批判性思维能培养优秀的心理特质，如开放的心态、公正和正直的品质、坚毅的品格，批判性思维还能使人谦虚、谨慎、独立且勇敢。

第四章
批判性思维与相关概念的关系

　　批判性思维的重要性不言而喻。批判性思维培养有两个难点，第一个难点是上文提及的究竟什么是批判性思维，不易说清楚。再加上批判性思维本身的多学科性、底层性，使得研究批判性思维的学者在阐述批判性思维的时候多从某个学科的角度进入，呈现的是对批判性思维的某个方面的观察，并不具有整体性。这就使得批判性思维的学习者会产生内部的割裂，到底人们口中的、从多角度阐述的批判性思维是什么？此外，学者阐述批判性思维使用的语言具有较强的学术性，不利于普通人学习。上述提及的批判性思维的复杂性、多学科性、底层性和学术性导致了批判性思维对于普通读者而言是很难学习的。不过，在本书介绍完第一章至第三章的相关内容之后，读者对批判性思维的理解可能会变得相对容易一些了。批判性思维学习的第二个难点在于与它相关联的其他概念太多了，使得人们分不清纷繁复杂的相关概念与批判性思维的关系是包含？交叉？并列？还是没有关系？这部分是由于批判性思维本身就是一个复杂事物，跨越多个学科，涉及的内容非常庞杂。另一部分原因在于很多批判性思维的读物并没有对这些概念进行细致的区分，人们在日常生活中还经常把这些概念混用，这就加大了读者的理解难度。因此，为了让读者对批判性思维有一个更加清晰准确的画像，本章着重介绍批判性思维与相关概念的关系，从而进一步揭示批判性思维的本质。

一、批判性思维与思维

从上文对思维概念的界定，我们已经知道思维就是思考，是一个围绕问题给出结论的过程。思维有两个最为基本的分类——理性思维和非理性思维，两者最大的区别在于依据和过程。其中理性思维强调依据客观真实和经过正确推理从而对问题得出正确的结论；从论证的角度来看，依据客观真实是指"前提为真"，经过正确推理是指"前提能推出结论"。非理性思维又被称为感性思维，它指人们并没有依据客观真实，而是依据主观的一些想象和判断，也没有经过正确推理，或者根本没有推理过程，来进行思考这样的过程并不能保证结论是正确的；从论证的角度来看，非理性思维存在前提不为真或前提推不出结论的情形。批判性思维是一种理性思维，是一种要求最为严格的思维形式。这是对批判性思维与思维关系的基本阐述，也是最为本质的解读。

此外，读者还需要注意到的是，我们在日常的阅读、学习、工作中会接触不同人使用的不同思维概念，如设计思维、工科思维、临床思维、具象思维、抽象思维、平面思维、构图思维、色彩思维、辩证思维、逆向思维、利他思维、创新思维……正是这些令人眼花缭乱的思维概念和用语让普通的学习者感到更加困惑。无论是何种类型的思维概念，即无论在思维前面冠以什么样的修饰词和限制词，我们都必须首先掌握思维（本身）的概念，思维的要素、分类和要求是什么。当你了解思维是指从问题到结论的过程，包含问题、结论、前提三个要素，了解思维分为理性思维和非理性思维，理性思维要求依据客观真实和经过正确推理从而获得对问题的正确结论，那么你就可以从容面对出现在你生活中的五花八门的思维用语了。比如工科思维、临床思维和法律思维，这些都是思维在具体学科中的表现，是指要依据工科的知识和经验、临床的知识和经验以及法律的知识和经验解决问题，要保证这些知识和经验作为前提时和结论有着严谨的论证关系即前提能推出结论。其余的关于思维表达如平面、构图、设计、色彩等思维，无非是强调在这个领域中的人要遵循平面、构图、设计、色彩等基本原理对问题得出前提充分的结论，它们也是批判性思维的具体表现。因此，本书介绍的思维的定义、要素、分类能够揭示思维最为底层的规律，有助于我们的读者以清晰的认识面对纷繁复杂的思维世界。最后，要提及的是创新思维，所谓的创新思维或者创新性思维也是批判性思维的具体表现，它是指在利用批判性思维解决问题的过程中产生了新知识、新方法和新结论。这个过程既是解决问题的过程，也是批判性思维的过程，这个过程我们可以结合图 4-1 布鲁姆的认知分类理论来阐述。

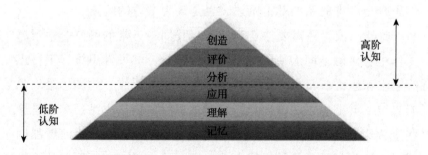

图 4-1　布鲁姆认知分类理论

布鲁姆将认知分为记忆、理解、应用、分析、评价和创造，

第四章　批判性思维与相关概念的关系

其中记忆和理解是针对知识的，只有应用、分析、评价和创造是思维活动，但对知识的记忆和理解是很重要的，因为知识是解决问题的依据（即上文强调的客观真实的一部分）。人们运用批判性思维解决问题时大部分是停留在"应用"层面，即人们用批判性思维解决问题并没有产生新知识，只是用以往人类已经产生的知识（既有知识）解决手中的问题。比如医生给患者治疗龋齿，他使用医学院教给他的各种知识和技能就可以将这个常见且常规的问题解决掉。但是有一些问题没有结论，或者有一些问题的结论可以进一步优化从而给人们带来更好的认知和体验，在解决这样的问题的时候，产生了新的知识，那么此时运用批判性思维解决问题的过程又被称为创新的过程，拥有解决未知问题的能力或者能给问题提供更优化方案的人，就被称为拥有创新思维的人。

　　因此，所谓的创新思维并不是独立于批判性思维之外的一个新的思维词汇，它依旧是批判性思维的具体运用，只不过这一次批判性思维要解决的问题不是像治疗龋齿那样常见且常规的，属于人类已经攻克的问题（这样的问题解决就是普通的批判性思维）；而是人类没有攻克的问题，比如艾滋病，比如对我国来讲的芯片等"卡脖子"技术，解决这些问题会带来新的结论，也就意味着新知识的产生。为了强调生产新知识对于人类的重要性，人们将这个过程叫作创新，将创新过程中使用的批判性思维称为创新（性）思维。还有一种问题是有解决方案的，但是解决方案可以持续优化，比如从汽油车过渡到新能源汽车，手机从 4G 过渡到 5G。前者解决的是人类的代步成本问题，后者解决的是人类的通讯质量问题。对于这类问题，人类是有解决方案的，只不过原有的解决方案被更优化的新方案取代以获得更好的结果。此时的批判性思维也产生了新知识和新方案，所以也被称为创新思维。

因此，在我们掌握了思维的最为底层、基础和本质的内涵之后，所有纷繁复杂的思维表象都会被我们刺破，进而看到其本质内核，一切玄而又玄、杂乱无章的思维乱象在一个拥有批判性思维的人眼中都是层次分明、井然有序的。

二、批判性思维与逻辑

我们已经在上文指出了批判性思维与逻辑之间存在着千丝万缕的联系。逻辑分为形式逻辑和非形式逻辑，而批判性思维又被称为非形式逻辑。形式逻辑是很枯燥的，是用纯粹符号表示的抽象的逻辑关系。之前，在英美的高校中并没有批判性思维课程，开设的是形式逻辑课程。只是形式逻辑太抽象又距离现实生活太远，学生出现了厌学现象。到了20世纪70年代，美国和加拿大两国哲学系的逻辑学教师开始怀疑基础形式逻辑或演绎逻辑对日常生活的效用。自此，逐渐发展出非形式逻辑这种以日常生活中的论证为研究对象，颠覆传统的作为范式的形式逻辑的分析标准。英国科学哲学家图尔明的论证理论，比利时哲学家、法学家佩雷尔曼的新修辞学和澳大利亚计算机科学家汉布林的谬误理论是非形式逻辑，即批判性思维的三个重要理论来源。有充分的证据表明，非形式逻辑，即批判性思维，其实是借鉴了法学的模型，来源于法学学科。总之，批判性思维作为非形式逻辑，是为对抗形式逻辑的抽象性和低效用性而产生的，它将形式逻辑的基本范式引入到生活中，关注社会实际，可以帮助我们解决现实中的问题。

需要注意区分和识别的是"逻辑"一词有多种内涵。有学术的表达，比如逻辑学、形式逻辑、非形式逻辑、逻辑内涵等；还有非学术表达，比如"这人逻辑思维有问题、说话不讲逻辑""你这是什么逻辑"。上述语境中的"逻辑"一词内涵并不相同。学术上关于逻辑的所有表达和术语都有明确内涵，不允许随意地扩大解释和混淆应用。而生活中人们对逻辑泛化和不加区别地使用。比如"这个人说话不讲逻辑"，其实是指这个人说话没有条理，既可以指前提不清晰、关系不明确，也可以指前提推不出结论，甚至还可以指胡乱说一气、跟问题不搭边。即他不是一个具有理性思维的人。当有人说："你这是什么逻辑（或者强盗逻辑）？"基本是指前提推不出结论的情况，多发生于强词夺理、胡搅蛮缠的场合下。我们学习批判性思维要尽量从学术角度使用标准的逻辑学的相关术语。逻辑以及逻辑学的内容也非常复杂，包含基本的逻辑工具、逻辑定律、前提、结论、论证等内容，我们后文会继续深入讨论。

三、批判性思维与论证

推理和论证的关系我们在上文已经提及，一般情况下，推理和论证这两个词汇在本书中是被不加区分地使用的。论证是逻辑的重要内容，之所以不在逻辑的部分对论证的内容进行介绍，是因为批判性思维有很大一部分内容在微观上与论证相联系，同时论证的内容又非常丰富，需要很大的篇幅才能展开。

批判性思维与论证的勾连是比较深的，从宏观的角度来看，论证的类型、论证的谬误、论证的语言都会对批判性思维产生影响；从微观的角度来看，分析论证和评论论证、解构论证和建构论证是批判性思维技术模块的核心内容。因此，在介绍批判性思维与论证关系的时候,不能仅局限在前提、推理和结论的关系上,还要拓展到上文所提及的宏观和微观方面的论证知识。本书在本章仅介绍宏观方面的论证内容对批判性思维的影响,如论证的类型、论证的谬误以及论证对语言的要求。在下一章(第五章)——批判性思维相互交织的四条线索中介绍论证线索时会涉及分析论证和评论论证、解构论证和建构论证等微观方面的论证知识。

在具体展开对论证的内容介绍之前,我们需要简单澄清一下论证的概念以及涉及论证的、容易混淆的术语,这也是经常困扰初学者的障碍之一。论证是指用某些理由(前提、论据)去支持或反驳某个观点(结论)的过程(论证)或语言形式。[①]常见的关于论证的术语组合有大前提、小前提、结论、论据、结论和推理,论点、论据和论证[②],前提、结论和假设,理由、结论和推论。我们先说大前提、小前提、结论这一组,我们通常用这组术语来描述演绎论证的一种形式——三段论。演绎论证是一种非常严格的论证形式,它试图从一般情况推出具体情况,因此在这种论证中,一般情况就是大前提,具体事实是小前提,结论就是小前提是大前提的一种表现。最常见的例子就是:

大前提:人都是会死的!

小前提:亚里士多德是人。

结论:亚里士多德是会死的。

[①] 论证有广义狭义之分。广义的论证包含论点、论据以及论证(即用论据证明论点的过程,也是我们上文所指的前提和结论的关系)三个要素;狭义的论证仅指广义论证三个要素(论点、论据、论证)中的论证,强调前提和结论之间的关系或者论据推出论点的过程。也即,狭义论证是广义论证的一个要素,本文此处的论证为广义论证。

[②] 本文此处的论证为狭义论证。

第四章 批判性思维与相关概念的关系

由于本书接下来还会详细论述演绎论证的情形，在这里不会过多描述，只是希望用这个例子说明，如果一个人用大前提、小前提和结论这组术语描述他关于论证的故事，这个故事应当是演绎论证。三段论是一种演绎推理的简单判断，一个一般性的原则（大前提），一个附属于前面大前提的特殊化陈述（小前提），以及由此引申出的特殊化的、符合一般性原则的结论。

接下来这几组表达——前提、结论和推理，论点、论据和论证，理由、结论和推论差距不大，只是同一事物的不同表达。首先这几组术语中论证都被认为包含三个部分，这三个部分中论点、结论是同一概念，指的是对某一事物的核心看法，但是它们之间是有细微差别的，论点是一个比较有针对性的、小的概念；结论给人的感觉是比较概括的、总的概念，针对的是比较整体的事物。如果我们面对的是一个很复杂的问题，我们通常会用结论来表达我们总的观点和看法；如果我们遇到的是一个很简单的问题或者一个复杂问题的一个细节，我们可能会用论点来表达我们对这个细节或者分支的看法。前提、论据、理由是同一概念，指的是支持自己对某一事物核心看法的证据；推论、论证、推理是（或被等同于）同一概念，指的是由前提推出结论的过程。其中需要注意的是"论证"这个概念，它有广义和狭义之分。广义的论证包括前提、结论和推理三个要素；狭义的"论证"被等同于广义论证中的"推理"。有些书或文章会直接说明："本文中的论证和推理具有同一含义，是被混着使用的。"[①]这几组概念的相关术语出现的时候，大家要注意辨别，很多时候作者指代的是相同的事物，

---

① 虽然本书将论证和推理混同使用，即默认它们具有同一含义，但实际上两者还有细微差别，后文会继续说明。

却使用了不同的表达。还需要指出的是，这几组表达与上文的大前提、小前提和结论（三段论，仅适用于演绎推理）不同，会被广泛适用于各种类型的论证中。

还有一组不太常用的表达——前提、结论和假设。这组表达中的前提、结论与上文的分析是一致的，它唯独强调了假设[①]而非推理。推理是指前提推出结论的过程，而假设这个概念是想说明前提之所以能够推出结论是因为假设的存在。因此，假设是推理能够成立的基础。本书在不同的层面上也会交替使用这些不同的概念，请读者仔细体会它们之间的相同之处和细微的差别。

（一）论证的类型

论证有很多种类型，如根据思维进程的方向，可分为演绎论证、归纳论证、类比论证。我们在这部分着重介绍这几种论证的类型：

1. 演绎论证

演绎论证（deductive reasoning）是一种由一般到特殊的论证方法，与"归纳法"相对，是指论证的前提与结论之间的联系是必然的，是一种确实性论证。演绎论证的逻辑形式对于理性的重要意义在于，它对人的思维保持严密性、一贯性有着不可替代的校正作用。这是因为演绎论证保证论证有效的根据并不在于它的内容，而在于它的形式。演绎论证最典型、最重要的应用，通常存在于逻辑和数学证明中。演绎论证最典型的例子是亚里士多德的三段论，即：

[①] 即上文所指出的未表达前提、观念、潜意识等的同义词。

凡人都会死。

苏格拉底是人。

所以苏格拉底会死。

2. 归纳论证

归纳论证（inductive reasoning）是一种由个别到一般的论证，是由一定程度的关于个别事物的观点过渡到范围较大的观点，由特殊具体的事例推导出一般原理、原则的论证方法。传统上，根据前提所考察对象范围的不同，把归纳论证分为完全归纳论证和不完全归纳论证。完全归纳论证考察了某类事物的全部对象，不完全归纳论证仅仅考察了某类事物的部分对象，并根据前提是否揭示对象与其属性间的因果联系，把不完全归纳论证进一步分为简单枚举归纳论证和科学归纳论证。现代归纳逻辑则主要研究概率论证和统计论证。归纳论证的前提是其结论的必要条件。

此外，与演绎论证不同，归纳论证的前提是真实的，结论却未必真实，可能为假。如果某天有一只兔子撞到树上死了，由此推出每天都会有兔子撞到树上死掉，这一结论很可能是假的。

我们可以用归纳强度来反映归纳论证中前提对结论的支持度。支持度小于50%，称该论证是归纳弱的；支持度小于100%但大于50%，称该论证是归纳强的；归纳论证中只有完全归纳论证的前提对结论的支持度达到100%，支持度达到100%的是必然性归纳。

演绎论证和归纳论证是我们最常用的两种论证类型，它们之间既存在区别又存在联系。两者的区别主要表现在：

（1）两者思维进程不同。演绎论证是从一般到个别，结论是一个具体情况，不能超过前提的范围。正是因为结论没有超过前提的范围，因此演绎论证的结论是可靠的。归纳论证则相反，是从个别到一般的情况，是根据某一事物的不同研究对象呈现出来的特征，进而推导出某类事物具有的共同特征。

（2）两者对前提真实性的要求不同。演绎论证要求大前提、小前提必须为真，大前提、小前提有顺序并且有层次。相比较而言，归纳论证的前提有可能为真，也有可能不为真，可以通过归纳论证进行验证。归纳论证的前提来源于演绎论证，但是归纳论证本身的前提是并列的，是通过列举的方式呈现出来的，归纳论证的前提有完全和不完全两种。

（3）结论所断定的知识范围不同。演绎论证的结论没有超出前提所断定的知识范围。归纳论证除了完全归纳论证之外，结论都超出了前提所断定的知识范围。因此归纳论证又是新知识产生的一种方式。

（4）前提与结论间的联系程度不同。演绎论证的前提与结论间的联系是必然的，也就是说，前提真实，论证形式正确，结论就必然是真的。归纳论证除了完全归纳论证的前提与结论间的联系是必然的之外，其余类型的归纳论证的前提和结论间的联系都是或然的，也就是说，前提真实，论证形式也正确，但不能必然推出真实的结论。

两者也存在联系：

（1）演绎论证的出发点是一般性知识、一般性原理，是一条人们都普遍接受的规则，而归纳论证一般都是由个别情况推导出一般的知识，但是，归纳理论有个别情况的前提也是一般性知识。归纳论证最后的结果是形成一般知识，其又会被作为演绎论证的前提。也就是说，演绎论证通常要依赖归纳论证来为其提供一般性知识。

（2）归纳论证离不开演绎论证。其一，为了提高归纳论证的可靠程度，我们需要运用已有的理论知识，对归纳论证的个别性前提进行分析，把握其中的因果性、必然性，这就要用到演绎论证。其二，归纳论证依靠演绎论证来验证自己的结论。例如，俄国化学家门捷列夫通过归纳发现元素周期律，他指出，元素的性质随元素原子量的增加而呈周期性变化。后又通过演绎论证发现，原来测量的一些元素的原子量是错误的。于是，他重新安排了它们在周期表中的位置，并预言了一些尚未发现的元素，指出周期表中应留出空白位置给未发现的新元素。

3. 类比论证

类比论证（analogical reasoning）亦称"类推"。它也是论证的一种形式，是指根据两个对象在某些属性上的相同或相似之处，通过比较而推断出它们在其他属性上也相同或相似的论证过程。它是从观察个别现象开始的，因而近似归纳论证。但它不是由特殊到一般，而是由特殊到特殊，因而不同于归纳论证。类比论证分为完全类推和不完全类推两种形式：完全类推是两个或两类事物在进行比较的方面完全相同时的类推；不完全类推是两个或两类事物在进行比较的方面不完全相同时的类推。这种论证被广泛运用于科学研究中，但在人文社科领域也有运用。比如在法学领域——如果一个规则适用于甲案件，而乙案件在实质上与甲案件类似，那么适用于甲案件的规则也可以适用于乙案件，这在古代罗马有一个经典的案例。古代罗马的法律规定，如果四脚动物伤人，动物的主人则要承担责任。这条规则一直运行良好，没有受到挑战，直到有一天，有人从非洲带回来一只鸵鸟，而正是这只两只脚的动物伤到了别人，于是伤者将这只鸵鸟的主人告上了法庭。在庭审过程中，双方针对该四脚动物伤人的规则能否适用于鸵鸟伤人案展开了激烈的论辩。最终法庭支持了原告一方的主张，判决鸵鸟的主人应当承担赔偿责任。原告一方在此案中使用的就是类比论证，既然四脚动物伤人，其主人要承担责任，这样的规则也可以类推适用于两只脚的动物伤人的情况，这起案件被认为是法律领域类比论证的来源。后来，在美国历史上也发生了一起类比论证的典型案件。美国海关对于进口水果和进口蔬菜规定了不同的关税，进口水果的关税要低于进口蔬菜的关税，两者差距还很大。有一家著名的美国食品供应商从非洲进口了一批西红柿，在报关的过程当中，其将西红柿按照水果的品类申报关税，但是海关方面认为西红柿应该按照蔬菜的品类申报关税。于是双方吵得不可开交，将案子提交到了美国联邦法庭。双方律师围绕西红柿是否属于水果提供了大量的类比论证。这在美国历史上是关于类比论证最为著名的案件，你若是感兴趣可以把它找出来并进行详细的阅读，它可以帮助你很好地了解，在什么样的情况下我们会使用类比论证，以及怎样使用它。

介绍论证的类型是为了让批判性思维的学习者认识到，表4-1所示的批判性思维的构成要素中的"经过正确推理"可能发生在不同的论证类型中。如果发生在演绎论证中，表4-1中的"经过正确推理"是指前提和结论之间是"严丝合缝"的必要且充分条件，此时的表4-1中的"结果是明确、明智的"是指结论是100%可靠的。但如果发生在归纳论证中，表4-1中的"经过正确推理"可能是一个不完全的归纳论证，如前提和结论之间的关系在归纳论证中是60%成立或者90%成立，相应地，结果可能只是可接受（90%）和不可接受（60%）。即归纳论证中哪怕前提和结论之间的关系是成立的,但归纳论证的特征就决定了结果都不是100%确定的,只是一个概率。但此时的批判性思维也是成立的,这是由论证类型的不同导致的。比如,对于一个癌症患者来说,市面上有两种药可以治疗他的肿瘤。A药的治愈率是60%,B药的治愈率是90%。这不是说这两种药都不能治愈这位患者,也不是说这两种药都能治愈这名患者。归纳论证的特性只是告诉我们A药对于该种类型的癌症治愈率是60%,至于该患者是不是这60%里的一位,不得而知;B药对于该种类型的癌症治愈率是90%,至于该患者是不是这90%里的一位,也不得而知。但是A药和B药的价格却有天壤之别,可以满足不同层次人的需求。

表 4-1 批判性思维的构成要素

构成要素 思维类型	理性思维 (批判性思维)	非理性思维 (感性思维)
前提 (论据、理由等)	依据客观真实	依据主观的想象、感受、喜好等非客观的事实
推理 (前提到结论的过程)	经过正确推理	不推理或者推理谬误
结论 (决策、观点等)	正确、明智	不能保证正确

从上文的分析中就能看出,在演绎论证中,前提和结论之间的关系特别紧密;在归纳论证中,前提和结论之间的关系就不是特别紧密。这就导致了在演绎论证中正确的结论是100%可靠的。但是在归纳论证中没有100%可靠的结论,只存在可接受度——如60%还是90%。但这并不意味着批判性思维不成立,这两种类型中无论是可靠的结论还是可接受的结论都意味着在推理部分我们已经做到了——"经过正确推理",我们已经是批判性思维者了,

只不过受到论证类型的影响,我们对事物最为理性的判断也就只能达到这种程度。

与演绎论证和归纳论证相比,类比论证更是一种松散的论证,前提和结论之间的关系也不是那么牢靠,它甚至都不是发生在同类事物间的比较,只是在性质相近的事物之间进行类比,并试图在结论上找到共识,所以在这种论证类型下,你更要认识到你的结论,即便是在类比论证下属于批判性思维所指的"正确而明智的结论",依然是具有局限性的,但这并不妨碍批判性思维的成立。

(二)论证对语言的要求

我们之前提及,批判性思维是一种理性思维,理性思维的一个最大的特征是要求我们依据客观真实作判断,避免受到主观喜好、倾向、情绪等的影响。所以,在语言表达上要中立客观,做到精准。所谓的精准就是指在论证过程中使用的语言必须能够准确地表达说话者的意图,不能留给听众想象的、猜测的和模糊的空间,否则容易使说话者的意图在传递的过程中被误解和产生分歧,不利于交流。我们常见的关于语言的错误,主要有以下几种类型:

(1)语言的情感色彩过重。批判性思维要求语言是理性的,即便是表达情感,也是理性的表达。但是在我们日常的口头交流中,我们经常能够看到很多人使用的语言情感色彩特别浓厚,以至于影响了批判性思维的效果或者不满足论证对于语言客观准确性的要求。比如一个妈妈声泪俱下、歇斯底里地说:"我含辛茹苦,一把屎一把尿把你拉扯大……"这句话不是不能说,但是如果是在你跟孩子之间发生的某个具体事件或冲突的场合,理性说服比情感宣泄更有效一些。有的时候孩子更愿意听到家长冷静客观的分析，而对家长总是采取宣泄情绪的方式感到害怕，甚至是厌烦。再比如在一个庭审的现场，被害人律师充满情感地说："犯罪嫌疑人人面兽心，犯下了滔天罪行，天理难容……"如果是在一个日常生活的场景里，被害人家属发表了上述的言论，还是情有可原的。但是在法庭上，被害人律师的主要工作是辅助证明犯罪嫌疑人构成了相应的罪名。律师发表这种充满情感的言论，不仅无助于证明犯罪嫌疑人的罪行，还有可能让法官怀疑你的专业水准，毕竟法庭是一个依靠证据说话的地方，而不是看谁的情感充沛。在日常生活当中也是如此，一个人说话总是添油加醋、添枝加叶、喜欢用夸张的手法，这个人在别人心目当中的形象往往是过于感性的，可信度较低，跟理性也就更不靠边儿了。同样，最近网上热传的一个视频《法官妈妈的灵魂拷问》也涉及了这个问题，视频里说的是一名法官在审理某省一女子送男友 40 万元礼物分手之后想要回的案件时展开了"妈妈式"审问："你这倒贴得贴到啥程度啊？你父母不管你啊？"这个视频一经传出就受到网友的热捧，大意是说这位法官是非常称职的、有人情味的，一度上了热搜。但是实际情况真是如此吗？其实不是。仅讨论该法官的行为，虽然她进行了"妈妈式"关心，但是超出了职业范围，违反了职业操守。法官穿上法袍出现在法庭上代表的就是法律和国家公权力，需要依据法律结合事实对案件性质作出判断，给出法律上的认定结果。法官其实是没有权利评价个人行为的，尤其是在法庭这种场合里。也就是说，这位法官虽然问出了大众关注的问题，但是法官就是法官，有着基本的职业素养和职业要求，不被允许当庭这样评论当事人。我们想象一下，为什么正义女神是蒙着眼睛的？因为要隔绝外在的利益和个人情感，不受其干扰。从这一点来看，这位法官并没有很好地把握好自己的职业角色，这是通过她使用了包含个人情感的语言表现出来的。

（2）语言容易引发歧义。这种情况是指表达者所使用的语言给听众留下了想象的空间，也就是说表达者所使用的语言存在两种或两种以上的理解，听众无法准确捕捉表达者到底是在哪种理解上使用的该特定表达。举个例子，能够证明我们身份的证件有很多种的，包括学生证、身份证、驾驶证、护照、教师证、工作证、会员证……在特定的场景下，对证件的要求是不同的。比如我进入学校，我提供工作证就可以了；当一个交警拦下我的车，我提供驾驶证也是足够的；当我进入火车站，我提供身份证是很充分的。但是在我进入医院时，门口的门卫问我要证件，我就会产生疑问——你到底需要的是哪种证件？身份证肯定是可以的。但是如果我没带身份证，我的工作证可以吗？我的医保卡可以吗？我的驾驶证是否可以？这就不明确了。还有一次，当时4岁的儿子问我："妈妈，你能告诉我怎样画'生气'吗？"我很困惑地问他："为什么要画生气？"我的儿子拿着他的图画书，上面有一幅黑白的图片，里面有很多小鸡在一块空地上吃虫子。图片的旁边写着："请你拿出彩色的蜡笔画画，给图片增添一些'生气'。"原来，我儿子口中的"生气"是指生机勃勃的气氛，但是我以为是发怒的那种"生气"。这就是语言产生了两种或两种以上的意思，进而在表达者和听众之间产生了理解上的分歧。

（3）语言模糊。所谓的语言模糊是指使用的语言弹性比较大，使听众不能准确地捕捉到要点，进而造成表达者和听众之间的交流障碍。比方说，在某学校的校规中有一句话："严重违反学校纪律的学生可以给予开除处分。"那么，什么是严重违反学校纪律？怎么判断严重？这就是模糊。在日常生活当中，我们经常会使用例如"差不多""一小点儿""很大量""显著提升""大幅改进""深刻的"等词汇，但是这些词汇的意思其实都不明确，不能准确传达信息。还有一种模糊是语言使用过程中的断句不当造成的。

（4）语言晦涩难懂。我们的语言表达是为了交流，交流是为了让对方能够听懂。但是在日常的学习和生活中，有一些人经常会使用别人听不懂的语言。这就要求表达者在表达的过程当中注意受众的知识水平、理解水平以及所处的社会阶层，选择那些容易被受众理解的词汇。比如有人将哲学描述成："哲学是由惊奇而发，在其注目之下，万物脱去了种种俗世的遮蔽，而将本真展现出来。由此，它把自己展现为一种真正解放性的力量。"普通人根本无法从这个概念当中理解哲学是什么，也无法判断这个概念到底是正确的还是错误的。再比如一篇高考作文——《生活在树上》的节选：

"我的生活故事始终内嵌在那些我由之获得自身身份共同体的故事之中。"麦金太尔之言可谓切中了肯綮。人的社会性是不可被除的，而我们欲上青云也无时无刻不在因风借力。社会与家庭暂且被我们把握为一个薄脊的符号客体，一定程度上是因为我们尚缺乏体验与阅历去支撑自己的认知。而这种偏见的傲慢更远在知性的傲慢之上。

这篇作文在网络上流传甚广，但是很多人表示看不懂。这是由于作者使用了大量的、日常生活中并不常见的词汇并且以作者认为的"逻辑"被组织起来。这样的表达，不管其最后被认定为是一篇成功的作文还是失败的作文，都破坏了一个表达的原则——不够清晰明了，语言过于晦涩，不利于交流。我们现在有很多专业书籍使用了大量专业的、深奥的、学术的、难懂的词汇，不利于学生和爱好者阅读理解。

（5）语言的叙事观混乱。从通常意义上来讲，我们存在两种叙事观，一种是个人主义叙事观，另一种是宏大主义叙事观。前者是指从个人的视角切入，以个人的感受、体验作为观察事物的角度，适合描写微观层面的人事物；后者是指从超越个人的、更为宏大的集体主义的视角切入，以国家、社会、集体的需求和感受作为观察事物的角度，适合描写宏观层面的人事物。这两种叙事观只是叙事切入的角度不同而已，两者并存是因为我们每个人都活在一个微观层面，这个微观层面与我们的日常生活、学习和感受息息相关；但是同时，人还活在一个宏观的层面——也就是社会背景之中，当我们想要探讨社会规律的问题或者拥有宏大背景的问题时，个人的叙事观只是一种选择，还有另外一种从集体、社会和国家角度切入的叙事观——宏大叙事观。这是两种客观存在的不同的叙事观，都是我们所需要的，并无优劣之分。只是表达者需要考虑的是，在你所处的表达场景中，哪一种叙事观是最为恰当的。个人叙事观会把叙事中心放在个人身上，关注和注重个人的命运和处境，着眼于个人情感的表达、个人的观察和个人的感受，比如张爱玲的文字一般采取的就是这样的叙事方式。宏大叙事观会把叙事的中心放在国家、社会的层面，关注国家和民族的命运。从这个角度来看，你会发现在这种场合中经常使用的词汇有国家、民族、阶级、性别、富强、民主、文明……这些词汇的能量都比较大，叙事层面比较宏观。表达者在表达的过程中需要非常清晰地选择一个准确的叙事观，如果在一个侧重个人情感表达的场合，选择了特别宏大的叙事观会显得不合时宜，并且给人以假大空的不良印象；而如果在一个需要表达宏观视角、格局和集体主义观念的场合,你又错误地选择了个人叙事观,也会显得不合时宜并且给人以格局不够、眼光狭窄、站位不高的不良印象。生活在社会上的每一个人都同时存在两种身份。作为个体,他有个人的情感表达和体验感受;作为集体当中的组成成员,他有社会化和宏观层面的需求。我们需要注意的是不应该在集体主义的情况下,过分宣扬个人的主张和感受;也不应该在个人主义的情况下,用宏大视角碾压个人的生存空间。举个例子,当今的法国,就是一个过分强化个人主义,以至于影响了社会正常运行的国家。法国是一个福利较高的国家,在经济形势比较好的情况下,国家还能保证国民的高福利。但是,在经济形势不太好的今天,高福利给法国带来了很大的负担。国家试图降低相应的福利标准或者提高税收,但每次都会引发大规模的罢工、抗议甚至暴乱。以疫情为例,国家根本无法要求国民实施严格的隔离政策,甚至无法禁止大规模的娱乐、体育活动。公民不仅不会配合,还会以侵犯人权为由进行抗议。以上例子用来阐述个人主义和宏大主义之间的冲突,批判性思维要求人们仔细区分这两种不同的叙事观,拿捏好分寸和尺度。

(6)词语类型使用错误。汉语是一种比较复杂的文字体系,为了表达同一个意思,往往涉及很多不同的词语。这些词语会根据场合的不同、说话者的不同、交流对象的不同被区分使用。准确地体会这些词语之间的细微差别以及适用的场景也是论证对语言的要求之一。比如在不同的场合之下,我们使用不同的词汇表达同一个意思。描述一个人死亡,如果是在追悼会的场合,我们会使用逝世、辞世等相对正式的语言;但如果是在朋友交谈等非正式的场合会使用故去、离开等口语化但又不失温情的词汇;在古代,皇帝的死叫作"驾崩",皇后的死叫作"薨"或者"殁",

和尚的死叫作"圆寂"……再比如不同的人使用的词汇也不同，市井小民和知识分子口中的词语体系是不同的，其中最典型的莫过于鲁迅笔下的孔乙己，他反复强调，读书人的偷不能算偷，应该称为"窃"。据说，对于妻子的称呼也很多，古代的那些诸侯大多会称呼自己的妻子为"细君"，而寻常百姓会称呼自己的妻子为"小君"。最后一种涉及因交流对象不同所使用的词汇也不同的情况，也就是我们平时所说的敬语和谦词。举例来说，学生一般要称呼老师为"您"，但同学之间就可以相互称"你"，不必使用谦词和敬语。在古代书写家书的时候常用启禀词，对尊长会使用叩、叩上、叩禀、敬禀等；对平辈会使用上、敬上、谨启、鞠启、顿首、亲笔、手肃等；对晚辈则使用字、示、白、谕、手白、手谕等。

（7）偷换词语。这种情况是指表达者为了掩盖本应使用词语的负面性而使用了语气较为缓和、具有掩饰性和迷惑性的词语，以避免给受众带来过多的不适感进而引发相应的负面效果。比如曾国藩将屡战屡败修改为屡败屡战，这一字的修改就提升了曾国藩的个人形象，扭转了颓势。比如公司裁员通常不会用裁员这一负面词汇，而是使用结构性优化或者毕业这种词汇来美化这一残酷的行为，同时对投资者和股东也具有一定的迷惑性，避免他们对公司的经营状况产生负面的观感。美军在发动战争的时候也经常用各种花式表达来掩盖其发动战争的实质，如军事介入，其实就是军事侵略；采取政治行动，其实就是侵略；可见侦查其实是间谍活动；战略村就是集中营；后勤打击就是狂轰滥炸；把对平民的杀戮称为敌人消耗；把伤及无辜说成附带损伤……这些表达无疑都是对原有词汇的改写，意图就是回避原有词汇负面感官的效果。在论证的时候要注意识别这些词语的真实含义。

语言对于批判性思维的影响是巨大的，批判性思维的载体是语言，而语言的最小单位是词语，如果词语使用不准确就会影响批判性思维的质量甚至导致误解，使得批判性思维不具有准确性、客观性，也就达不到我们所追求的"理性思考"的目的。

（三）论证谬误

批判性思维强调前提到结论的过程——论证要正确，这就要求我们能够识别出常见的论证谬误的情形，从而帮助我们强化批判性思考。常见的论证谬误有很多种，比如理查德·保罗和琳达·埃尔德在《批判性思维工具》一书中提及过40余种论证谬误，格雷戈里·巴沙姆等在《批判性思维》中提及了20种论证谬误，尼尔·布朗和斯图尔特·基利在《学会提问》一书中提及了13种论证谬误。总体而言，论证谬误是指在逻辑上，前提推不出结论，存在明显的逻辑瑕疵，进而不能建立一个有效的论证。在本书中，我们仅介绍几种常见的论证谬误，如果对其他的谬误类型感兴趣，可以参考上述书籍。

（1）人身攻击谬误。这种论证谬误是指不解释原因，不反驳对方的理由，而是直接施加人身攻击或侮辱对方。如："刘某某就是一个莽夫，说话不过脑子。""天啊，他这样的一个人，你咋能相信他说的话？"这是一种典型的"对人不对事"的思维表现，说话者没有将精力放在"事"上，而是放在对"人"的攻击上。

（2）滑坡论证谬误。这种论证谬误是指论证人认为如果某件事情发生，那么就会发生一系列不可控的不利事件，而事实上这些事件却不会发生。比如"如果政府着力下调房价，那么实体经济就会受到重创；实体经济受到重创，社会就会动荡；社会动荡，老百姓就不得安生"。很多感性的母亲也经常陷于滑坡论证谬误之中。"如果你不好好学习，你就考不上好大学；你考不上好大学，你就找不到好工作；你找不到好工作，你就不能好好生活，然后你就拥有一个失败的人生。"

（3）苛求完美谬误。这种谬误认为如果某种措施不能彻底解决一个问题，就应该对这种措施持一种全盘否定态度。比如，"即使下调房价，还是有很多人买不起房子，所以下调房价的措施根本没必要"，或者"你捐助这点钱，对于武汉抗疫都不够塞牙缝的，所以根本没有必要捐"，这是一种典型的非黑即白型思维的表现。

（4）移花接木谬误。这种论证谬误是指偷换概念，利用词语的歧义瞒天过海，进而达到混淆视听的目的。比如，"此轮股市波动符合国际惯例，并非对散户割韭菜"（国际惯例是什么？），或者"本轮油价上调是与国际行情接轨"（哪个国际行情？），又或者"老师惩罚学生是符合教育规律的！"（教育规律是什么？）。

（5）诉诸公众谬误。这种谬误是指表达者认为很多人都在做同一件事情或相信同一个事物，那么这件事情就是对的，这个事物就是正确的。"调查显示，老师都希望涨工资，所以我们应该给所有的老师都涨工资。""所有股民都认为本轮股市将逆势上扬，所以我们应该买入一些。"

（6）诉诸假权威谬误。该种谬误指的是论证人过分夸大权威人士的全能性，使用A领域的专家来确证B领域的观点。"专家认为，高房价的推手是丈母娘，地产商是无辜的。"（什么领域的专家？有能力对该问题发表评论吗？）"有关人士认为，本轮疫情会对国际格局造成非常大的影响。"（什么人士？如何相关？）"美国教授认为，中国的崛起将会是世界安全的重大威胁。"（什么教授？研究领域是什么？）

（7）诉诸情感谬误。该种谬误是指论证者试图通过有意识地操控听众的情感（代替理性论证）来增加认同，减少说服难度。比如，有的妈妈经常会声泪俱下地数落自己的孩子："我含辛茹苦地养了你这么多年，你现在大了，翅膀硬了，就不听妈妈的话了……"（这种表达完全属于诉诸情感，没有就事论事讨论问题本身，试图用情感绑架对方）。类似的表达有："我们这么多年的朋友了，这个忙你一定要帮，不然我下半辈子就完了。""你要是敢跟那个女人结婚，以后就别叫我妈。""你要是再这么打游戏，我就跟你分手。""你就按我说的去做，我是你妈，妈妈一切都是为了你好。"上述表达均缺少证明事实的证据，以充满煽动性和蛊惑性的情感文字为主。

（8）稻草人谬误。这种谬误是指论证人故意曲解对方的观点，制造并批判对方并不支持的观点，有点转移话题、重新树立一个靶子进行批判的意味。比如甲说："我将来不准备要孩子。"乙说："你怎么能这么自私呢，只顾着自己享受。"有时候也发生在我和学生之间的对话中，我说："你这篇论文的论证还有待加强。"某生说："老师，你怎么这么严格啊，我已经改了三遍了。"或者甲说："我喜爱日本艺术。"乙说："什么？日本在第二次世界大战中侵略过中国，你怎么能喜爱他们的艺术，你这个汉奸卖国贼！"总之，稻草人谬误就是在对话中有意或无意地歪曲理解对方的观点，然后再加以攻击。

（9）虚假的两难困境谬误。这种谬误是指表达者故意制造逻辑上的两难境地，让对方从中做出选择而完全忽视（或者故意忽略）了其实还有更多别的可能。比如，我女儿在特别小的时候不喜欢洗头，我每次都很策略地问她："宝贝，你洗头还是洗澡？"这个时候，我的女儿就会掉进我的虚假的两难困境的"圈套"而选择洗头。但是如果我每次都问："宝贝，你洗不洗头？"她会果断地说："不！"生活中这种例子特别多，比如"生存还是毁灭，这是一个问题。""到底孩子重要还是工作重要？""要工作还是要家庭？"在这些例子当中，表达者都人为制造了一个两难的困境，让对方陷入这两种困难的选择之中而忽略了其实还有其他的选择。这是一种论证的谬误，同样也可以被用来故意地制造一个论证的陷阱，目的是诱使对方作出不明智的判断和选择。

（10）乱贴标签谬误。这种谬误是指表达者在评论中不作具体分析，只是生搬硬套地加上一些名目。比如通过使用某个词语对某个事物或某个人定性来解释某件事情。如"为什么我和他碰杯，他只喝一点点？肯定是看不起我！这个势利小人！""老师为什么每次都只跟我说一两句话，他不喜欢我，他偏心！""她为什么总是一个人待着，她肯定精神不正常"。

（11）光环效应谬误。该种谬误是指表达者通过积极词汇，促使听众将论证与积极情感联系起来，降低心理防御，提高接受结论的概率。表达者并没有提供相应的证据，只是通过语言、修辞等手法对受众形成误导，很多广告特别愿意采用这种手法。如"电影历时5年制作，导演亲自剪辑两个月，拍摄期间多次劳累过度住院。5月诚意上档，试映期间受到业内人士和电影达人的高度好评"。房地产商的广告往往更加具有迷惑性："以悠然之态，尊享悠然之生活；华贵之荣，彰显独特之魅力""私家水系，苏州园林，欧式庭院，心灵与自然仅有咫尺之遥"等使用的都是这种手法。

（12）循环论证谬误。该种谬误是指转换对论点或论题的表述方式，使之作为论证的理由再次登场。比如，"我喜欢《奇葩说》这档节目，因为选手们的辩论和论证都很特别"，或者"这个药能催眠，因为它有催眠作用"。

（13）错误归因谬误。该种谬误是指在两个可能存在关联的事物当中，认为一个事物是造成另一事物的原因，但其实两者未必有直接的因果关系，只是巧合。例如，小红跟小明说："只要天气晴朗，我的考试成绩就会很好。"或者很多人认为："妈妈穿红色旗袍，孩子比赛时就会旗开得胜！"

（14）以偏概全谬误。该种谬误是指试图以个人的经历，或者个别的事例代替有力的证据来进行论证的情况。例如，医生说："吸烟有害健康。"小红说："我爷爷抽了一辈子的烟，现在80岁，身体还很好，所以吸烟对身体没有什么危害。"

论证谬误的类型还有很多，本书仅围绕常见的几种类型进行举例说明，读者朋友也可以通过检索和阅读等其他的渠道来自学更多类型的论证谬误。通过学习常见的论证谬误的种类能够使我们认识到，论证谬误使得我们批判性思考的进程受阻，因为它直接导致批判性思维中的第二个要素——经过正确的推理这个过程不能实现。我们还要意识到，论证谬误有的时候在我们的头脑中根深蒂固，我们不自觉地就会使用这些逻辑上的谬误推导出我们的结论并且声称结论是正确的。因此，识别这些谬误，不断审视自己的推理过程也是批判性思维者需要长期练习的内容。

这样，本书在本章就将批判性思维与论证宏观方面的内容介绍完毕。后文会陆续介绍批判性思维与论证微观方面的互动，这部分也是一个学习的难点，请读者朋友在阅读后文的时候将其与本部分的内容结合起来细细体会批判性思维与论证的微妙且复杂的关系。

四、批判性思维与知识

批判性思维与知识的关系也是千丝万缕的，从宏观上来讲，涉及知识在批判性思维中的地位和作用，知识和思维在当今教育体系中的对立统一关系等；从微观上来看，涉及在具体运用批判性思维解决问题的过程中知识的分类、表现形式、科学获取、凝练提取。本部分还是先介绍批判性思维与知识在宏观方面的关系，然后在下一章（第五章）的前提线索部分，我们会介绍知识在批判性思维中的微观方面的内容。

在宏观方面，知识与批判性思维首先是一种对立关系，它是指在当今的中国高等教育体系中以知识传递为主的现实状态和实现思维培养的理想状态之间的张力。谁都不能否认思维培养的重要性，缺乏思维培养这个环节，高等教育的能力培养目标是实现不了的。然而现实是目前的高等教育体系依旧是以知识传递为主的，这就导致了在高等教育领域内关于知识和思维的讨论一直存在。因此，批判性思维首先是作为对传统教育中以知识传递为主的教育模式的改革目标被提出来的。上文已经介绍了很多相关内容，此处就不再详细展开了。

其次，知识与批判性思维又是一种统一的关系，表现为批判性思维要求依据客观真实来解决问题，而知识是客观真实的一种。可以毫不客气地说，大学生在大学期间学习到的专业知识是用来解决问题的，而不是用来单纯记住的。知识的学习是非常重要的，缺少了准确而体系化的专业知识，问题就没有办法获得真正的解决。而只有知识，没有批判性思维，也没有办法解决问题，这也是为什么未来的高等教育需要把知识和批判性思维的培养结合起来，才能实现人才培养的目标。以上是批判性思维和知识的宏观关系，下文会继续介绍批判性思维与论证、与知识等的微观关系，请读者朋友们将两部分结合起来理解。

📍 本章核心观点提示

1. 批判性思维之所以难理解，是因为其与很多相关概念之间的关系并不明确，进而导致理解上的困难。

2. 批判性思维是思维的一种，属于理性思维，强调依据客观真实和经过正确推理得出正确结论。

3. 日常生活中的思维表达如设计思维、工科思维、临床思维、具象思维、抽象思维、商业思维等都脱离不开批判性思维及其要素这个理论基础。

4. 创新思维也是批判性思维，只不过强调在运用批判性思维解决问题的过程中获得了新知识、新方法和新结论。

5. 创新思维产生的结果就是布鲁姆认知分类中的最高阶的认知——创造。

6. 批判性思维是非形式逻辑，是逻辑的一种。

7. 逻辑也是一个被滥用的词，没有被很好地澄清，在使用的时候要注意。

8. 推理和论证在本书中是被不加区分地使用的。

9. 批判性思维在宏观上与论证的类型、论证的谬误以及论证对语言的要求有很多联系。

10. 批判性思维在微观上与分析论证和评论论证、解构论证和建构论证有很多联系，这是第五章（下一章）要介绍的内容。

11. 关于论证的术语很多，读者要注意区分。观点、论点都是结论的意思；小前提、理由、论据都是前提的意思；大前提、假设、未表达前提、观念、潜意识也都是一个意思。

12. 论证的基本类型包含演绎论证、归纳论证和类比论证，不同类型的论证对结论有不同的影响，尽管都属于批判性思维，但由于论证类型不同，结论的状态是不一样的。

13. 论证对语言的要求非常高，要做到理性、客观和准确表达。

14. 常见的语言错误有语言的情感色彩过重、语言容易引发歧义、语言模糊、语言晦涩难懂、语言的叙事观混乱、词语类型使用错误、偷换词语等。

15. 论证谬误的类型更多，本书仅列举了常见的几种。

16. 批判性思维与知识的关系主要体现为知识是"客观真实"的一种。

17. 单纯学习知识没有太多用处，知识必须借助批判性思维被用于解决问题，才能凸显它的意义。

第五章

批判性思维相互交织的四条线索

我们在本章要开始深入到批判性思维内部来剖析它的组成部分。在这个过程中，你会发现批判性思维更加复杂的内核。它包含四条相互交织的线索，这四条线索共同作用于问题解决的同一个过程，也存在于同一个思维过程中。无论哪条线索没有处理好，都会使我们的思考过程出现错误，致使我们对正确结论所倾注的努力付之东流。这也是批判性思维不好掌握的原因——它需要同时处理很多的细节、环节、线索。本章将会对这四条线索进行分门别类的介绍，下一章会用具体的实例来介绍这四条线索的实际应用，以便让读者更清晰地看到批判性思维内部的结构以及运作的机理。

一、理解批判性思维的第一条线索——思维线索

批判性思维的思维线索强调批判性思维是思维的一种，而且是最为理性的那种类型，即要想对问题获得正确的结论必须有充分的论据，提示批判性思维者随时检查自己的思维要素是否齐全。我们在上文已经介绍了思维的很多内容，其中包括思维要素——问题、结论、前提，思维的类型以及批判性思维是一种理性思维，要求——前提为真（依据客观真实）、前提能推出结论（经过正确推理），只有这样才能保证对问题的解决是正确的（结论是明智的和正确的）。本

部分不再对这些内容进行重复介绍,但考虑到要想深入理解批判性思维不能缺少这个线索,结构必须完整,所以简单说明一下,有需要的读者可以向前翻阅相关内容。

思维线索是一条总的线索,接下来三条线索则分别围绕思维线索中的论证(论证线索)、前提(前提线索)以及问题(问题线索)展开,在我们解读完批判性思维相互交织、相互嵌套的四条线索以及四条线索内部纷繁复杂的运作规律之后,你就会对批判性思维的复杂性和内部机理具有较为清晰而深刻的认识,也就会明白批判性思维难以掌握的原因。批判性思维内部运作机理特别复杂,学习者必须熟练驾驭每一条线索,最终才能变成一个批判性思维者。

二、理解批判性思维的第二条线索——论证线索

批判性思维的论证线索是指在运用批判性思维解决问题的时候需要掌握很多论证的微观技巧,包括分析论证和评论论证、解构论证和建构论证。上文已经介绍了批判性思维与论证宏观方面的联系,包括论证的类型、论证的语言要求和论证谬误,本部分主要是微观层面的论证知识,是在掌握宏观层面论证知识的背景下,运用批判性思维解决问题时真正会使用到的一些基本论证技能。如图 5-1 所示,思维或者批判性思维的最为核心的本质就是分析论证和评论论证,思维质量的好坏与能否准确进行分析论证和评论论证有很大关系。

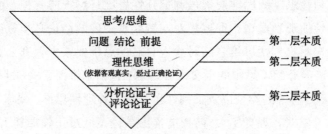

图 5-1　分析论证和评论论证是思维的核心本质

（一）分析论证和评论论证

1. 分析论证和评论论证的定义

分析论证是指将一段文字、对话或观点等拆解，将隐藏在书面或口头表达之下的问题、结论、前提（有时候还包括未表达前提）[1]呈现出来的过程。用简单的语言来说，分析论证指的是当面对一个观点、立场、行为时，你将其内部蕴含的思维要素准确拆解出来的过程。分析论证非常考验人的逻辑能力，不仅要用到我们之前提及的基本逻辑技能如抽象、概括、分析、综合、比较、分类，还要熟悉论证类型、厘清前提和结论之间的关系[2]，最后还要用符合论证要求的语言将其准确描述出来。

评论论证是指在分析论证的基础上审视两方面的内容：①前提是否为真。②前提能否推出结论。但是实践中，我们还要特别留意问题中的定义是否成立，这也是评论论证中需要注意的一个点。本部分着重介绍前提是否为真、前提能否推出结论这两个常规的评论论证的考查点，下一部分我们介绍一下问题（定义）是否成立这个评论论证的考查点。需要注意的是，论证不是单独存在的，它都是结合具体的生活、工作和专业领域的问题出现的，所以在进行评论论证的时候，还需要具有相应领域的知识才能判断定义是否成立、前提是否为真、前提能否推出结论。

2. 分析论证和评论论证的实例

我们用一个生活中的例子来呈现分析论证和评论论证这个复杂而重要的思维过程。

---

[1] 即思维要素，三要素、四要素均可，根据实际情况选择。
[2] 前提和结论的关系通常有：前提是结论的充分条件、必要条件、充分必要条件和既不充分又不必要条件。

示例:

一位妈妈跟三岁的孩子说:"如果你再淘气我就决定不要你了,我到外面再捡一个听话的。"这个三岁的孩子沉思片刻说:"你再捡回来的也是不听话的,因为他们也是别的妈妈不要的。"

1)对妈妈观点的分析论证和评论论证

(1)我们先对这段对话中妈妈的思维过程做一个分析论证。分析论证就是识别出妈妈表达中的问题、结论和得出结论的前提。值得注意的是,妈妈在这里只给出了结论,并没有给出前提,但是有未表达的前提(没有被表达出来的前提都是未表达前提)。①妈妈面临的问题是——孩子淘气。妈妈的结论有三个:①不要你了;②到外面再捡回来一个;③捡回来一个听话的。一般情况下,我们识别出这些内容的难度不大,关键是妈妈得出这三个结论的未表达前提对一般读者来讲是比较难识别的。未表达前提必须是能直接推出结论的,那么在这个情况下,针对结论①,其未表达前提是妈妈认为孩子是可以不要的;针对结论②,其未表达前提是孩子是外面捡的,而不是妈妈生的;针对结论③,其未表达前提是外面有听话的孩子。表 5-1 进行了清晰展示。读者们平时做分析论证的时候,也可以尝试用表格的方式将其呈现出来。

表 5-1 对妈妈观点的分析论证

问题	结论	未表达前提
孩子淘气	①不要你了	孩子可以不要
	②到外面再捡回来一个	孩子是从外面捡的,不是生的
	③捡回来一个听话的	还能捡到个听话的

---

① 这个例子相对特殊,前提就是未表达前提。而在通常的例子里,表达者会表达出前提。在这个例子中,表达者即妈妈没有说出任何前提,所以没有被表达出来的前提就都是未表达前提。

（2）我们再对妈妈的观点进行评论论证，注意，在此处这个例子中，评论论证的过程是孩子完成的。针对妈妈的观点，孩子给了一个反馈（俗称"回怼"），如表 5-2 所示，这就是我们今天要介绍给大家的评论论证。我们在上文提及，评论论证主要是从两方面进行评论：①前提是否为真。②前提能否推出结论。我们看一下这个三岁的孩子是从哪个方面怎样进行评论的。

表 5-2　对妈妈观点的评论论证

问题	分析论证		评论论证
	结论	未表达前提	①前提是否为真。②前提能否推出结论
孩子淘气	①不要你了	孩子可以不要	
	②到外面再捡回来一个	孩子是从外面捡的，不是生的	
	③捡回来一个听话的	还能捡到个听话的	三岁孩子：你再捡回来的也是不听话的，因为他们也是别的妈妈不要的

从三岁孩子的反馈来看，三岁孩子针对的是妈妈的第三个未表达前提，采取的方式是——评论该前提是否为真。我在课堂中使用这个例子的过程中，很多同学认为这位三岁的孩子采取的方式是前提推不出结论，我们需要将两者区分一下。在前提不为真的情况下，前提是一定推不出结论的。因此，当前提不为真时就不用考虑前提能否推出结论这个评论论证的方式了；而前提推不出结论是指在前提为真的情况下，前提与结论没有关联性，推不出结论。请读者们仔细识别这两种不同的评论论证的切入点的区别。回到这个例子中，三岁孩子使用的评论论证的方式是评论妈妈的前提是否为真。三岁孩子针对的是妈妈的第三个前提（未表达前提），三岁孩子认为妈妈的第三个未表达前提是不为真的，理由是街上没有听话的孩子，因为他们也是其他妈妈不要的，既然都是不要的，就都是不听话的。至此，我们已经用分析论证把妈妈的思考过程呈现出来了，也用评

论论证把孩子对妈妈的"回怼"呈现出来。你是不是觉得这个孩子很聪明呢?如果是这样,你就要牢牢记住,我们是用分析论证和评论论证的论证技能解密了他们思维的全过程。

(3)我们在这部分必须指出,不同人的评论论证可能是不同的,因为他们的知识、阅历是不一样的。我们再把上文的例子修改一下,看看评论论证会发生什么变化。上文的对话是发生在妈妈和三岁孩子之间,如果这个对话是发生在妈妈和十岁孩子、青春期孩子之间,可能就又有所不同。比如,我跟我的十岁的孩子说:"你要是再淘气,我就不要你了,我到外面再捡一个听话的回来。"这时候,十岁的孩子会说:"妈妈你骗人,孩子根本不是捡的,是妈妈生的。"如果我跟我的十四岁的孩子说:"你要是再淘气,我就不要你了,我到外面再捡一个听话的回来。"这时候,青春期的孩子会面露鄙夷之色且不屑一顾地说:"田女士,抛弃是罪。"结合表 5-3,我们再分析一下十岁的孩子和十四岁的孩子是怎样进行评论论证的。

表 5-3 不同人的评论论证存在不同

问题	分析论证		评论论证
	结论	未表达前提	①前提是否为真;②前提能否推出结论
孩子淘气	①不要你了	孩子可以不要	十四岁孩子:抛弃是罪
	②到外面再捡回来一个	孩子是从外面捡的,不是生的	十岁孩子:孩子是妈妈生的,不是大街上捡的
	③捡回来一个听话的	还能捡到个听话的	三岁孩子:你再捡回来的也是不听话的,因为他们也是别的妈妈不要的

我们通过这张表格能够发现,十岁的孩子、十四岁的孩子和三岁的孩子一样,都选择了同一个评论论证的切入点——前提是否为真。只不过十岁孩子攻击的是妈妈的第二个前提;十四岁的孩子攻击的是妈妈的第一个前提。那么接下来,请同学们思考一下,是什么造成了这三个不同年龄段的孩子攻击的前提不一样呢?有的同学

回答是年龄，但这不是根本原因，真正的答案是随着年龄的增长，孩子们接触到的知识（也就是得出结论的依据——客观真实）丰富了，所以十四岁的孩子能够对第一个前提的真假作出判断，十岁的孩子能够对第二个前提的真假作出判断，而三岁的孩子只能对第三个前提的真假作出判断，从这个意义上来看，你是不是觉得知识越是丰富，就越是具有较强的判断能力呢？十岁孩子不屑于对第三个前提进行攻击，觉得幼稚；十四岁孩子也不屑于攻击第二个前提，也觉得幼稚。他们都选择了接近他们认知水平的前提进行攻击（评论）。换个角度看问题，如果一个青春期的孩子攻击的是第三个前提[①]，那你会觉得这个孩子的认知（知识，作出判断的依据）是有问题的，与他所处的年龄段应当达到的认知水平是不相符的。

　　至此，我们已经将妈妈的思维过程呈现出来了。我们用分析论证将妈妈思考过程中的问题、结论、前提（未表达前提）呈现出来，再用评论论证逐一对妈妈的前提、结论进行审视，然后发现了妈妈思维过程中的漏洞——前提不为真。前提不为真就说明妈妈不是依据客观真实做出的判断，妈妈不是理性思维者，是吓唬孩子的，她的思维漏洞被三岁的孩子敏锐地发现了。可以说在这个过程中，三岁孩子是很具有批判性思维的，他敏感地发现了妈妈思维中的前提不为真。如果这段对话不是发生在妈妈和三岁孩子之间，而是发生在妈妈和十岁孩子或者十四岁孩子之间，我们会发现评论论证中被攻击的前提又变化了（见表5-3），这是因为三岁孩子、十岁孩子、十四岁孩子的认知（对客观真实的认识，也即掌握的知识）不一样，掌握的知识越丰富就越能判断出前提的真假。所以哈佛大学校长吉鲁平指出："上大学是为了能够判断出有些人在胡说八道。"怎么判断出有人在胡说八道呢？这就要运用知识和本部分介绍的分析论证和

[①] 是指只能看出这个前提有问题。

评论论证了。

2）对孩子观点的分析论证和评论论证

上文是我们对妈妈的观点进行的分析论证和评论论证，是站在孩子的角度观察妈妈。这次，站在我们自己的角度，来看看孩子的思维过程是怎样的，他的思维过程有没有局限性？

（1）我们还是对孩子的观点进行分析论证，分析论证就是要拆解出孩子面临的问题、孩子对问题的结论以及对结论提供的前提。那么，孩子面临的问题是什么？在我的日常教学中，每当我提出这个问题，学生们的回答都是五花八门的，有淘气、有不能扔、有捡不到……请读者们思考一下，孩子要解决的问题到底是什么？下文会揭晓答案，也请读者比照这个提取"问题"的过程，感受一下要想准确地进行分析论证和评论论证其实并不容易，因为我们要准确地把思维要素中的问题、结论、前提用语言精准地表述出来，而这正是我们在日常生活中缺少训练、经常出错的地方。也请回顾一下上文论证对语言的要求那部分内容，你就能感受到我们对于语言的驾驭能力将直接影响我们分析论证和评论论证的准确性。

孩子面临的问题是由于他的"淘气"，妈妈决定不要他，并且要在大街上再捡回来一个听话的孩子的结果。注意，此处具体的问题是妈妈能在外面捡到一个听话的孩子回来吗？或者外面有听话的孩子吗？而引发"捡"听话孩子的原因——"淘气"——其实在这里是一个背景，你也可以将这个问题理解成多层次问题，分别是淘气、捡、听话的孩子，孩子回应的是第三层次的问题，如表 5-4 所示。

表 5-4 对孩子观点的分析论证

问题	结论	前提
外面有听话的孩子吗？	没有	外面的孩子都是妈妈不要的
		妈妈不要的孩子是不听话的孩子

以上就是对孩子观点的分析论证，在这里可以看出，孩子的论证是很完整的，有问题、有结论还有明确的前提。与妈妈的论证不同，妈妈只给出了结论，没有给出前提，前提是我们做分析论证的时候补充上去的，所以是未表达前提。那么会不会有未表达前提呢？有的，如表 5-5 所示，将未表达前提呈现出来也是分析论证的一个部分，所以上述表格还不完整，我们还需要进行补全。

表 5-5　对孩子观点的分析论证中的未表达前提

问题	结论	前提	未表达前提（结合语境）
外面有听话的孩子吗？	没有	外面的孩子都是妈妈不要的	认为外面是有孩子的（即妈妈是可以扔孩子的）
		妈妈不要的是不听话的	认为外面的孩子是可以被捡回来的（即孩子是捡的不是生的）

这样，我们就把对孩子观点的分析论证做得比较充分和完整了。值得一提的是，未表达前提的挖掘要根据语境，结合孩子和妈妈的对话，我们可以发现，孩子没有攻击妈妈的第一个、第二个未表达前提，那就说明孩子认为妈妈的第一个、第二个未表达前提是真的（成立的）。而且，也只有在承认第一个、第二个未表达前提为真的情况下才能认为外面有孩子，只不过捡不回来一个"听话"的孩子而已（表 5-6）。

表 5-6　对孩子观点的评论论证

分析论证				评论论证
问题	结论	前提	未表达前提（结合语境）	①前提是否为真；②前提能否推出结论
外面有听话的孩子吗？	没有	外面的孩子都是妈妈不要的	外面是有孩子的（即妈妈是可以扔孩子的）	未表达前提不为真，外面没有，妈妈也不可以扔孩子
		妈妈不要的孩子是不听话的孩子	外面的孩子是可以被捡回来的（即孩子是捡的，不是生的）	未表达前提不为真，外面没有可以捡，孩子是妈妈生的

（2）我们要对孩子的观点进行评论论证。在我们将这张完整的分析论证的表格呈现出来之后，我们就能发现这个三岁孩子的认知短板了，因为孩子在这个对话语境下的两个未表达前提不为真，而这个时候，我们再对孩子的分析论证做评论论证。

这样，我们通过分析论证和评论论证就把孩子思维的小秘密全部呈现出来了。孩子很冷静，是一个理性思维者，面对妈妈的威胁和恐吓，他很敏锐地抓住了妈妈思维的漏洞进行攻击，只是孩子的认知有限，只能针对第三个未表达前提进行真伪判断。也即当我们深入分析和评价孩子的思维过程的时候，你会发现孩子其实默认妈妈是可以扔孩子的、孩子也是可以被捡回来的这两个错误的前提是正确的，这就是孩子的认知短板。如果你不借助批判性思维中的分析论证和评论论证，你对妈妈和孩子的思维过程就不会拆解得这么透彻和本质。实践中，这个过程不会像我们今天在书中这样呈现得这么直白、清楚，它只会是大脑中一瞬而过的事情。由于人的思考过程都很隐蔽，是发生在大脑内部的，没办法太显性化表达。因此，在日常生活中我们经常会有一种无力感——我们总感觉这个人说的话有问题但是又不知道问题在哪里，这种感觉经常让人很憋屈。现在好了，有了分析论证和评论论证这个工具，你至少知道我们有方法将一个人的思维过程，将他的思维要素——问题、结论和前提都拆开来看看，这样很容易就能发现他的思维是不是有问题。但是我们必须认识到，使用分析论证和评论论证，不仅需要依靠强大的逻辑能力，还需要借助知识这一客观真实，如果你没有知识你就不能判断前提是否为真，如果你没有逻辑你就没办法判断前提能否推出结论。就像上文的三岁孩子、十岁孩子和十四岁孩子给我们呈现的不同的评论论证一样，掌握的知识不同，能够评价的事物就不同。还有一点需要提示，就是分析论证和评论论证都需要语言作为载体，词语的准确性也会影响分析和评论的效果，这部分请结合上文介绍的论证对语言的要求部分细细体会。但同时，语言表达部分的内容在下文的前提线索中也会被更为细致地阐述，也请读者届时留意并且结合起来理解。

3. 分析论证和评论论证容易忽视的点——定义

综上，我们对妈妈和孩子的对话进行了全面的分析论证和评论论证。在这个过程中，我们能发现妈妈是一个非理性思维者，因为妈妈得出结论的前提是错误的，是不为真的；孩子是一个理性思维者，但是认知有限，只能针对第三个未表达前提进行真伪判断。那么我们对这个例子的分析是否就结束了呢？其实不然，这个例子还有一个可以进行评论论证的点——问题是否成立？在这个问题中涉及一个定义——淘气。本质上，任何争论都是对定义权的争夺。①我们对妈妈、孩子的观点进行的分析论证和评论论证都没有触碰到问题本身是否成立这一层次，而判断问题本身是否成立则需要界定什么是"淘气"。在例子中，妈妈想当然地认为孩子就是在淘气，但是"淘气"其实是有一个不以人的意志为转移的客观界定标准的。很有可能妈妈的判断标准是主观的，如果妈妈就孩子的表现与一位专门从事幼儿教育的专家进行交流，专家很有可能会从专业、客观和中立的角度分析得出孩子的表现可能不是淘气（只是有可能）。②本

---

① 定义权其实就是对问题的定性，属于提出问题环节，使用概念错误就意味着提出问题环节错误。这部分可以结合下文"理解批判性思维的第四条线索——问题线索"中的提出问题那部分的内容进行理解。

② 如果妈妈在"恐吓"孩子之前能反思一下自己，自己的观念也即此处讨论的问题——"孩子淘气"是否成立，可能会避免一场争论。定义权以及反思涉及本书后文中的批判性思维的反思功能，在这里交代一下，读者可以读到后文的时候再把妈妈和三岁孩子这个例子重新琢磨一下，这位妈妈不仅不够理性，可能也是不具有反思精神的。

书在此处并不想探讨孩子是不是真的淘气，只是提醒读者，问题是需要被界定的，界定问题中的定义只能依据客观的标准，而不应该依据某个人的感受和主观标准。如果妈妈在这里对于淘气的认识存在主观的判断，那么这个淘气的问题是否成立是值得商榷的。

在分析论证和评论论证的过程中，经过初级训练的批判性思维者往往很容易关注到前提是否为真以及前提能否推出结论这两个评论论证的切入点，却很容易忽略问题本身以及问题对于所争论对象的定义是否成立，很容易就在对方界定的"定义"之下展开对问题的分析和评论而没有思考问题本身（表现为对争论对象的定义）是否成立，这也是批判性思维的一个非常核心的内容。

到此为止，我们就对这个例子的方方面面进行了探讨，相信读者朋友们已经对分析论证和评论论证有了初步的了解。实际上，当你掌握了分析论证和评论论证方法的时候，你就可以在常识、经验和专业知识的基础上对任何人的观点进行拆分、观察和评论，这是一项非常有意思的脑力活动，但也非常烧脑。值得注意的是，分析论证、评论论证是在逻辑的框架中观察一个人的观点、立场，但是这种分析和评论必须结合相应的知识，否则分析和评论是很空洞的、不成立的。

4. 分析论证和评论论证与分析和评价

在这里，我们还要补充一点关于分析论证和评论论证与布鲁姆认知分类中的高阶认知关系的内容。我们在上文曾经指出批判性思维能培养高阶认知。如图 5-2 所示，布鲁姆将认知分为六个层次：记忆、理解、应用、分析、评价、创造。其中记忆、理解、应用属于初级认知，也被称为低阶认知；分析、评价和创造属于高级认知，也被称为高阶认知。

第五章 批判性思维相互交织的四条线索 115

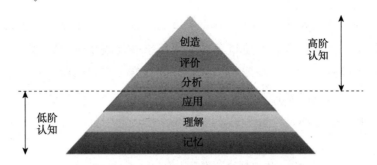

图 5-2 布鲁姆认知分类理论

低阶认知都是围绕知识产生的,高阶认知就涉及思维了,其中分析和评价①与本书在本部分着重强调的分析论证和评论论证在本质上是同一项能力,只不过阐释和解释的角度不同。分析论证和评论论证是从论证的角度来解释的,而分析和评价则强调问题的解决需要结合论证(逻辑)以及专业知识。简单地说,分析论证和评论论证强调分析和评价过程中的论证内容;分析和评价则超越了论证,把论证放在现实生活中,结合事件所发生领域的知识,不是仅从论证角度考虑问题。分析本质上是指我们对于一项复杂事物要进行拆分和考察,分析需要用到专业知识和本章所提及的分析论证;评价就是在分析基础上对前提是否为真、前提能否推出结论进行判断,但也强调用专业知识进行判断。但实际操作中,分析论证和分析、评论论证和评论其实没有什么不同。我们再用一个专业的例子来说明,读者就会明白分析和评价与分析论证和评论论证两者的关系是统一的。

示例:
张三出生于 1998 年 3 月,与同村的李四是邻居,两人长期因为

---

① 评价也是评论,英文都是 evaluation,只是翻译不同,但就是这种翻译上的分歧导致读者有时候会很困惑。

自家耕地的边界发生纠纷。2021年3月，张三认为李四侵占了自家的耕地，于是与李四发生口角，在激愤中抄起放在田间的镐头，朝李四头部砸了过去，李四头部顿时鲜血直流，当场毙命。我们的任务是证明张三构成故意杀人罪，我们还是利用表5-7来说明这里面的分析和分析论证、评价（或评论）和评论论证。

表5-7 张三构成故意杀人罪的分析与分析论证

问题	结论	前提	前提的前提
张三是否构成故意杀人罪	张三构成故意杀人罪	1. 张三符合故意杀人罪主体要件	法律规定：达到刑事责任年龄，具备刑事责任能力，已满14周岁。 实际情况：张三的身份证表明其出生于1998年3月1日。
		2. 张三主观上具有直接故意	法律规定：直接故意是指明知自己的行为会发生他人死亡的危害后果，并且希望这种结果的发生。 实际情况：张三使用镐头作为工具，向李四头部猛砸过去，张三知道自己的行为能造成什么结果。
		3. 张三实施了杀害李四的行为	法律规定：实施了剥夺他人生命权的行为，行为人的危害行为与被害人死亡结果之间必须具有因果关系。 实际情况：张三向李四头部实施了打砸的行为，致李四当场死亡。
		4. 李四的生命权被侵害	法律规定：故意杀人罪侵犯的客体是他人的生命权。 实际情况：李四的尸检报告证明李四已经死亡。

表5-7较好地呈现了分析和分析论证的关系。分析是指针对一个复杂事物我们要对它进行拆分，不能笼统地谈。因此，张三是否构成故意杀人罪这个问题，我们要按照犯罪的四个构成要件——主体、主观方面、客观方面、客体来拆分并且逐一考察。要想证明张三构成故意杀人罪，张三必须在主体上年满14周岁；在主观上具有直接故意；在客观上实施了故意杀人行为；在客体上剥夺了他人的生命权。从表5-7中，我们能清晰地看到证明张三构成故意杀人罪的分析过程，这个过程被明显地分为问题、结论、前提和前提的前提四个

部分。这个分析过程同样也是分析论证的过程，只不过放在张三这个刑事案件中，涉及专业的刑法知识。分析和分析论证本质上没有区别，分析是要遵循逻辑的，不能随意胡乱分析，遵循逻辑的分析就表现为分析论证，遵循逻辑的分析一定能够被我们用分析论证的方式以图表的形式呈现出来。我们用三岁孩子和妈妈对话这个生活上的例子和张三构成故意杀人罪这个专业上的例子向读者展示分析就是分析论证，只不过分析是从对问题的解决角度来看的，分析论证是从拆分完的论证的要素角度来看的，实际都是一个过程。批判性思维能培养人的高阶认知，这在分析论证这个环节能够体现得淋漓尽致。评价就是评论论证，在我们将张三构成故意杀人罪的要素以逻辑的形式都呈现出来之后，我们就可以考察前提是否成立？前提和结论构成什么样的关系？这个过程就是评价，也被称为评论。因此，布鲁姆认知分类的高阶认知中的分析、评价指的就是我们所说的分析论证和评论论证，只不过两者的叙事角度不一样，分析论证和评论论证是从论证（逻辑）的要素角度展开的。而一般意义上的分析和评价也离不开逻辑或者论证，如果将它们展现出来（表 5-7）也必然包含问题、前提、结论等具体内容。

这样我们就把分析论证和评论论证的内容全部介绍完了，顺便也把布鲁姆认知分类的高阶认知中的分析和评价也介绍了。高阶认知中的最后一个——创造，我们在第四章的批判性思维与思维中的创新性思维部分也解释了。由于批判性思维内部元素特别多，又相互勾连，本书的介绍只能围绕主线展开，支线只能被拆解到相应部分进行叙述，如布鲁姆认知分类中的分析、评价、创造被分散到了几个相互关联的部分阐述。但是好在，在相应的部分，本书会将读者的视角推出去然后再拉回来，这样也能照顾到这些被迫分散的内容的整体性。

（二）解构论证和建构论证

严格意义上，解构论证和建构论证本质上也是分析论证和评论论证，只不过区分它们的标准不是过程而是用途。解构论证是指将分析论证和评论论证的技能运用在一个"既有"观点上，即将一个既有观点的内部构成按照问题、结论、前提的分类进行拆解（分析论证），同时观察其前提是否为真以及前提能否推出结论（评论论证）。这个既有观点既可以是别人的也可以是自己的，这个过程也经常被描述为"批判"①，如果既有观点是别人的就是对别人的"批判"，如果既有观点是自己的就是自我批判。②建构论证是指将分析论证和评论论证的技能运用于建立一个"新"观点上，即当我们发表对一个事物的看法的时候，我们要能够用分析论证的方式有理有据地呈现出我们观点的内部支撑，同时使用评论论证来保证我们的观点是成立的。我们还是用例子来进行说明。

实例：

王振华一案曾经在网络上炒得沸沸扬扬，一名记者采访王振华的代理律师陈有西时问道："王振华人品那么差，你为什么还替他辩护？"陈有西回答道："王振华当然有错，他嫖娼的'主观故意性'是有的，但他16周岁以下的少女绝对不碰，这是他的底线。"陈有西的观点引发了非常大的争议。你能说说为什么陈有西的言论引发

---

① 这里的批判与批判性思维这个词中的批判是一个意思，是审视的意思。由于批判性思维的英文为critical thinking，很多人就将这里的批判视作批评、挑毛病，其实critical是审视、判断（judge）的意思，跟批评、挑毛病没有关系。

② 我更愿意将批判称为审视，批判这个词有点沉重。批判性思维也因为包含"批判"两个字受到了很多人的误解，其实批判性思维中的批判是"审慎地判断"的意思，critical对应的英文词源是judge，只不过在最开始引入中国的时候，人们对它有所误读。

了这么大的争议吗?

这是一个需要我们建构自己观点的过程,因此涉及建构论证。但是,为了能建构我们自己的观点,我们必须对陈有西在接受记者采访时表达的观点进行解构。解构陈有西的观点涉及分析论证和评论论证,建构自己的观点也需要分析论证和评论论证。请读者结合图 5-3 细细品味这个案例解构论证和建构论证发生的场景,以及它们是怎样跟分析论证和评论论证嵌套在一起的。

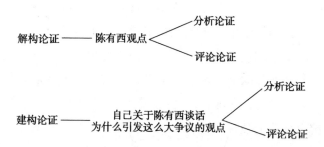

图 5-3 解构论证和建构论证以及与分析论证和评论论证的嵌套

1. 解构论证

如图 5-3 所示,在解构陈有西观点的过程中会涉及分析论证和评论论证,我们先看分析论证。陈有西并没有交代问题,但是从对话中我们能发现,记者和陈有西之间围绕的问题大概涉及王振华的底线有无等。陈有西的结论是"王振华是有底线的";陈有西的前提是"他嫖娼是嫖了,但是 16 周岁以下的少女是绝对不碰的";未表达前提是"陈有西认为 16 周岁就是嫖娼的底线"。我们用表 5-8 来呈现。

表 5-8 对陈有西观点的分析论证

问题	结论	前提(小前提)	未表达前提(大前提)
王振华有无底线?	王振华是有底线的	16 周岁以下的少女是不碰的	16 周岁就是嫖娼的底线

这个案例也是我在课堂上经常用到的一个例子，虽然本书在做分析论证的时候快速地锁定了陈有西的问题——王振华有无底线？但是在实际的课堂中，如果让学生自己确定陈有西想解决的问题是什么，同学们给出的答案五花八门，包括王振华是否嫖娼、王振华人品差不差、要不要为王振华辩护、王振华是否有主观故意性……就是不往是否有"底线"上靠。事实上，我们通过陈有西的结论就能看出，陈有西要解决的问题是王振华有无底线。其他的嫖娼、人品、辩护、故意等词汇都是干扰项。这又回到了我们在上文提到的一个问题，批判性思维要求人能准确地抓取关键信息，而关键信息的载体是文字和词语。我们的学生不但在呈现分析论证的表格时存在困难，而且在抓取具体相关的信息，比如回答的问题是什么、前提是什么的时候也存在困难，这一点仅在此做出提示，它涉及抽象、概括等信息提炼的技能，这在下文中会详细展开。在此处，我们还是回到我们的解构论证和分析论证的思路上来。

分析论证之后，我们就要开始进行评论论证了。评论论证要从问题是否成立、前提是否为真、前提能否推出结论三个层面来看。本案中，涉及两层前提——前提和未表达前提；因为本案涉及的是一个演绎论证，你还可以把这两层前提表述成小前提和大前提，我们接下来要做的是判断前提是否为真，以及前提能否推出结论。本案中假设王振华没有碰16周岁以下的少女，即（小）前提为真[①]。（小）前提能否推出结论呢？这时候就要看大前提，也就是未表达前提是否正确。还记得未表达前提（也被称为大前提）是（小）前提能推出结论的保障吧？

[①] 我们不去探讨具体案件中证据的真伪，这个案件的具体内容不是我们探讨的重点，只是当作一个分析论证和评论论证的例子来进行自我训练，请读者们理解这里的逻辑过程即可，不用过多纠结于案件的实际情况。

判断未表达前提（大前提）是否成立需要依据客观真实，而不是陈有西认为的观点。这是一起法律案件，我们要看看法律对于嫖娼以及嫖娼的底线是怎样规定的。通过查询相关法律，我们能够得到如下的信息：嫖娼是指一种非法的性交易，指两人及两人以上以金钱财物为媒介发生不正当性关系的行为。嫖娼并不是刑事犯罪，但在我国为法律所禁止，属于一种行政违法行为，会受到行政拘留或罚款等处罚，但不会受到刑事处罚。根据《中华人民共和国治安管理处罚法》第 66 条的规定：卖淫、嫖娼的，处十日以上十五日以下拘留，可以并处五千元以下罚款；情节较轻的，处五日以下拘留或者五百元以下罚款。在公共场所拉客招嫖的，处五日以下拘留或者五百元以下罚款。

以上是现行法律中关于嫖娼的规定，你需要从法律的规定中提炼出适合本案的、正确的未表达前提。也就是说，你需要从上述众多的信息中整理出一条适合充当本次分析论证和评论论证未表达前提的表述。实际教学中，学生在提炼这个未表达前提的时候非常困难，他们明白意思但总是不能用语言将这条"未表达前提"准确地呈现出来。有同学总结出来的是——嫖娼要处以十日以上十五日以下拘留；有同学总结出来的是——嫖娼要处五千元以下的罚款；还有同学总结出来的是——嫖娼不是犯罪，是普通违法行为；还有同学总结出来的是——嫖娼是违反底线的行为。究竟什么才是本案评论论证的未表达前提呢？不要忘了，陈有西的整个观点都围绕"底线"展开，而"底线"的关键是 16 周岁。因此，未表达前提的总结和提炼需要围绕"底线"和"16 周岁"展开，经过谨慎的总结和提炼，你终于意识到"正确的未表达前提"是——嫖娼没有年龄限制，嫖了即触碰底线。

通过对法律条文的抽象概括，我们就能发现，陈有西对于嫖娼底线的理解是错误的，不符合现行法律（也即客观真实）的规定，如表 5-9 所示，这也是陈有西的观点一出，舆论哗然的原因。大多数人也能感觉到陈有西观点的不妥当，甚至会觉得这人的想法很"恶心"。但是不具备思维能力的人无法运用分析论证对陈有西的观点进行拆解，更无法对法律的规定进行抽象概括进而提炼出客观真实，然后在客观真实的基础上去评价陈有西的观点的正误。很多时候，我们手里虽然有很多"客观真实"或者"知识"，但是我们还需要对这些客观真实和知识进行裁剪（或者加工），使之成为分析论证和评论论证的适合前提，这是我们在下文要展开讲解的内容。

表 5-9 对陈有西观点的评论论证

分析论证				评论论证
问题	结论	前提	未表达前提	①前提是否为真；②前提能否推出结论
王振华有无底线？	王振华是有底线的	16周岁以下的少女是不碰的	16周岁就是嫖娼的底线	嫖娼不区分年龄，嫖了即违法，即触碰底线

虽然本书在此处是为了介绍解构论证，以及解构论证其实也是分析论证和评论论证，但还是想将读者的一部分注意力拉到评论论证的那个未表达前提（客观真实）的梳理过程上，这个梳理过程离不开我们下文所讲的抽象、概括、分析、综合、比较、分类等思维方法，进而使读者明白，分析论证和评论论证不是独立存在的，它们是建构在我们上文提及的论证、下文提及的逻辑方法等基本知识和基本技能基础上的。此外，读者朋友们也不要忘记了，我们在上文就提到，批判性思维对批判性思维者的要求除了拥有逻辑能力外还要具备专业知识。在上文陈有西的例子中，法律的条文就是法律专业的知识，这是个简单的案件，专业知识不是很难，甚至是常识。但是，在复杂问题的处理中，我们需要的专业知识的范围就更深和更广泛了。总之，分析论证和评论论证是非常强大而有力的思维能力，但是需要依托基础的逻辑知识和逻辑技能，还需要依靠专业知

识进行判断，否则你没有办法分析，也没有办法评论。

2. 建构论证

这样，我们就将解构论证部分整理完毕了，可以看出，解构论证的整个过程非常克制，就是围绕陈有西的既有观点展开的，对他的观点进行了分析论证和评论论证。但是，我们回到这个实例的最终要求上——请你谈谈为什么陈有西的观点引发了这么大的争议？你需要表达自己对于陈有西观点引发争议的看法，这个过程中你必须建构自己的观点，因此涉及建构论证。同时这个过程也离不开上文解构论证的内容，解构论证和建构论证的内容也是勾连在一起的，至于是怎么勾连和嵌套的，还需要读者自己多加练习并细细体会。我们还是先看建构论证中的分析论证部分，即我们需要先呈现出我们的论证框架——问题、结论、前提，如表5-10所示。

表5-10　建构论证中的分析论证框架图

问题	结论	前提
?	?	?

此时，你又会发现，我们还涉及对问题的梳理和提炼——我们要回答的是什么问题？建构论证中分析论证的问题是什么？当我在实际课堂中开展这项训练的时候，同学们在总结表5-10中"问题"的环节又展开了激烈的讨论，形成了不同的答案。有的同学说我们要回答的是王振华是否有底线的问题，有的同学说我们要回答的是王振华人品是否端正的问题，有的同学说我们要回答的是陈有西是一个法盲，作为律师不懂法律的问题。这些答案都是错误的，我们还是需要看这道题本身要求我们回答什么，而不是受到案件其他因素的过多影响使我们的思路跑偏。这个实例中明确要求我们回答陈有西的言论为什么引发了这么大的争议，所以我们要回答的问题是——

陈有西的观点为什么引发了这么大的争议。我们先把问题填写到表 5-10 的问题一栏中，形成了表 5-11。

表 5-11　建构论证中的分析论证的问题确定

问题	结论	前提
陈有西的言论为什么引发了这么大的争议？	？	？

接下来我们要确定结论部分怎么确定，经过上文的解构论证我们发现，陈有西的言论之所以能够引发这么大的争议，是因为陈有西对嫖娼底线的理解是有问题的。我们把这个结论填写到表 5-11 中，形成了表 5-12。

表 5-12　建构论证中的分析论证的结论确定

问题	结论	前提
陈有西的言论为什么引发了这么大的争议？	陈有西对嫖娼底线的理解是有问题的	？

还是要提及一个老生常谈的问题。在课堂中，学生对结论的总结和概括也不是一帆风顺的，即便他们已经在我的指引下深度参与了上文的解构论证、分析论证和评论论证，也知道这个案件考察的是底线，而且是嫖娼的底线，但是走到建构论证这个环节，学生又忘记了核心关键词——底线，思路又开始偏移。于是同学们的答案又千奇百怪地呈现了出来，如王振华是有底线的、陈有西不是一个合格的律师、陈有西法律知识不完备等。每到这个时候，我就需要再把学生的视线拉到底线这个核心词汇上，并且帮助学生梳理出一条关于这个例子的关键词的线索，底线（16 周岁）—嫖娼—人品—辩护—王振华和陈有西……让学生明白，这个例子有很多关键词，但是最为核心的就是底线。最后，我还会告诉学生什么是不忘初心，方得始终。很多时候学生走着走着就忘记了这场讨论的"初心"——

底线，于是在建构论证的时候就不能够一以贯之、由始至终。因此，批判性思维以及它最为核心的技术模块——分析论证和评论论证理解起来不困难，但是操作起来并不容易，因为它不但涉及的环节多，而且每个环节都要进行精准控制。

在我们将结论总结出来之后，我们在建构论证部分的分析论证中就只剩下最后一个挑战——前提是什么？因为上文在进行解构论证的时候已经很清晰地将法律规定的底线和陈有西认为的底线分别解读了出来，所以这部分就不会太难。我们能比较轻松地总结出陈有西认为的底线（小前提或前提）为嫖娼的底线是 16 周岁，法律认为的底线（大前提或者未表达前提）为嫖娼的底线是"嫖"，没有年龄限制。因此能够证明陈有西对嫖娼底线的认识是错误的。我们将这两个前提填入表 5-12，就得到了表 5-13，即最终的建构论证中的分析论证。

表 5-13　建构论证中的分析论证的前提确定

问题	结论	小前提	大前提
陈有西的言论为什么引发了这么大的争议？	陈有西对嫖娼底线的理解是有问题的	陈有西认为嫖娼的底线是 16 周岁	法律规定（客观真实）嫖娼底线是"嫖"，没有年龄限制

这样我们就完成了建构论证中的分析论证，其实建构论证常规上推进到这个程度就可以了，但是有的时候我们需要抽离出来再审视一下我们的论证是否成立，就像做数学题时需要验算一样，我们需要再使用评论论证（如表 5-14 所示）来看一下我们的建构论证中的分析论证是否有问题。

此时的评论论证就是自我审视，重新审视一下自己对于前提的提炼、对前提和结论关系的推理以及对问题的识别是否成立。如果你不放心，你还可以把这个过程交给其他人来完成，这样你就有了一个第三人的视角。只不过，由第三人来完成的评论论证就又变成了解构论证中的评论论证了,因为你的观点对于第三人来讲是一个既有观点,他需要进行解构。

表 5-14　对我们自己建构论证观点的评论论证

分析论证				评论论证
问题	结论	小前提	大前提	①前提是否为真;②前提能否推出结论
陈有西的言论为什么引发了这么大的争议?	陈有西对嫖娼底线的理解是有问题的	陈有西认为嫖娼的底线是 16 周岁	法律规定(客观真实)的嫖娼底线是"嫖",没有年龄限制	问题成立前提为真前提能推出结论

这样,我们就围绕陈有西就王振华嫖娼这个案子回答记者提问的例子做了全方位的解构论证和建构论证,分析了解构论证和建构论证与分析论证和评论论证的嵌套关系,更为主要的是我们还在这个过程中提及了问题、结论、前提的总结和提炼,以及要想准确地总结和提炼会涉及另外一些基础的思维技能,这是我们在下文的前提线索部分需要介绍的内容。

需要进一步解释的是,我们此处仅就陈有西回答记者提问的例子展开了关于解构论证和建构论证的介绍,实际上解构论证和建构论证无所不在,只要存在一个既有观点,你就需要进行解构论证,只要你发表你的新观点和看法,就需要进行建构论证。解构论证和建构论证的存在场合是相当广泛的,我们再以论文写作为场景,来呈现一下解构论证和建构论证、分析论证和评论论证的关系。

论文写作就是一个发表自己观点的过程,需要你就一个问题表达自己的观点,你的观点必须是由论据支撑的,从这个角度来看论文写作也是批判性思维的运用场景之一。但这并不是我们要说的重点,我们在此处想要呈现的是论文写作是一个怎样的解构论证和建构论证、分析论证和评论论证过程。

第五章 批判性思维相互交织的四条线索

论文写作的过程很漫长，为了能够表达你对一个专业问题的具体看法（结论），你需要事前做大量的准备工作，比如你需要阅读文献、做文献综述，找到具体要研究的问题，然后围绕问题建构自己的论证等。具体来说，文献阅读（分析性阅读）、文献综述、问题的形成和构思等过程的底层规律都是分析论证和评论论证，但同时，我们面临着阅读别人的文章（输入）和产出自己的文章（输出）的不同情景，前者更多的是一种解构论证，也就是对别人建构好的论证进行拆解，观察它们内部的结构是否完整、是否正确。在此基础上，我们还要建构我们自己的论证（虽然主要且本质的工作依旧是分析论证和评论论证，但这个环节属于建构论证），在我们建构论证的基础上形成自己的文章。而我们的文章后续还会被其他读者阅读，从而又变成别人解构论证的对象。因此，从大的层面来说，分析论证和评论论证是嵌套在解构论证和建构论证之中的。它们的分水岭是问题的形成，如图5-4所示。

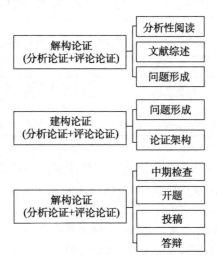

图5-4 论文写作与分析论证和评论论证、解构论证和建构论证的关系

上述所有的环节都伴随着分析论证和评论论证，只不过以问题

的形成为分水岭：之前的过程是解构论证，属于输入环节；之后的过程是建构论证，属于输出环节。当写作者建构论证且将其用文字表达出来之后，包含写作者建构论证的论文将会进一步被别人[①]阅读，即重新进入新一轮的解构论证，这个解构论证又包含别人对你的论文所做的分析论证和评论论证。如此循环往复，真相才能被一点一点揭示，科学研究才能一点一点进步。

我们可以再回到上文提及的三岁孩子和妈妈的对话那个例子中来继续透视一下解构论证和建构论证、分析论证和评论论证的关系。实例中，一位妈妈跟自己三岁的孩子说："如果你再淘气，我就决定不要你了，我到外面再捡一个听话的。"这个三岁的孩子沉思片刻说："你再捡回来的也是不听话的，因为他们也是别的妈妈不要的。"

我们之前在分析论证和评论论证的部分对这个例子进行过深入的剖析，我们先是对妈妈的观点进行分析论证和评论论证，得出了表 5-15 的框架，清晰地反映出妈妈的思维要素和过程。

表 5-15　对妈妈观点的分析论证（解构论证）

问题	结论	未表达前提
孩子淘气	①不要你了	孩子可以不要
	②到外面再捡回来一个	孩子是从外面捡的，不是生的
	③捡回来一个听话的	还能捡到个听话的

然后我们又对妈妈的观点进行了评论论证，得到了表 5-16 的内容，从这张表格中我们能够看出妈妈的前提不为真。在前提不为真

[①] 这些人包括你的导师、审稿人、开题组成员、答辩组成员等，他们在某种程度上也是从分析论证和评论论证角度指出你的论文可以进一步提升和改进的地方。这些人之所以能够进行分析论证和评论论证，是因为他们不仅有着和你一样的专业背景，还知道撰写论文的底层逻辑。当然，你的论文也会被后来的读者当作文献来进行分析性阅读，并被纳入主题性阅读范畴，最终成为他们文献综述的一部分。

的情况下，结论就不可能正确。

表 5-16　对妈妈观点的评论论证（解构论证）

问题	分析论证		评论论证
	结论	未表达前提	①前提是否为真。②前提能否推出结论
孩子淘气	①不要你了	孩子可以不要	
	②到外面再捡回来一个	孩子是从外面捡的，不是生的	
	③捡回来一个听话的	还能捡到个听话的	三岁孩子：你再捡回来的也是不听话的，因为他们也是别的妈妈不要的

这样，我们就站在三岁孩子的角度完成了对妈妈观点的分析论证和评论论证。注意，这个过程也是一个解构论证的过程，因为孩子完成了对妈妈观点的解构，使用的手法是分析论证和评论论证。

我们在上文对妈妈的观点进行分析论证和评论论证之后（即此处所指的解构论证），又对孩子的观点进行了建构论证，这个过程还是分为分析论证和评论论证。我们一起来回顾和总结一下。

我们先是对孩子的观点进行了分析论证，注意，从我们的角度来看这是我们对孩子的观点做的解构论证（中的分析论证），但从孩子自己的角度来看，他在建构自己的观点，属于建构论证中的分析论证。只不过，孩子自己可能没有能力意识到自己是在建构论证，在分析论证。这不重要，从思维的角度我们可以把孩子的这个过程解读出来。

孩子建构自己观点的过程就是上文对孩子观点的分析论证，即表 5-17 呈现的内容。这样，孩子的建构论证就很完整，有问题，有结论，还有明确的前提。只不过，与上文陈有西的例子[①]不同的是，

---

① 陈有西那个例子中，建构论证是要回答为什么陈有西的言论引发了那么大的争议，这个问题的结论以及前提已经在表 5-12、表 5-13 中充分说明，这个建构论证的结论是正确的，所以评论论证的结论是前提正确、前提也能推出结论。而对三岁孩子建构的观点进行评论论证就能发现，这个三岁孩子的观点是有局限性的。

孩子建构的这个论证是有缺陷的，如果孩子自己有评论论证能力，他就能发现，或者别人对孩子的观点再进行解构论证的话，也能发现。

表 5-17　孩子建构论证中的分析论证

问题	结论	前提
外面有听话的孩子吗？	没有	外面的孩子都是妈妈不要的
		妈妈不要的是不听话的

孩子的观点其实非常有意思。一方面，孩子的观点是正确的，能够指出妈妈思考中的错误所在；另一方面，孩子的这个观点有局限性，没能看出妈妈的观点中前两个未表达前提的错误。因此，对于孩子建构的观点的评论论证①得从两个角度开展。其一，孩子的观点是正确的；其二，孩子的观点是有局限性的。表 5-18 能够体现出孩子的观点是正确的，表 5-19 能够体现出孩子的观点是有局限性的。

表 5-18　孩子的观点是正确的（评论论证）

分析论证			评论论证
问题	结论	前提	①前提是否为真；②前提能否推出结论
外面有听话的孩子吗？	没有	外面的孩子都是妈妈不要的	不考虑认知局限的情况下，前提为真，前提能推出结论
		妈妈不要的是不听话的	

很显然，由于孩子年纪太小了，可能自己只能完成表 5-18 的评论论证，并认为自己的观点是正确的，但是他没有能力对自己的观点进行表 5-19 的评论论证。那么，表 5-19 这样的评论论证的工作就

---

① 此时的评论论证即表 5-18、表 5-19 的评论论证是第三人完成的，不是孩子自己进行的评论论证，因此还是解构论证（中的评论论证）。如果是孩子自己进行的评论论证，就是建构论证中的评论论证。

得由第三人完成，也许等孩子长大了之后，回顾自己与妈妈的对话，就会反思出自己的未表达前提——孩子是可以扔的，孩子是从大街上捡回来的，是多么可笑。通过这个例子，我们也能看到，有时候人们建构的观点是正确的，有时候是错误的，这时候评论论证的检验功能就非常重要。

表 5-19　孩子的观点是有局限性的（评论论证）

问题	结论	分析论证		评论论证
		前提	未表达前提（结合语境）	①前提是否为真；②前提能否推出结论
外面有听话的吗？	没有	外面的孩子都是妈妈不要的	外面是有孩子的（即妈妈是可以扔孩子的）	未表达前提不为真，外面没有孩子，妈妈也不可以扔孩子
		妈妈不要的是不听话的	外面的孩子是可以被捡回来的（即孩子是捡的不是生的）	未表达前提不为真，外面没有可以捡，孩子是妈妈生的

至此，我们再一次用三岁孩子的例子说明了解构论证和建构论证。解构论证就是对既有观点进行分析论证和评论论证；建构论证就是构建新的观点，必须有分析论证作为支撑，让我们看到新观点的要素，也必须利用评论论证验证新观点是成立的，在前提、结论等方面是没有问题的。三岁孩子的例子和陈有西言论引发争议的例子存在几点不同：首先，三岁孩子的例子属于纯粹的生活中的例子，不涉及专业知识；而陈有西的例子虽然可以在生活中讨论，但毕竟涉及了嫖娼的法律规定，对于普通人来讲，涉及法律条文的专业检索、前提的提炼和表达。其次，陈有西例子中的解构论证和建构论证的关系比较明了，尤其在建构论证的时候，我们直接一步到位，将对陈有西言论引发争论的分析论证做得十分准确，即我们作为成年人能够将观点一步到位地准确梳理和表达出来，所以即便经过后

续的评论论证的检验，我们的前提依旧为真，前提能够推出结论，也就是说我们建构的观点是正确的。但是在三岁孩子的例子中，孩子对妈妈观点的解构论证和孩子对自己观点的建构论证就有了一点问题。三岁孩子太小了，只能建构出一部分正确的观点，他的观点还存在局限性，所以在建构论证中的评论论证部分就被我们区分成了两个，分别是表5-18呈现的观点中正确的部分和表5-19呈现的观点中存在局限性的部分。这充分向我们说明了，建构论证不见得都能建构出正确的观点，这也凸显了分析论证和评论论证技能的重要性，它们能帮助我们分辨是非对错，发现人们观点和思维过程中的问题，进而使人们的思考无限地趋近于客观真实。最后，无论是三岁孩子的例子还是陈有西的例子都能向我们展示分析论证和评论论证是批判性思维最为核心的技能。根据发生作用的场景是既有观点还是新观点，是他人的观点还是自己的观点，又分为解构论证和建构论证，但是两者的关系又不是那么泾渭分明，有时候交织在一起不好区分。比如在建构论证中的评论论证，可以自己评论自己新构建的观点，这是典型的建构论证中的评论论证，但也可以请别人进行评论论证，这时候，从建构者自己的角度来看仍属于建构论证中的评论论证，但是站在被请的第三人角度来看，就是一个妥妥的对别人既有的观点（哪怕对建构者来说是新观点）进行解构论证的过程。读者们并不需要区分得这么细致，这部分依旧是强调分析论证和评论论证的重要性，虽然标题冠以解构论证和建构论证，也只不过是再次告诉我们分析论证和评论论证能够发生在不同的场景中和不同的人身上，而且一个场景中可能包含很多组分析论证和评论论证，可以由自己完成，也可以由他人完成而已。这样，我们就将理解批判性思维的第二条线索——论证线索的内容介绍完了，这部分内容特别重要，建议读者反复阅读并在实践中品味、琢磨以增强自己对分析论证和评论论证的驾驭能力。

三、理解批判性思维的第三条线索——前提线索

我们之前已经阐释了论证线索的内容，已经感受到了论证部分内容的错综复杂。本部分，我们围绕思维要素中的另外一个要素——前提，展开前提线索的介绍，这部分内容依旧很复杂，与上文的论证部分一样。但是，只有掌握了论证和前提这两个要素的线索和运作规律，我们才能在真正意义上掌握批判性思维。所谓的前提线索是指批判性思维所要求的前提为真是怎样做到的；前提是客观真实，但客观真实都包括什么；怎样获取充当前提的客观真实，以及如何从客观真实出发，一步一步形成可以充当前提的句子或者表达。

（一）前提与客观真实

1. 前提与客观真实的关系

批判性思维试图对问题得出正确的结论，若想得到批判性思维期待的正确结论，前提就必须为真，前提为真就意味着我们必须依据客观真实，即前提为真就意味着前提是由客观真实组成的。那么什么是客观真实？都包含哪些内容？这是我们接下来要回答的问题。

2. 客观真实的形式

1）书本上的知识是客观真实的一种

客观真实无非就是被证实是正确的、客观存在的人类的认知，而我们在课堂上学习的知识就是客观真实的一种。是的，书本上的知识是人类在漫长的认识自然（社会）、改造自然（社会）的过程中

形成的对客观世界的正确认识①,这也是我们学习知识的原因,即通过当代的教育体系快速地掌握人类认识客观世界形成的"正确认知",缩短人的成长过程,以便让后来的人能够站在前人的肩膀上继续推动社会的进步。知识就是我们学习的一种"客观真实",而且是我们花费了十数年或者数十年才学习到的"客观真实"。学习知识的目的并不是单纯的记忆,或者炫耀我拥有多少知识。知识的意义在于能够嵌套在批判性思维里使现实中的问题获得正确的解决。

人们常常无法意识到知识是怎样被使用的,也没有意识到知识是客观真实的一种,是被嵌套在批判性思维里的,更有一些人没有意识到知识是用来解决问题的前提,以至于他们并没有相关的知识就对相应的问题高谈阔论、发表意见。我在所居住的小区散步的时候经常听到身边的大爷谈论国际局势、经济周期和油价,他们谈论得是那样言之凿凿,仿佛他们具有相当丰富和完整的专业知识,并且掌握着全球发展的信息,甚至他们就是世界格局、世界经济发展周期和国际油价的掌控者。②生活中,这样的人比比皆是,他们并不

---

① 有些知识可能在当时是"正确的",但随着科技的进步可能又会被后来的"客观真实"所改写。比如地心论曾经被认为是正确的,但是后来被证明是错误的,被日心论取代。人们之前认为天鹅只有白色的,后来发现天鹅还有黑色的,所以推翻了之前的结论。人类的认识是在不断发生变化的,现有的知识也可能被新知识取代。

② 谈论这些事件需要具备两方面的客观真实,其一是专业知识,其二是相关信息。如果说专业知识是小区里的大爷们不具备的;相反信息则是更难获取的。因为有些信息层面太高、涉密,根本不会传递到普通老百姓的日常生活中,即便传递到了,多半也是鱼龙混杂、真假难辨。也许会有人觉得笔者举这个例子让人感觉到冒犯,或者很不舒服,认为是精英主义在作祟。但是我们从另外一个例子来看一下,你就能明白本书说的是事实。小区里的大爷们从来不讨论高等数学,因为数学不会就是不会。很多人却误以为自己对社会科学中的某些话题是会的,但其实跟数学一样,也是不会的。举这个例子是为了提高读者的辨别能力和强调专业知识在解决问题过程中的重要地位,不是炫耀知识精英主义,还请读者们理性理解。

具备相应的知识和信息，却迷之自信地认为自己有谈论某些事件、发表某些观点的"权威"。苏格拉底曾经说过一句话——我知我不知。而这个世界上有很多人都不知道其实自己是不知道的。

我们对于知识，尤其是在课堂上、书本上学习的知识要有清醒的认知，一方面要知道这些知识是做出正确判断的依据；另一方面要时刻提示自己，不具有相关知识的时候，自己是没有能力正确地做出判断和发表意见的。我们应该避免让自己陷入盲目、自大和夸夸其谈的境地，要有自知之明，做一个理性、客观的和对自己有正确认知的人。

上文介绍的是知识和批判性思维中的客观真实的联系，也说明了知识的重要性——能帮助我们做出正确的判断，对问题得出正确的结论。接下来我们需要指出的是知识本身的广博性和细分化使得生活在现代社会的每一个人都很难像古代人一样同时拥有天文、地理、人文、社会等方方面面的知识。我们可能需要立足于一个领域，尽量扩展自己的知识边界，构建自己的知识体系。说到每个人自己的知识体系[①]，我们通常认为它是一个金字塔的形状（因此也被称为知识金字塔），底层是通识方面的知识，越往上的知识就越专业。或者我们认为金字塔的底层是我们在接受通识教育时积累的知识，如历史、地理、绘画、文学、音乐、逻辑、数学……在这个底座基础上每个人都有自己的"专攻术业"，它构成了金字塔的塔尖，比如我的专攻术业是法学和批判性思维，我先生的专攻术业是医学。细心的读者已经发现了，我们在上大学之前接受的教育都是通识的，它基本上构成了我们知识金字塔的底座；我们在上大学之后学习到的知识其实是金字塔的塔尖。"知识金字塔"底座越厚实，塔尖向上延伸

---

① 此处的知识体系与上文提及的知识体系和知识图谱中的知识体系是不同的，注意区分。

得也就越高，这就是为什么我们强调任何一个专业走到最后比拼的都是基础（金字塔的底座）的厚实度。缺乏一个厚实宽广的底座，塔尖也不会延伸得太高。在日常的学习中，每个人不是仅关注专业知识学习就可以了，还要时刻审视自己的知识金字塔是否已经构建起来。如果有这个金字塔的话，这个金字塔的形状是什么样的？是又细又长、底座不牢靠的，还是底座宽厚、能够支撑向上不断生长的？这个金字塔是不是有缺失？缺什么就赶紧补上什么。但这并不是说，我们要对知识"来者不拒"，如上文所说，现代社会的知识太丰富了，我们不仅要占有和获取它们，更要筛选和识别它们。

2）显性知识和隐性知识

"客观真实"包括很多种，包括书本上的知识和工作、社会与生活中的知识，前者被称为显性知识，后者被称为隐性知识。本书在上文所提及的知识主要是指书本上的知识，即显性知识。但批判性思维所指的客观真实不仅包含书本上的显性知识，还大量地存在于隐性知识中。隐性知识包含隐藏在实践中的专业知识，这部分与书本上的知识共同构成了专业的部分，也经常有人将这部分实践中的隐性专业知识称为经验。隐性知识还包含生活和社会中的与人文相关的隐性知识。如表 5-20 所示，客观真实其实包含四种：①书本上的专业知识。②实践中的专业知识。③生活中的知识（个人）。④社会中的知识（群体）。而只有书本上的专业知识是显性知识，其余都是隐性知识，在课堂上不教，只能在生活和社会中学习，而且这部分的习得程度主要取决于每个人独特的个人经历。

我们先举一个专业方面的例子来说明隐性专业知识的存在和重要性，这也说明了为什么我们大学的每个专业都安排了实习，所谓的实习就是让学生到实际的工作岗位上学习一些在书本上学习不到的知识，这部分知识是实践中的专业知识，是隐性的，也被称为职业经验。

表 5-20　显性知识和隐性知识

客观真实			
显性知识	隐性知识		
书本上的知识	实践中的专业知识	生活中的知识（个人）	社会中的知识（群体）
专业方面	生活经历方面		

　　我和一位做律师的朋友居住在同一个小区，我们时不时会一同下楼在小区内遛弯。有一天晚上，这个律师朋友指着我们小区的一栋楼的一个单元说："这一侧没有一家是亮灯的。"她朋友第一次说的时候，我也没当回事。第二天、第三天，我们依旧在晚上的时候遛弯，每次路过这栋楼，都发现这一个单元没有一户是亮灯的。我的这位律师朋友告诉我，这一个单元应该是抵账房，目前没有人入住。表 5-21 揭示了我的这位朋友得出结论的过程。

表 5-21　分析论证以及其中的隐性知识

问题	结论	前提	未表达前提
小区里的一栋楼一个单元没有一户亮灯，是什么情况？	抵账房	①这个小区已经快建成 10 年了 ②正常买卖的情况下，很少出现一个单元每套房都卖不出去的情况 ③持续观察几天，都没有一户亮灯	开发商经常欠钱，以房抵债，甚至用一整个单元的房来抵债

　　从个人角度，我认为这个论证是成立的，但是我也是凭直觉，因为我没有充分的证据，也不了解行业内部的操作规律。我虽然是法律专业出身，但是一直从事法学理论的研究，并不涉足实务，尤其是房地产实务。我的朋友也是法律专业出身，在实务界摸爬滚打多年，有很多经验。在关键的时刻，经验会帮助她下判断。只要未表达前提是成立的，这个论证就是成立的，它的推理是个闭环。要想验证这个论证是否成立，就要去调查两件事情：其一，开发商是

否经常这样操作；其二，这栋楼的开发商是否也这样操作。后来，我遇到了一个物业的管理人员，和他聊起了这栋楼的情况，证实了这栋楼该单元确实会是抵账房。这个过程也印证了胡适先生所说的"大胆假设，小心求证"。有些事情你不知道原因，或者别人也只是推测，你可以先假设着，然后找机会验证。

同为法律专业出身的我和我的朋友，一个从事理论工作，一个从事实务工作，我们对一件事情的敏感度和判断都是不一样的。这个案例说明，很多知识是在书本之外的，是以隐性知识（经验）的形式存在的。我们仅依靠在书本上学习到的东西恐怕是不够的，这就是为什么要了解书本上的知识在实践中是怎样应用的。但是，经验和经验之间也存在很大不同。稳定的、经过大规模测试的经验和不稳定的、仅经过小规模测试的经验是不同的。在上文中提及的开发商以房抵债的情况几乎是行业的常态，因此是一条相对稳定的经验。但是有些经验是个别的、小众的，不具有普遍性。用经验下判断的时候，我们一定要谨记，经验有可能不是"客观真实"，经验不稳定，经验很有可能随着时代和大环境的改变而改变。所以，要清楚地知道自己作出判断的依据是经验，它不一定为真。但是，不可否认的是，经验很重要，有时候又很宝贵。那些对某一事物较为本质的经验，经过无数次的检验，其实就变成了知识。

我们再用一个福尔摩斯探案的故事来说明"世事洞明皆学问"。福尔摩斯第一次见到华生后就知道他是从阿富汗来的。为什么？（以下摘自原文。）

福尔摩斯："……咱们初次会面时，我就对你说过，你是从阿富汗来的，你当时好像还很惊讶哩。"

华生："一定有人告诉过你。"

福尔摩斯："没有那回事。我当时一看就知道你是从阿富汗来的。

由于长久以来的习惯,一系列的思索飞也似地掠过我的脑际,因此在我得出结论时,竟未觉察得出结论所经的步骤。但是,这中间是有着一定的步骤的。在你这件事上,我的推理过程是这样的——这一位先生,具有医务工作者的风度,却是一副军人气概。那么,显见他是个军医。他是刚从热带回来,因为他脸色黝黑,但是从他手腕上黑白分明的皮肤看来,这并不是他原来的肤色。他面容憔悴,这就清楚地说明他是久病初愈而又历尽了艰苦。他左臂受过伤,现在动作还有些僵硬不便。试问,一个英国的军医在热带地方历尽艰苦,并且臂部负过伤,这能在什么地方呢?自然只有在阿富汗了。这一连串的思想,历时不到一秒钟,因此我便脱口说出你是从阿富汗来的……"①

福尔摩斯之所以在第一次见面时就能准确判断华生的过往经历,是因为他有丰富的侦探经验。

如果我们要打听什么事,也都是找到这个行业里最有经验的人去咨询。因为我在高校工作,经常会接到家长关于高考、报志愿、专业对比、大学教育、考研、职业规划等方面的一些咨询;而我的先生在医院工作,找他咨询的问题一般都涉及疾病、治疗、用药、医生选择、医院选择等。这就说明,每个行业都有一些隐性知识,没办法都写在书本上。一位老师最成熟的阶段就是在 40 岁之后,不但在专业上成熟,而且跟学生的互动经验也很多,能很好地指导学生。一位外科医生最成熟的阶段也是在 40 岁之后,因为积累了大量的临床经验,做起手术来掌控力要比刚入行时好很多。但是 60 岁之后,年纪大了,虽然经验丰富,但是身体跟不上了(如手抖),也就会逐渐退出手术台。作为一个生活在现代社会的人,不仅要对书本

---

① 柯南·道尔. 神探福尔摩斯[M]. 第 1 卷. 岳文楚,周可,等,译. 北京:中国文联出版公司,1995:17.

上的知识有所掌握，还要对这些隐性知识有所了解，否则也很难生活得顺利，事业也会受到局限。

社会中的隐性知识就更多了：国际油价一上涨，我们紧接着也能判断出国内油价的变化趋势；银行一加息。你就知道这一阶段的财政政策是收紧的；美联储一旦开始印美元，你就知道它又开始推行量化宽松的政策；美国高官一访华，中美的关系就要相对缓和一下；中美高层一互动，全世界的股市都会跟着变化……

一到假期你就会发现上班的路上非常通顺，因为学生不上学，也就没有那么多家长开车接送；而一旦假期结束，常规的拥挤状态就又会出现。美国人一到假期是不会接收邮件、不会谈工作的，中国人过年就会张灯结彩、说一些吉利话……这些都是社会上相应的一些规则（隐性知识），也跟每个国家的文化有关系。当然社会上的规则特别复杂，人们常说社会是一门大学问。

介绍了这么多关于显性知识和隐性知识的内容，其实就是想说批判性思维强调的"客观真实"（也即此处强调的前提）其实不局限于"书本上的显性知识"，生活和社会中还存在着大量的其他知识。如果你不关注你所在专业领域在实践中的隐性知识，你可能就是一个书呆子；如果你不关注生活和社会中的一些其他知识。你可能就是人们口中经常说的有知识没文化的那种人。千万不要把自己局限在大学期间学习到的或者书本上的那些有限的显性知识上，要积极融入专业实践、生活和社会中去磨炼自己，掌握大量的隐性知识，这也是我们未来能更好地运用批判性思维解决问题的基础。

在这里还要纠正一个错误的观念，很多同学在小的时候会听过父母的一句话："你就管好学习就行，其余都不用管。"在我们区分显性知识和隐性知识之后，你就能很明显地看出这句话的局限了——光学习好也就是只有显性知识是不够的，我们还需要大量的隐性知识，它们以经验、潜规则①、行业规范、规矩等各种形式广泛存在于社会、生活和工作的各个角落。

3）知识、信息与数据

上文介绍的是客观真实与知识的关系，知识包括狭义的书本上的知识，也即显性知识；广义的存在于专业实践、社会和生活中的知识，它的表现形式主要是潜规则、经验、规范等，即隐性知识。但是，客观真实并不总是以知识（显性或隐性）的形式出现，还有其他的形式——信息，为了了解这部分内容，我们首先要了解知识、信息与数据之间的关系。

数据是对客观事物的符号表现，单纯的数据没有意义，经过解释之后，数据才变得有意义。数据的表现形式可以是文字、图形、图像、音频和视频等。比如给你一个数字"24"，这就是数据，这个数据没有任何意义，但是如果你说我的学号是 24 号，我今年 24 岁，那么经过解释，这个"24"就有了意义。值得注意的是，文字、图形、图像、音频和视频本身不是数据，它们只是数据的载体。

信息是指将数据放在某个语境中，或者在某个真实场景中使用，数据就有了意义，数据在这个时候就变成了信息。比如"24"是数据，我今年 24 岁就变成了信息。信息是数据经过存储、分析及解释后所产生的意义。信息可以被共享，也可以被加工处理，因此信息具有真伪之分，需要鉴别。

知识是人类在社会实践中获得的认识和经验的总和，也是人类在实践中认识客观世界（包括人类自身）的成果，它包括对事实、信息的描述，即在教育和实践中获得的技能。知识是可以积累与传承的。比如，"0 ℃"是数据，"今天气温是 0 ℃"是信息，"0 ℃的

---

① 这里的潜规则不包含贬义，而是指没有被明确写出来的规则，得在工作和生活中自己参透的规则。

时候水会结冰"是知识。

而批判性思维是什么？当你拥有了知识——"0 ℃的时候水会结冰"，也掌握了具体的信息和数据的时候，你可以在知识的基础上作出判断。比如在水里添加西瓜汁、苹果汁、橘子汁等，放在低于0 ℃的环境里（进行冷冻），就能获得冰棍，然后卖给有需要的人，就可以获得收益，这就是利用知识解决问题，这就是批判性思维。因此，拥有批判性思维的人也被称为智慧的人。你可以结合图5-5来理解数据、信息、知识和批判性思维代表的智慧之间的关系。

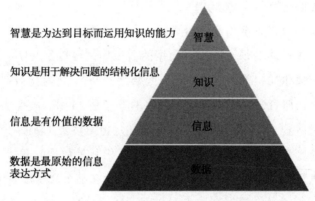

图5-5　数据、信息、知识和智慧

综上，我们能够看出，数据是最底层的，把数据放在特定的场景中经过解释分析就变成了信息，有了各式各样的信息，知识就会慢慢累积下来，运用各种知识解决问题就产生了智慧，即批判性思维。

到此，我们已经将客观真实的基本形式介绍完毕，批判性思维必须依据客观真实，客观真实是批判性思维的重要组成部分。对于个体而言，我们总是强调一个人的知识面要宽，不能局限于书本或者专业上的那些知识，这个观点也能从本部分内容的叙述中得到印证。因为批判性思维赖以存在的客观真实是一个很宽广的存在，它既包括显性知识，也包括隐性知识；既包括书本上的知识，也包括实践中的知识；既包括生活中的知识，又包括社会中的知识；既包括专业知识，也包括其他的人文、自然等知识。一个人占有的"客观真实"越广泛，看问题也就越接近本质。所谓夏虫不可语冰、井底之蛙就是描述那些占有的客观真实比较狭窄的人，其中夏虫只见过夏天，所以不能理解冬天有冰；井底之蛙只能见到井口那么大的天空，对井口之外的世界不能理解，这样的人是没有办法对事物有全面的认识，也不可能对事物做出正确的判断（得出正确的结论）的。平时要多读书，读万卷书以增长显性知识；同时也要多走出去见识世界，行万里路以增长隐性知识。

3. 客观真实（前提）的获取

通过上文的叙述，我们基本可以做出如下判断：客观真实（前提）除了表现为知识（显性和隐性）之外，还可以表现为信息，而信息有真伪之分，所以需要对其进行筛选和判断。若想掌握批判性思维这项技能，必须保证前提为真，即依据客观真实得出结论。客观真实中的知识是比较稳定的，它是经过人们验证的，所以知识这部分客观真实你通过学习就可以获得，甚至可以直接使用（前提是你正确理解了知识）。但是信息则不然，信息是有真伪的，那我们怎么来筛选信息呢？甚至，我们可以将这个问题放在更广阔的背景下思考。现在是一个信息社会，人们每天面临的不是信息匮乏而是信息爆炸，我们怎样才能不被大量的信息淹没并且筛选出正确而有效的信息来进行判断呢？这就涉及如何将信息变成客观真实并应用到批判性思考中。

本部分介绍一个美国图书馆的批判性辨别信息的方法——CRAAP。无论是期刊文章、网站、书籍还是博客，都可以通过 CRAAP 测试来确定信息来源的及时性、相关性、权威性、准确性和目的性。

经过CRAAP方式"提纯"的信息基本上就能保证其"客观真实性"，也就能被我们运用到批判性思维中充当"前提"。

（1）及时性（currency）：信息的及时性。这条标准主要提示我们关注信息的一些状态：这些信息是什么时候发布的？信息是否已经修订或更新？对于这项研究来说，该信息是否过时或太旧了？这个链接是有效的吗？

（2）相关性（relevance）：信息对你的研究是否重要。这条标准提示我们关注如下问题：这些信息是否与你的研究课题有关？它是个深入的调查还是个简短的总结？这些信息的目标受众是谁？是普通大众、学生、研究人员还是企业？这些信息是否达到了适当的水平（即对你的需求来说是不是太初级或高级）？在决定使用某种方法之前，你有没有看过各种来源的资料？你愿意在研究论文中使用这些资料吗？

（3）权威性（authority）：信息的来源。这条标准提示我们关注如下问题：是谁编写或发布了这些信息？你能识别出作者吗？他们是该领域的专家吗？关于这个主题他们还写了什么？你能核实作者的资历或他们所代表的组织机构吗？他们受到了资助吗？他们具有谈论这个主题的资格吗？

（4）准确性（accuracy）：内容的可靠性、真实性和正确性。这条标准提示我们关注如下问题：这些信息从何而来？这些信息有证据支持吗？资料是否已被审阅或参考？你能从其他来源或个人知识中验证这些信息吗？有没有一份引用的参考文献清单？这些文献是否概述了分析中使用的方法和数据？语言或语气是否带有偏见或不带情感？是否有拼写、语法或其他印刷错误？

（5）目的性（purpose）：信息存在的原因。这条标准提示我们要关注信息存在的原因，我们可以通过以下几个问题考察一下：这些信息的目的是什么？通知吗？想教授什么吗？想出售什么吗？以娱乐为目的吗？想说服什么人吗？作者或赞助者是否明确了他们的意图或目的？信息是事实吗？还是个人意见或者是宣传？这个观点是否客观公正？是否存在政治、意识形态、文化、宗教、机构或个人偏见？

通过对每个类别从 1 到 10 进行评分（1 = 最差，10 = 最好的可能），你可以给每条信息的质量在 50 分的范围内打分：45～50 为优秀，40～44 为好，35～39 为平均，30～34 为可接受，低于 30 为不可接受。尝试用下面的表 5-22 测试一下吧！

表 5-22　CRAAP 批判性辨别信息表

序号	名称	内容	评分标准	评分结果
1	及时性（currency）：是指信息的及时性	这些信息是什么时候发布的？信息是否已修订或更新？ 对于这项研究来说，该信息是否过时或太旧了？ 这个链接是有效的吗？	从 1 到 10 的评分（1 = 最差，10 = 最好的可能）	
2	相关性（relevance）：指信息对称的研究是否重要	这些信息是否与你的研究课题有关？ 它是深入的调查还是简短的总结？ 这些信息的目标受众是谁？是普通大众、学生、研究人员，还是企业？	从 1 到 10 的评分（1 = 最差，10 = 最好的可能）	
2	相关性（relevance）：指信息对称的研究是否重要	这些信息是否达到了适当的水平（即对你的需要来说是不是太初级或高级）？ 在决定使用某种方法之前，你有没有看过各种来源的材料？ 你愿意在研究论文中使用这些资料吗？	从 1 到 10 的评分（1 = 最差，10 = 最好的可能）	
3	权威性（authority）：信息的来源	是谁编导或发布了信息？ 你能识别出作者吗？ 他们是其领域的专家吗？ 关于这个话题他们还写了什么？ 你能核实作者的资历或他们所代表的组织结构吗？ 他们受到了资助吗？ 他们具有谈论这个主题的资格吗？	从 1 到 10 的评分（1 = 最差，10 = 最好的可能）	

续表

序号	名称	内容	评分标准	评分结果
4	准确性（accuracy）：内容的可靠性、真实性和正确性	这些信息从何而来？ 这些信息有证据支持吗？ 资料是否已被审阅或参考？ 你能从其他来源或个人知识中验证这些信息吗？ 有没有一份引用的参考文献清单？ 他们是否概述了分析中使用的方法和数据？ 语言或语气是否带有偏见或不带感情？ 是否有拼写、语法或其他印刷错误？	从1到10的评分（1 = 最差，10 = 最好的可能）	
5	目的性（purpose）：信息存在的原因	这些信息的目的是什么？ 通知吗？ 想教授什么吗？ 想出售什么吗？ 以娱乐为目的吗？ 想说服什么人吗？ 作者或赞助者是否明确了他们的意图或目的？ 信息是事实吗？ 还是个人意见或者是宣传？ 这个观点是否客观公正？ 是否存在政治、意识形态、文化、宗教、机构或个人偏见？	从1到10的评分（1 = 最差，10 = 最好的可能）	
6	合计	—		—

注：最终评价标准：优秀：45~50分；好：40~44分；平均：35~39分；边界可接受：30~34分；不可接受：低于30分。

（二）前提的凝练与表达

1. 前提是断言

前提[①]是由一个句子构成的，但不是所有的句子都能成为前提。前提是由断言构成的，事实上结论也是断言。断言是论证的基本单

---

① 此处的前提是一个统称，既包括前提，也包括未表达前提。

位。论证也被称为通过证明一个或多个断言（前提）为真，经过推理证明另一个断言（结论）为真的过程。论证及构成论证的前提和结论不是随便的一个句子，如表 5-23 所示，它有着特殊的要求，必须是断言这种句子形态，要想了解前提线索，就必须深入了解什么是断言。

表 5-23　断言构成的前提、结论、论证

问题	结论	前提
张三是否构成故意杀人罪	张三构成故意杀人罪（断言）	1. 张三符合故意杀人罪主体要件（断言） 2. 张三主观上具有直接故意（断言） 3. 张三实施了杀害李四的行为（断言） 4. 李四的生命权被侵害（断言）

在具体介绍断言之前，我们还需要指出断言跟上文提及的论证中的术语一样，也存在不同的称呼和表达，中文英文都是如此。通常，中文的著作将"断言"称为陈述、主张等，英文的表达通常是 assertion、claim、statement 等。本书统一称为"断言"，它主要是指在口头或书面交流中，表明自己观点的、有真假之分的论断（判断）。请读者结合表 5-23 细细品味，其中的每一个前提都是一个判断，即本书所称的"断言"。要想做出一个成功的论证，或者要想保证"前提"为真，断言至关重要，因此，本书先要向读者介绍断言，帮助大家理解断言和其他表达之间的关系。

2. 正确理解构成"前提"的断言

很多时候，由于对断言理解错误，我们不能正确把握前提，进而不能保证前提为真。前提不为真，前提就推不出结论，进而论证也就不成立。论证不成立，整个解决问题的过程就崩塌了。因此，正确运用批判性思维的前提之一——保证前提为真（依据客观真实）

的前提是了解断言是什么。

1）如何区分"断言"与"非断言"

（1）断言体现作者对事物进行判断的意图。不是所有的陈述句都是断言，断言必须包含对事物的判断，同时在判断的过程中传递观点，只有满足这些要求的陈述句子才是断言。断言最常见的表述形式是：X 是 Y、X 不是 Y、X 比 Y 好……包含判断。我们可以通过一句话是否体现了说话者的意图——给事物下判断——来判断其是不是一句断言，如果说话者并不想给事物下判断，而是想要体现其他的意图，则不是断言。

第一，命令不是断言。比如父母经常对孩子说：完成作业！这样的表达虽然传递了信息，表达了观点，但从单纯的表达来看，说话人的目的并不在于对事物进行判断，而是让对方执行，让对方做某事。或者这样说，在下命令之前父母已经做完判断了，父母内心的判断是：孩子的主业就是学习！在这个断言的基础上，直接下命令。因此，祈使句一般不被认为是断言，因为其本身不是判断。

第二，建议不是断言。比如你的朋友跟你说，我们中午吃火锅好吗？这句话也传递了信息，但不是判断，说话的人在提供建议的时候只是提供一个选项，至于这个观点是否正确，会不会被对方接受和认同，说话的人并不在意。当我们提供建议的时候，这个建议有可能是深思熟虑的结果，但也有可能就是一种直观的感受或者头脑中一瞬间的想法，根本不包含判断。即便是深思熟虑的结果，单纯以建议形式表达出来也不是断言。

第三，请求不是断言。比如每年期末考试的时候，我都会收到几封邮件，有几个学生说自己考得不好，希望老师能高抬贵手，这就是请求。请求虽然也传递信息，但不是判断，只是表达希望，因为这个问题不是学生能决定的，学生自己做不了判断，学生不是做出判断的主体。

第四，说明不是断言。比如，苹果是一种大家都熟悉的水果，它胖乎乎的，全身呈一种喜庆的红色。这是一段说明性和描述性的文字，它不是在下判断，作者只是描绘了苹果这个东西的形状，并采用了一些修辞手法，比如拟人和比喻。很多同学在写文章的时候经常用一些说明性的文字，但是这种说明性的文字一般出现在说明文或教科书中，而议论文在表达观点和论证的过程中要使用断言这种表达。

第五，疑问不是断言。还有一种句子是表达自己的疑惑，比方说：你最近身体不好吗？现在几点了？作者并不是要下判断，只是希望从对方那里获得具体的信息来解答自己的疑惑，因此这样的文字也不是断言。

（2）断言是有真假之分的。断言是说话者对事物的判断，既然是判断就会有判断正确的时候，也会有判断错误的时候，因此断言是有真假之分的。在这里强调两点：其一，论证（或者前提）是建构在断言基础上的，只有断言为真，才满足批判性思维的其中一个要求——依据客观真实，也才能保证结论是正确的，所以我们对断言进行识别的目的是希望寻找到真的断言。其二，断言有真假之分。说话者在做出一个断言即判断的时候，也许这个断言从客观视角判断不是真的，但是说话者追求该断言是真的，或者说话者认为这个断言是真的，他才说出来（当然，某些利用逻辑谬误进行诡辩的人可能也会故意说一些假断言来混淆视听）。从这个角度仍然可以帮助我们判断一些表达是不是断言，比如单纯的问候："你今天怎么样？"单纯的命令："完成这个工作！"这些也都不是断言，因为无所谓真假，不涉及判断。对物理现象的描述、对产品的说明，都是说明性文字，也没有真假之分。

（3）做出断言的目的是交流观点并希望获得认同。我们说话是为了交流，有的时候交流的是经验，有的时候交流的是情感，而我们使用断言的时候交流的是观点，是思想和思维方式。所以从做出断言的目的是交流，内容是思想和观点的角度也能将断言和普通的表达区别开来。比如单纯的问候——你身体如何？吃饭了吗？今天天气挺好啊？最近怎么样啊？这些是交流，但是交流的都是情感，不是思想和观点。描述性的文字没有观点，只是告诉你信息，甚至不是交流。命令也是如此，没有交流的空间，命令的受众可能只能选择配合或者不配合。请求和建议也是如此，能否获得认同暂且不说，它们算不算一种正式的、公平的观点交流都是值得商榷的。

2）理解断言要区分观点和事实

断言有很多种分类，比如主观断言和客观断言。主观断言是用来表达个人的观点和信念的，它的内容依赖于人的认知和理解。客观断言的内容涉及的是事实，不依赖人们对它是真是假的主观判断。也就是说，我们可以笼统地说主观断言主要是主观的观点，客观的断言涉及的是客观真实。之所以要区分主观断言和客观断言，是因为我们需要在交流中判断断言的真伪，别忘了做出断言的目的是交流，如果对方提出的是主观断言，这涉及对对方的思想、认知和专业判断的考察，这部分是可以争论的。但是如果对方提出的是客观的断言，而且这个客观的断言是错误的，这个时候请你果断地停止跟对方争论，因为我们一般不在客观真实的争论上浪费时间。比如，张三买了一辆红色的车，李四却跟你抬杠说张三买的是一辆蓝色的车，这时候不要争论了。因为基本事实都搞错了，再争论下去就是浪费时间！所以，客观真实（客观断言）是有唯一正确的答案的。如果一个人把基本事实都搞错了，不是认知低就是故意抬杠，最好的策略是不理他。但是主观断言就要谨慎，说出这个观点的人到底有没有提出这个观点的能力，这是我们需要考察的。电视上经常有所谓的专家谈论经济问题，但如果你深入了解，会发现这些专家都没有受过系统的经济学训练，他们的观点（主观断言）基本上就是不可信的。

即便是主观断言也分不同的类别，有些主观断言涉及个人的价值判断、个人的感受。比如说，这道菜太咸了，苹果是一种很好吃的水果，女孩应该在30岁前结婚等，这些可以争论，但是争论的结果不容易达成一致，因为没有一个共同的标准。我们要围绕那些能够越辩越明、能够澄清认识的判断进行交流和争论，不要围绕没有结果的争论浪费时间。因此，当有人指鹿为马的时候，你要清晰地察觉这是一个关于事实的判断问题，然后决定采取什么样的策略对待这个跟你争论事实的人。同样，当有人试图说服你蓝色是最漂亮的颜色时，批判性思维要求我们明确这种断言是关乎个人的感受且没有统一标准的，所以你需要考虑的是"要不要与思维不在一个层面上的人争论"。有一句话叫作"不与傻瓜论长短，常与同好争高下"，仔细辨别不同层面上的断言，体会说话人的思维水平，也有助于自己辨别能力的提高。

还有另外一个问题——观点和事实有时候会相互转化。所谓的事实在最开始没有被大家接受和没有被反复证明成为一个被接受的事实之前，通常只是一个观点。比如最开始的"地心说"，那时候是一个"事实"，而"日心说"只是一个"观点"，围绕这个观点产生了很多争论并且不能被大多数人接受，后来日心说得到证实，也逐渐被接受，现在提起太阳是太阳系的中心这个问题，没有人会认为这不是一个事实。因此，围绕这个问题也就不会再产生争论。再比如进化论，最开始的时候是一个观点，现在基本上也被人们当作一个已接受的事实。很多情况下，我们会发现事实是由观点进化而来的。这与你所处的时代、人们当时的认识有关系。比如人们在一开始一直认为天鹅只有白色的，但是后来在澳大利亚又看到了黑天鹅，所以这个事实又被改写。随着人类认识的加深，事实和观点总是在相互转化。

我们用一个实际案例来说明事实和观点之间的关联，有时候表达者也并不能区分自己所说的是事实还是观点，造成了自己判断的失误。我上课的时候经常给学生播放《秋菊打官司》这部电影的简短解说版，这部电影描述的是巩俐扮演的秋菊因为自己的丈夫被村长踢了几脚，伤到了下身而不停地告状，希望村长能给他们道歉。但是村长认为自己是村长，面子很重要，不能道歉。就这样秋菊为了得到村长的道歉一路从村里告到了市里，在村里、乡里和县里都没有获得满意的结果，直到最后，市检察院认定秋菊的丈夫被村长踢成肋骨骨折，属于轻伤害，结果村长被警车拉走了。撇开故事的其他情节和想要引发的思考，我在课堂上问学生，本案的案件事实是什么？学生的回答五花八门：有同学说村长踢伤了秋菊的丈夫；有的同学说秋菊的丈夫被村长踢成了轻伤害；还有的同学说秋菊的丈夫被踢伤了下身，不能生育了……经过上文对事实和观点的区分，我们就能清楚地识别出来，这些同学说的都是观点，不是事实。真正的案件事实是——村长踢了秋菊丈夫几脚。至于踢伤了、伤到了下身、能不能生育这些都是秋菊的观点；踢成了轻伤害是检察院作出的结论。本案的案件事实就是村长踢了秋菊丈夫几脚，这是纯粹的事实，没有经过任何"人脑"的加工。但是，很遗憾，我们的同学其实不能准确区分自己说的到底是事实还是观点。在实际生活中也是这样的，人们经常把自己"加工过"的观点当成事实说了出来，其实这就是一种"添油加醋"，只不过人们并不知道他们不客观，还以为自己说的是事实。比如，我有一个朋友的孩子在学校被其他孩子给打了，我这个朋友的孩子还手了，在学校通过查看监控也能证实这个过程。于是老师就跟我的这个朋友说，这属于互殴，双方都动手了,也就扯平了。我说这不对,这不是互殴,这是防卫,而且没有超过必要限度。因此,观点有时候不正确,有时候也不是事实,请读者朋友们在实际生活中慢慢体会,日常生活中的事实和观点之争是非常复杂和烧脑的,但是也非常锻炼人的思维能力。

3)理解断言要区分事实和虚构

断言的内容除了可以围绕观点和事实展开之外,还有一些断言的内容是虚构的,批判性思维要求我们识别出这些虚构的"断言",从而更好地进行论证。人的大脑很复杂,人的心理也很复杂,有的时候出于自我保护,人们会不由自主地说一些让自己很舒服的话,然而这些话很多都是虚构的,我们需要识别出这些虚构的内容。比如,我曾经做过律师,有一类案件特别有意思——离婚案件。其实离婚案件在"事"的层面处理起来并不复杂,就几个核心的事:离还是不离,分清婚前还是婚后财产,是否争取孩子的抚养权等。但是在"情"这个层面上处理起来就非常复杂。很多时候,一个半小时就能把基本事实调查清楚的离婚案件,由于当事人深陷情绪和情感之中,拖拖拉拉好几天也问不出相关的信息。而且有一个特别有意思的现象,通常第一次会见的时候,当事人陈述的内容有80%都是靠不住的,她会向你数落对方的不是,哭诉自己跟配偶同甘共苦、一路辛苦打拼,强调自己的不容易……但是随着会见次数的增多,你会发现第二次见面就会修正很多第一次见面时说的内容,直到最后,我们能够利用证据来证实当事人说的绝大部分内容都是不真实的,是自己头脑中想象出来的、有利于自己的"虚构"。每次处理离婚案件都是一样的,相较于我们最后能够核实的信息,当事人最开始陈述的信息有时候能含有80%的水分。为什么会这样?是因为人有自我保护机制,他会用虚构来给自己心理暗示,对自己进行保护,烘托自己的形象,达到自己的目的。所以老话讲"耳听为虚,眼见为实"。有经验的律师通常对当事人的陈述都不太往心里去,因为水分太多,虚构的成分太多,他们只相信有证据能够证实的那部分当事人陈述。但是令人感到惊奇的就是,虚构的成分每次都远远超过那部分能够被证据证实的陈述。

类似的事情还发生在我的生活中,我家的两个孩子打架,每个人单独陈述的时候都指出了对方的错误,夸大了对方的过错并且突出了自己的委屈。但是当你深入了解他们为什么打架的时候,你会发现两个人都有过错,但是都把过错推给了对方,并且强调了自己的委屈。这就是人类大脑的自我保护机制,它有时会让你编造谎言来"保护"自己。我们不试图分析人的心理和大脑的这层自我保护机制,但是批判性思维要求我们用证据说话,兼听则明。识别出断言是事实还是虚构也是构建论证的前提。

3. 准确前提的形成

截至现在,我们已经将前提的基本知识解释清楚了,包括前提与客观真实的关系、前提的表现形式、前提与断言的关系和断言的基本知识。实践中,前提不是现成的、可以直接拿来就用的东西,多数情况下,前提是需要我们自己提炼和总结出来的,这一步至关重要,因为前提是否为真直接决定了结论是否正确。接下来我们用一个实际的例子来说明一个准确的前提是怎样一步一步被我们提炼和表达出来的。我们使用的还是上文陈有西回答记者提问引发争议的例子,先来回顾一下案情。

实例:

王振华一案曾经在网络上炒得沸沸扬扬,一名记者采访王振华的代理律师陈有西时问道:"王振华人品那么差,你为什么还替他辩护?"陈有西回答道:"王振华当然有错,他嫖娼的'主观故意性'是有的,但他 16 周岁以下的少女绝对不碰,这是他的底线。"陈有西的言论引发了非常大的争议。现在你能说说为什么陈有西的言论引发了这么大的争议吗?

这是我们在解构论证和建构论证的部分引用的一个例子,在解构论证中,我们首先对陈有西的观点进行了分析论证,如表 5-24 所示。这个步骤被很详细地记录在上文,如果有对这部分不太清楚的读者,可以往回翻看一下。

表 5-24 对陈有西观点的分析论证

问题	结论	前提(小前提)	未表达前提(大前提)
王振华有无底线?	王振华是有底线的	16 周岁以下的少女是不碰的	16 周岁就是嫖娼的底线

为了能够对陈有西的观点进行评价,也即评论论证,我们就必须从前提是否为真、前提能否推出结论(未表达前提是否为真①)两条路径入手。首先,我们必须验证嫖娼的底线是什么?是不是陈有西所说的 16 周岁?这是决定我们能不能识别陈有西表达中存在的问题的关键。也即如表 5-25 所示,我们需要提炼出评论论证中的前提,只有提炼出这个前提,才能在后续回答陈有西的观点为什么引发争议这个问题(表 5-26)。因此,我们的任务是判断陈有西的未表达前提——16 周岁是嫖娼的底线是否正确,然后凝练出新的断言放在表 5-25 的评论论证和表 5-26 的建构论证的前提那一栏中。

表 5-25 对陈有西观点的评论论证

分析论证				评论论证
问题	结论	前提	未表达前提	①前提是否为真; ②前提能否推出结论
王振华有无底线?	王振华是有底线的	16 周岁以下的少女是不碰的	16 周岁就是嫖娼的底线	?(断言)

---

① 还记得未表达前提是前提能推出结论的保证吗?

表 5-26　建构论证中的前提

问题	结论	前提
陈有西的言论为什么引发了这么大的争议？	陈有西对嫖娼底线的理解是有问题的	？（断言）

为了能够在表 5-26 的前提那一栏中放入准确的前提（断言），我们需要经过以下几个步骤：检索客观真实、准确提炼内容、剪裁形成断言，这样才能保证前提为真，也就满足了批判性思维所要求的"依据客观真实"。我们逐一来看一下这三个步骤，需要指出的是这三个步骤在陈有西这个例子中是比较简单的，现实生活中的前提（断言）提炼是非常繁杂且具有挑战性的工作，我们在这里仅用一个简单的例子阐明其背后的一些原理和要求，待读者掌握了这些原理之后，可以在实践中不断磨炼自己的相关能力。

1）检索客观真实

我们上文已经提及了，批判性思维（即要想得出正确的结论）要求前提必须为真，即依据客观真实，那么我们第一步就需要锁定能够形成正确前提的"客观真实"。客观真实的种类很多，包括显性知识、隐性知识、理论、信息等。根据你所处的情况和要处理的问题的不同，需要检索的客观真实的范围可能就不同，而本书援引的陈有西的例子其实很简单，你只需要检索法律条文这一种客观真实就可以了，如果还想让你的结论更可信，你还可以到中国裁判文书网站上去找过往相关和类似的案例来进一步佐证你的观点。

通过检索，我们发现嫖娼是指一种非法的性交易，指两人及两人以上以金钱财物为媒介发生不正当性关系的行为。嫖娼在我国为法律所禁止，属于一种行政违法行为，会受到行政拘留或罚款等处罚，但不会受到刑事处罚。如果嫖娼的对象是幼女，即不满 14 周岁，则会发生根本性变化。我们先把相关法律条文检索出来：

法律规定 1：根据《中华人民共和国治安管理处罚法》第 66 条的规定，卖淫、嫖娼的，处十日以上十五日以下拘留，可以并处五千元以下罚款；情节较轻的，处五日以下拘留或者五百元以下罚款。在公共场所拉客招嫖的，处五日以下拘留或者五百元以下罚款。

法律规定 2：根据《中华人民共和国刑法》第 360 条的规定，犯嫖宿幼女罪的，处五年以上有期徒刑，并处罚金。嫖宿幼女罪，是指嫖宿不满十四周岁的幼女的行为。这是在幼女主动、自愿或者基于某种原因正在从事卖淫活动的情况下，明知卖淫者为幼女而进行嫖宿的行为。但是这条规定后来被修改了，被合并到强奸罪中。

法律规定 3：根据《中华人民共和国刑法》第 236 条的规定，以暴力、胁迫或者其他手段强奸妇女的，处三年以上十年以下有期徒刑。奸淫不满十四周岁的幼女的，以强奸论，从重处罚。强奸妇女、奸淫幼女，有下列情形之一的，处十年以上有期徒刑、无期徒刑或者死刑：（一）强奸妇女、奸淫幼女情节恶劣的；（二）强奸妇女、奸淫幼女多人的；（三）在公共场所当众强奸妇女的；（四）二人以上轮奸的；（五）致使被害人重伤、死亡或者造成其他严重后果的。

然后我们再去中国裁判文书网检索案例，得到了两个相关判决：
案例一：吴××嫖宿幼女案（2015 年之前）
案例二：王××强奸案（幼女）（2015 年之后）

就这样，为了能够对陈有西的言论——王振华是有底线的，因为他不嫖 16 周岁以下的少女的观点进行评论（判断），即为了提炼表 5-25 和表 5-26 中的前提，我们检索了相关的"客观真实"——三条法律规定和两个案例。这样，我们的第一个步骤，检索客观真实也就结束了。值得一提的是，检索客观真实还需要按照我们上文所说的 CRAAP 批判性辨别信息法来操作。比如在及时性方面，我们检索了最新的法律条文，了解到嫖宿幼女罪已经被取消，并入了强奸罪。在相关性方面我们检索了嫖娼和嫖宿幼女罪以及强奸罪的相关法律规定，因为这都跟被嫖对象的年龄有关。同时我们检索了法律规定和相关案件，这些也都跟案件直接相关。在权威性方面，我们检索的网站都是权威网站，比如中国裁判文书网是中国最高人民法院建立的统一裁判文书公开平台，这是最权威的网站。查询法条也不可以道听途说，要去全国人大的网站或者在正规出版社出版的法律图书中检索。实践中，有很多人在网上随意检索，这样得到的信息是不能保证权威性和准确性的。准确性方面，我们将法律规定和案件原封不动地检索出来，并没有做任何破坏和加工，检索的也不是其他人对这些法条和案件的阐释、解析，都是第一手的准确信息。目的性方面，这些信息的存在就是为了供人们检索来判断嫖娼、强奸以及相关年龄信息的，在目的性方面也是符合要求的。

2）准确提炼内容

在将解决陈有西这个问题的客观真实全部检索完毕之后，我们接下来需要将这些信息总结和提炼出来，这个步骤是非常困难的，因为需要阅读和加工。它难是因为我们的学生或者一般读者在阅读和捕捉信息上总是会出现"准确性"的问题，即不能忠于原文准确地将内容提炼出来。针对此处的例子，我们的任务就是要准确、简短、精干地提炼出法律规定的内容和两个具体案件的内容，但是多数人都做不到。本书先结合案子将客观真实的内容准确提炼出来，然后再结合我的日常教学来告诉大家这个步骤其实很难，不仅是提炼难，即人们根本无法准确提炼内容，最主要的是人们不知道自己不会提炼、提炼得不准确，反而认为自己提炼的是正确的。那么这些没有被察觉的、被错误提炼的"断言"就被当成了前提。

在提炼之前，我们先交代一个基本前提——法律分为刑法和其他法律。违反刑法的行为被称为犯罪，是最为严重的违法行为，要受到非常严厉的惩罚。违反其他法律的行为被称为违法行为，属于一般违法行为，处理的原则不是惩罚而是补偿，即补偿受害者受到的损害。比如我们违反合同约定是一般违法行为，违约金主要用来弥补合同相对方的损失；但是故意杀人罪、故意伤害罪等则是违反刑法的行为，属于犯罪，要受到刑法的严厉处罚，比如有期徒刑、无期徒刑甚至死刑，还会并处罚金、剥夺政治权利等附加刑。这个区分在本书的这个案例中是有必要的，因为《中华人民共和国治安管理处罚法》属于刑法之外的其他法律，它的处罚手段与刑法不一样，但是强奸罪或者法律修改之前存在的嫖宿幼女罪属于犯罪，会受到刑法的处罚。

先看法律规定 1 如何被提炼出来的。《中华人民共和国治安管理处罚法》第 66 条规定，卖淫、嫖娼的，处十日以上十五日以下拘留，可以并处五千元以下罚款；情节较轻的，处五日以下拘留或者五百元以下罚款。在公共场所拉客招嫖的，处五日以下拘留或者五百元以下罚款。这个法条的核心意思就一句话——嫖娼要受到处罚，处罚手段包括拘留、罚款。

再看法律规定 2 如何被提炼出来的。《中华人民共和国刑法》（2015 年之前）第 360 条规定，犯嫖宿幼女罪的，处五年以上有期徒刑，并处罚金。嫖宿幼女罪，是指嫖宿不满十四周岁的幼女的行为。这个法条的核心意思如果用一句话概括出来就是——嫖娼的对象如果是不满 14 周岁的幼女要受到刑法处罚，处罚的手段是有期徒刑和罚金。值得注意的是这是在 2015 年之前的规定，现行刑法把这个罪名并入了强奸罪。

我们最后看一下法律规定 3 是如何提炼的。《中华人民共和国刑法》第 236 条规定，以暴力、胁迫或者其他手段强奸妇女的，处三年以上十年以下有期徒刑。奸淫不满十四周岁的幼女的，以强奸论，从重处罚。强奸妇女、奸淫幼女，有下列情形之一的，处十年以上有期徒刑、无期徒刑或者死刑：（一）强奸妇女、奸淫幼女情节恶劣的；（二）强奸妇女、奸淫幼女多人的；（三）在公共场所当众强奸妇女的；（四）二人以上轮奸的；（五）致使被害人重伤、死亡或者造成其他严重后果的。这个法条用一句话概括一下就是——奸淫不满14周岁的幼女构成强奸罪并从重处罚。

我们再来看两个案例怎么提炼：案例一"吴××嫖宿幼女案"（2015年之前）证实了在2015年之前嫖娼对象是不满14周岁的幼女的构成嫖宿幼女罪。案例二"王××嫖宿幼女案"（2015年之后）证实了在2015年之后嫖娼对象是不满14周岁的幼女的构成强奸罪。

至此，我们就把三个法律条文和两个案例按照忠于原文[①]的原则概括出来了，我们用表5-27来展示。要记住，这个环节不要考虑案情，即不要代入具体场景，单纯从法律条文和案例的角度出发来整理。这一步仅需要就法条论法条、就案例论案例，即阐述"事实"，不要带入"观点"。[②]

表5-27 对客观真实的提取

客观真实	提炼内容
法律规定1	嫖娼要受到处罚，处罚手段包括拘留、罚款
法律规定2	嫖娼的对象如果是不满14周岁的幼女要受到刑法处罚，处罚的手段是有期徒刑和罚金
法律规定3	奸淫不满14周岁的幼女构成强奸罪并从重处罚
案例1	在2015年之前嫖娼对象是不满14周岁幼女的构成嫖宿幼女罪
案例2	在2015年之后嫖娼对象是不满14周岁幼女的构成强奸罪

---

① 忠于原文，即要求我们不要做演绎和夹带私货（其实就是复述的能力），只要呈现出法条和案例的"事实"即可，不要用自己的"观点"取代事实。回溯秋菊那个案子，我的学生在描述案件事实时夹带了私货（秋菊的丈夫被村长踢了几脚 vs 秋菊的丈夫被村长踢伤）。

② 你可以将这个步骤理解为提炼大前提，而陈有西和记者之间的对话是小前提。此处还不涉及小前提。

在日常教学中，这个环节是最困难的，原因就是阅读存在问题，学生们抓不住重点。阅读是一种输入，提炼内容是一种输出，输入有问题，输出就有困难。关于阅读的部分我在其他著作中阐述了很多，感兴趣的读者可以阅读《批判性思维与写作》《100天写出一篇论文：论文写作的本质及过程控制》这两本书的相关内容。本书不是专门讲写作和阅读的，虽然写作和阅读也需要思维以及思维底层的一些逻辑和论证，但在此处，我们还是将注意力集中在提炼前提所需要的基本技能和方法上。

对客观真实内容（此处例子就指的是法条和案例）的准确提取本质上也是一种阅读，即阅读完一大段文字之后，我们需要用非常简短的句子概括出这段文字的内容，这里面涉及六种思维技能，分别是抽象、概括、分析、综合、比较、分类。没有这些基本的思维技能，我们很难将客观真实中的内容提炼出来。接下来，我们简单介绍一下这些思维技能，并揭示它们在准确提炼客观真实的内容方面所起到的决定性作用。

（1）概括。概括是指针对事物内涵和外延进行操作的一种逻辑方法，它的目的是确定概念的上下属种之间的关系。比如牙齿这个概念与智齿、犬齿这两个概念是既相关又不同的，是一个概念上的伸缩，是上下位关系。正是因为概念不同，表达的内容也不同。概括是针对一段文字准确地概括出它的主要内容，这个主要内容是概念在范围上的差别，而非本质上的差别。比方说一段文字涉及了智齿、犬齿等下位概念，你在概括的时候可能需要使用它们共同的上位概念"牙齿"才能将它们都覆盖住。概括要求批判性思维者紧紧贴着文章的主要内容进行概括，层面不能太高，否则就会过于抽象，离主题有点远；但也不能层面过低，否则就会有很多内容概括不进去。比如智齿、犬齿、舌头……这些概念的上位概念就是口腔，而不是牙齿了，牙齿概括不住它们。但你也不能直接概括成器官，这个概念太大了。批判性思维者使用概念，层面既要涵盖住所有内容，又不能太高。

（2）抽象。通常我们会把抽象和概括放在一起使用，但这其实是两种不同的能力。针对阅读而言，概括是指将这段文字的主要内容整理出来，客观呈现主要内容即可，把一些细节整合到共同的上位概念之中。而抽象也是一种整合，但是这种整合要求批判性思维者直接触及本质层面。比如，智齿、犬齿等牙齿是人体的骨骼，这就是一个本质化的抽象。如果说概括还是在事物的表象层面进行上位概念的总结的话，那么抽象就是对事物本质属性的总结，两者不一样。但是，从某种程度来说，概括也是一种抽象本质的行为，只不过层面相对低，只要求停留在被概括的信息的共同上位概念这个层面。但是如果被概括的对象本身层面就很高，比如自由主义、保守主义……它们共同的上位概念就是"政治哲学思想"。但是像追求发展、相信人类善良本性、拥护个人自治权、保护个人思想自由、限制政府对权力的运用、保障自由贸易、支持市场经济等，它们共同的上位概念就是"自由主义"。概括所处的层面取决于被概括的对象所处的层面。同样，抽象也一样，我们能对同一组事物抽象出不同层面的本质，抽象到哪一层取决于我们抽象的目的。比如智齿、犬齿等牙齿的本质是人体的骨骼，也是钙化组织……至于需要在哪个层面揭示它的本质，取决于你的"抽象"思维活动的背景和目的是什么。

（3）分析。上文已经提及什么是分析，分是指拆分，析是指考察。分析是把一个事物的整体分解为各个部分，并把该事物的各个属性分离的过程。值得注意的是，这种拆分是按照一定的原理和逻辑进行的，而不是依据主观的想象。如果理解这个部分有困难，可以回头看一下上文对于分析的详细解释。

（4）综合。综合就是分析的逆向过程，它是把事件里的各个部分、各个属性都结合起来，形成一个整体的事件。综合是在分析的基础上进行的，它的基本特点就是探求研究对象的各个部分、方面、因素和层次之间相互联系的方式，即结构的机理与功能，形成一种新的整体性的认识。因此，综合不是关于对象各个构成要素的认识的简单相加，综合后的整体性认识包含新的关于对象的机理和功能的知识。要想更生动地了解综合的思维过程，读者们也可以观察案件侦破行为，比如福尔摩斯每次都是基于现场的一些痕迹来判断凶手的状况，比如男性、中年、中等身材、文化层次偏低、左利手、熟悉车辆修理等，这个思维过程也是综合。

（5）比较。比较是在头脑中确定对象之间差异点和共同点的思维过程，也是认识对象间的相同点或相异点的逻辑方法。它可以在异类对象之间进行，也可以在同类对象之间进行，还可以在同一对象的不同方面、不同部分之间进行。例如1719年11月，富兰克林曾将天上的闪电与地面的电火花这两个长期被人们认为是毫无联系并且截然不同的客观对象做了比较。他在笔记中写下这样一段话：

"电流跟闪电在这些特征方面是一致的：①发光；②光的颜色；③弯曲的方向；④快速运动；⑤被金属传导；⑥在爆发时发出霹雳声或噪声；⑦在水中或冰里存在；⑧劈裂了它所通过的物体；⑨杀死动物；⑩熔化金属；□使易燃物着火；□含硫磺气味。"[1]

富兰克林通过比较认识到两者有12个相同点，并写了《论天空闪电与地下电火相同》一文，送交英国皇家学会。1752年夏，一个雷电交加、大雨倾盆的下午，富兰克林做了著名的风筝实验，

---

[1] 弗·卡约里. 物理学史[M]. 范岱年，戴念祖，译. 呼和浩特：蒙古人民出版社，1981：126.

检验了他的发现。同样在批判性思考的过程中，我们也时常会用到比较的思维技能，从而达到将不同性质和类别的信息进行分类的目的。

（6）分类。分类是根据对象的共同点和差异点，把它们区分为不同类别的思维方式。分类和比较经常"纠缠"在一起，经过比较之后可以将具有共性的事物放在一起，也可以对不同的事物进行更进一步的性质上的比较，从而开展科学研究。比较和分类本身都是为进一步的科学研究提供基础的、经过整理的信息的思维活动。

以上六种思维技能是提炼前提的过程中经常会用到的，在这些思维技能的帮助下，我们才能准确地获取信息、整合信息。为了让大家体会这些思维技能在提取前提方面的重要性，本书先用一个选择题让读者体验一下这些思维技能对自己准确理解文字内容的帮助。

题1：

动物园中的一只猩猩，在游客的逗引和示范下，学会了向人吐唾沫的"本领"。为了把它从"人"退化成原本的猩猩，动物园想尽了多种"威胁利诱"的教育方式，但收效甚微。

这段话说明了：

A. 教育要采取正确的方法；

B. 揠苗助长往往会适得其反；

C. 坏习惯的改正比养成更困难；

D. 好的道德风尚要靠公德心的培养。

这一题考查读者对该段文字作者观点的抓取能力，要想抓住作者的观点，先要识别出这段文字最核心的关键词，然后总结出作者围绕该关键词想表达的核心思想。这里涉及抽象、概括、比较、分类等大脑的思维活动，请你在结合上文对这些思维活动的具体描述的基础上对这个问题做出选择。

这道题的正确答案是 A，你选对了吗？具体分析如下：这段文字分成上下两句，第 1 句说的是猩猩们跟游客学会了吐唾沫的本领，原因是游客使用了"逗引"和"示范"的方式。第 2 句说的是动物园想让猩猩们改掉这个"本领"但是没成功，原因是动物园采用的是"威胁利诱"的教育方式。综合上下两句我们能够发现，这两句有一个共同的关注点——教育方式。游客采取的教育方式与动物园采取的教育方式不同，进而导致了猩猩们的学习效果是不同的。因此，本段文字的核心关键词是教育方式，采用不同的教育方式会有不同的效果，进而引申出答案 A 的结论——教育要采用正确的方法。即便你不能像书中所说的那样，从正面分析这段文字的核心关键词、概括每句话的意思，对游客和动物园的行为方式和结果进行对比和分类，进而选择出正确的答案。从排除法的角度，只要你能判断出这段文字的核心关键词是教育方式，你就应该能够看出 BCD 完全是错误的，因为它们都偏离了最核心的关键词——教育方式。这段文字主要考核的是读者能不能抓住作者的观点，而抓住作者的观点，往往伴随着大量的大脑思维活动。我们用图 5-6 呈现这段文字的逻辑关系，方便读者更好地理解这段文字的核心意思和逻辑架构。

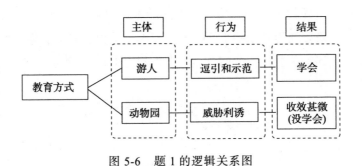

图 5-6　题 1 的逻辑关系图

这是我在实际教学中使用的一个题目，目的是考查学生的阅读和提取能力,也就是考查学生是否能够准确掌握所阅读文字的意思。但是,令人遗憾的是,能够做对并准确画出思维导图的人非常少,连上课人数的 1/10 都不到。大多数同学抓住的是无关紧要的词汇,或者把次级关键词当成核心关键词,画的思维导图完全没有逻辑,五花八门。我们再次强调,在上述这个阅读片段中,教育方式是核心关键字,我们使用了分类、比较、综合等思维方式确定"游客"和"动物园"是教育方式的主体,"逗引和示范"和"威胁利诱"是行为,"学会"和"没学会"是结果。因此,要想正确理解一段文字的内容,没有上文所提及的六项思维技能是不可能的。

题 2:

历史是个好老师,如果你一次没学会,她会不断重复。

这句话说明的道理是:

A. 历史总会重演;

B. 历史永不间断;

C. 学习是个不断重复的过程;

D. 应该从历史中汲取经验教训。

要想做对这道题,我们需要分析一下题干部分——历史是个好老师,如果你一次没学会,她会不断重复——到底说的是什么事情。我们来看这里面的关键词:历史、老师、你、学会、重复。说的是什么吗?这就需要动用概括的思维技能,总结出历史、老师、你、学会、重复这些词汇的共同上位概念。我们试着用图 5-7 来展示一下这里面的关系。

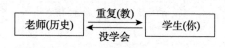

图 5-7 题 2 的逻辑关系图

通过图 5-7,我们就能发现,历史是老师,你是学生,如果学生学不会，老师就会用重复的方式教你。综合以上关键词，我们发现它讲的是学习的事情（也是这些词汇的共同上位概念）。学习在这个题的题干里是没有出现的，是需要你用思维推导出来的，这个过程你可能要用到概括和抽象。所谓的概括就是概念上下位的移动，上文已经对此进行了细致的阐述，如门齿、犬齿、智齿，它们共同的上位概念是"牙齿"；而门齿、犬齿、智齿、口腔黏膜，它们共同的上位概念是"口腔"。得出牙齿和口腔这些结论的思考过程就叫作概括。而抽象是指将事物的本质提取出来的思维活动，比如门齿、犬齿、智齿，它们的本质既可以是"骨头"，也可以是"器官"。事物的本质可以是很多层面的，就看你需要抽象到哪个层面。我们回过头来看题干部分——历史是个好老师，如果你一次没学会，她会不断重复，这里面的老师、学生、学不会、重复，这些词汇的共同上位概念是学习，这也是这些概念的共同属性。一旦你锁定了这些词汇的共同上位概念——学习，你就能排除 A 和 B 选项，因为这两个答案说的是历史，而不是学习。在我的教学中，很多同学会在 C 和 D 中犹豫，C 和 D 说的都是学习，我们还是用概括的方式来观察它们，C 说的是学习的过程，D 说的是学习的结果。我们再回头看题干，题干强调的是如果你学不会，历史就会反复地教你，目的是让你学会。题干强调的是历史这个"老师"会一直教你直到你学会为止，是结果。因此，本题的正确选项是 D。

以上阅读的还都是选择题，有四个选项供我们参考。实际中，我们都是从一堆文字中提取出自己想要的信息，并且必须忠于原文，不能杜撰和演绎，这就更加困难了。我再用一个我在课堂上经常用的阅读的例子让大家感受一下"忠于原文"提取主要内容并用一句话表达的难度，这对于绝大多数人来说都是一项不小的挑战。

示范文字：

"近几年有一种议论，说下个世纪是亚洲太平洋世纪，好像这样的世纪就要到来。我不同意这个看法。"中国领导人邓小平在1988年向来访的印度总理拉吉夫·甘地表达了这一观点。几十年后,邓小平证明了自己的先见之明。几十年来,亚洲取得了非凡的经济成就,如今是世界上经济增长最快的区域。十年内,亚洲经济体的规模将超越世界其他经济体的总和,这是自19世纪以来从未出现过的情况。然而,即使到今天,邓小平的告诫依然让人警醒:亚洲世纪既非必然实现,也非命中注定。①

学生们读完这段文字,我让他们总结段落大意,一共形成了四种不同的总结:

A. 亚洲世纪已经到来;
B. 亚洲世纪并非马上到来;
C. 亚洲世纪没有到来;
D. 亚洲世纪不是一定要到来。

二百多字的一段话居然被提炼成了四种不同的内容。课堂展示的时候,同学们被惊呆了,他们也没想到会有这么多不同的答案。这段文字如果需要提炼的话,只有唯一一个正确答案——亚洲世纪既非必然实现,也非命中注定。如果非要从学生总结的四个选项中选择一个的话,D项是勉强可以接受的。

我们通过陈有西的例子向读者们示范了如何在客观真实中准确且忠于原文地提取主要内容。与此同时,我们还试图让读者明白,这个步骤其实是很难的,原因在于人们需要在具备六种思维技能——抽象、概括、分析、综合、比较、分类的情况下,才能在被检索到的、纷繁复杂的"客观真实"中提炼出我们需要的内容。我们还举

---

① 这段文字节选自《危险的亚洲世纪:美中对抗的危害》,作者为新加坡总理李显龙,首发于2020年6月《外交》杂志。该段文字是该篇文章的篇首引言,独立完整,言简意赅,非常适合作为一个简短的范例。

了一些阅读的小例子来说明人们准确提炼内容的能力是需要练习的,这是一个循序渐进的过程。但是,如果不具备这个准确提炼内容的能力,就无法保证我们最后形成的前提是"为真"的。

3)剪裁形成断言

经过上文的介绍,我们已经将"形成准确前提"的三个步骤中的前两个——检索客观真实、准确提取内容介绍完毕,下面我们就进入到剪裁形成断言的环节。所谓剪裁形成断言是指经过前两个步骤,我们只能保证我们理解了客观真实是什么,但是在具体且不同的场合中怎样适用客观真实并使之更加契合我们谈话、思考和解决问题的特定场合,这就涉及将上文准确提取的内容进一步加工,修剪成适合当下手中所要解决问题的场景的要求,在本书此处,我们需要将上文检索的三个法律条文、两个案例以及经过提取的内容(表 5-28)剪裁成适合陈有西这个案子的断言。

表 5-28 对客观真实的提取

客观真实	提炼内容
法律规定 1	嫖娼要受到处罚,处罚手段包括拘留、罚款
法律规定 2	嫖娼的对象如果是不满 14 周岁的幼女要受到刑法处罚,处罚的手段是有期徒刑和罚金
法律规定 3	奸淫不满 14 周岁的幼女构成强奸罪并从重处罚
案例 1	在 2015 年之前嫖娼对象是不满 14 周岁的幼女的构成嫖宿幼女罪
案例 2	在 2015 年之后嫖娼对象是不满 14 周岁的幼女的构成强奸罪

我们先来看一下我们的任务,根据表 5-29,我们需要总结和提炼出陈有西的言论为什么引发这么大争议的前提,而这个前提必须能推出结论——陈有西对嫖娼底线的理解是有问题的。那么,我们再回过头来看表 5-28,会发现,虽然对检索到的客观真实进行了提炼,但是提炼的内容只是对纷繁复杂的客观真实的直观、简化陈述,并不

能直接被用在表 5-29 的前提中,我们需要将这些客观的、不带有立场、不针对任何特殊场景的"提炼内容"再一次剪裁,让它们变得能够跟手中的问题(此处是陈有西这个例子)严丝合缝地贴合起来。

表 5-29　建构论证中的前提

问题	结论	前提
陈有西的言论为什么引发了这么大的争议?	陈有西对嫖娼底线的理解是有问题的	?(断言)

于是,我们需要再一次对表 5-28 中被提炼出来的五条内容进行重塑,让它变得适合填写在表 5-29 的前提一栏中。根据表 5-28 提炼出来的五条信息,我们可以判断,嫖娼分成两种情况,一种是违法行为(嫖娼对象不是不满 14 周岁的幼女),一种是犯罪行为(嫖娼对象是不满 14 周岁的幼女)。年龄(14 周岁,并不是陈有西提及的 16 周岁)是区分违法和犯罪的界限,而不是是否违法的界限。就嫖娼而言,只要嫖了就违法,就触碰了底线,只不过嫖娼对象不满 14 周岁的,后果更严重一些。所以陈有西对于嫖娼底线的认识是有问题的。

在将表 5-28 提炼出的五条信息解读完毕之后,我们就能得出如下两条断言:第一,法律没有对嫖娼对象的年龄进行限制性规定,嫖了就触碰底线;第二,陈有西认为嫖娼的底线是 16 周岁。我们必须将表 5-28 提炼出来的五条信息打磨成与陈有西这个场景相关的样式,陈有西这个场景的关键字是"底线",并且为"嫖娼的底线"。因此,我们对表 5-28 的信息进行剪裁的时候也需要围绕住"底线"和"嫖娼的底线"展开。这样,我们就将内容剪裁完毕,获得了能够填写在表 5-29 前提里的两条断言,接下来,我们把它们填写进去(表 5-30),看看是否合乎逻辑合理。

表 5-30　建构论证中的前提

问题	结论	小前提	大前提
陈有西的言论为什么引发了这么大的争议？	陈有西对嫖娼底线的理解是有问题的	陈有西认为嫖娼的底线是16周岁	法律没有对嫖娼对象的年龄进行限制性规定，嫖了就触碰底线

我们把表 5-30 表述成演绎论证常见的模式，看着就更清晰了。

大前提：法律没有对嫖娼对象的年龄进行限制性规定，嫖了就触碰底线。

小前提：陈有西却认为嫖娼有年龄限制，16周岁是底线。

结论：陈有西对嫖娼底线的理解是有问题的。

这样，我们就完成了前提的提炼和表达的全过程，从步骤一——检索客观真实，到步骤二——准确提炼内容，再到步骤三——适当调整剪裁，最终使之前提炼的内容能够准确地适配手中要解决的问题这个特殊的场景。这个过程相当不容易，它特别考查人们的信息处理能力以及提炼、总结和表达能力，还有之前提及的六项思维技能。

至此，本书也将理解批判性思维的第三条线索——前提线索阐述完毕。在前提线索中，我们展示了前提和客观真实的关系、客观真实的多种形式，以及如何获取批判性思维赖以生存的客观真实；然后我们又用实际的例子向读者揭示了一个正确的"前提"是怎么形成的，它需要经过三个步骤——检索、提炼和剪裁。每一个步骤和环节都不容易，对读者来说都是挑战。也希望读者通过阅读本书了解了原理之后，在日常生活中勤于练习，不断强化自己形成正确前提的能力。

四、理解批判性思维的第四条线索——问题线索

问题线索是指理解批判性思维运作的过程是围绕问题展开的，包括提出问题、分析问题和解决问题。在这条线索里，我们需要理

解问题解决的一般流程及什么是问题,并且深入阐释什么是提出问题的"提出"、分析问题的"分析"、解决问题的"解决"。通过本部分的学习,你能更好地理解批判性思维在解决问题过程中的实际运用。如果说之前的思维线索、论证线索、前提线索是偏微观的线索,那么问题线索就让我们的视线来到了偏宏观和偏整体的层面。但是,要想正确理解问题线索,离不开之前的思维线索、论证线索和前提线索。读者朋友们在问题线索中可以观察到思维线索、论证线索和前提线索的相互作用。

(一)问题解决的一般流程

了解问题线索就要了解问题解决的一般流程,通常情况下如图 5-8 所示,包含五个前后连接的过程。首先是出现了一些矛盾、冲突的状态,这些矛盾冲突可以是微观层面上的,也可以是中观层面上的,还可以是宏观层面上的。微观层面主要是指个人自身出现了一些矛盾、不适的状态,包括身体和精神两方面,稍后我们用实际例子说明一下;中观层面主要是围绕个人的工作、学习等方面出现了一些矛盾、冲突的状态;宏观层面就上升到国家社会等一些比较宏大的角度来观察其运行中出现的一些矛盾、冲突状态。这是引发问题产生的前提,也被我们称为现象级别的问题。

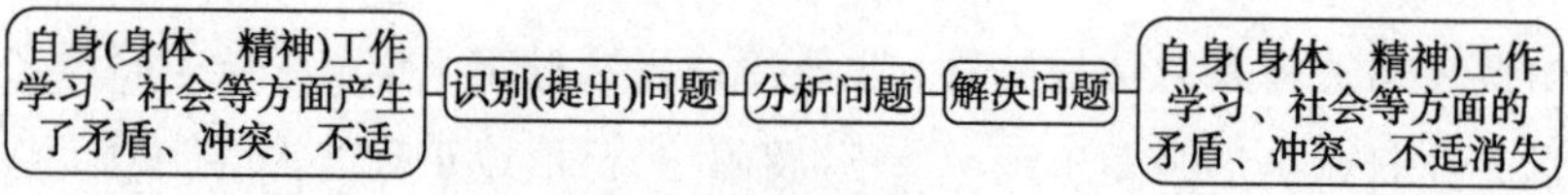

| 自身(身体、精神)工作学习、社会等方面产生了矛盾、冲突、不适 | → | 识别(提出)问题 | → | 分析问题 | → | 解决问题 | → | 自身(身体、精神)工作学习、社会等方面的矛盾、冲突、不适消失 |

图 5-8 问题解决流程

真正的问题都是隐藏在现象之中的,需要透过现象看本质才能走到第二个步骤——识别(提出)问题。识别问题也就是我们通常所说的提出问题,这涉及给现象级别的问题定性,锁定其到底是什么性质的问题,一旦完成了对现象级别问题的定性,之后的分析问题、解决问题都会按照识别问题所定的性质一步一步走下去。爱因斯坦曾经说过:"发现一个问题比解决一个问题更重要。"这里所说的发现问题是指在科学研究领域中锁定一个问题,是本质级别的学术问题,而不是现象级别的。爱因斯坦还说过:"如果你给我五分钟让我解决一个问题,我会花四分钟去思考这是一个什么问题,然后用剩下的一分钟去解决问题。"这都说明识别、发现、提出一个问题的重要性。当然,诚如我们在上文所指出的那样,问题可能出现在身体、精神、工作、学习、社会等各个方面,问题有可能处于既有知识就能解决的层面,也有可能是既有知识解决不了、需要创造新知识才能解决的。每一类问题不太一样,但是它们的底层原理,即问题解决流程是一样的。我们先用一个身体上的小问题来解释一下问题解决的流程。

比如你昨晚突然牙疼,一宿都没睡好,你也不知道为什么会牙疼,于是你今天决定找医生看看。你来到了一所当地著名的三甲医院的口腔科,遇到了医生张三,张三经过检查,指出你这是龋齿导致的牙疼,必须把腐质去除,并进行杀菌消炎和止疼,然后用材料填充。你反思了一下,平时你爱吃糖,又不爱刷牙,每次刷牙都敷衍了事,导致牙齿出现了龋齿的病症。于是你开始了治疗,经过几周的不间断治疗,你的牙齿终于不疼了。

你的牙疼,这是一个现象级别的问题,表明你的身体出现了不适,也是你身体存在的一个矛盾或冲突。但是你不知道这个牙疼是什么原因引起的,于是你来到了三甲医院的口腔科找到了专业的医生张三。张三经过检查,认为你的牙疼是龋齿导致的。这个过程就是识别问题,即我们常说的提出问题。这个时候,你的现象级别的问题——牙疼就变成了本质级别的问题——龋齿。而且,张三医生的这个诊断①得到了你的认同,因为你平时爱吃甜食,而且不注意口腔卫生,这个过程是分析问题的过程,主要是分析问题产生的原因。一旦识别问题完毕(也即给问题定性之后),今后的治疗就都会按照龋齿的理论和治疗方法来进行。在接下来的几周,张三医生就给你除去腐质、消炎、止疼,最后用材料填充。这个过程是解决问题的过程。解决问题主要是按照识别问题对事物的定性来确定治疗(解决)方案。然后你的牙就不疼了,你会发现你身体上的不适消失了,身体重新回到一个和谐的状态。但是因为你的牙疼(现象级别的问题)或者龋齿(本质级别的问题)是不良的生活习惯造成的,所以为了避免今后龋齿再次出现,你还需要改变你的生活习惯,好好刷牙、少吃甜食,并且注意口腔卫生。在这个过程中,我们明显能够看出问题解决的流程,我们用图 5-9 来展现。

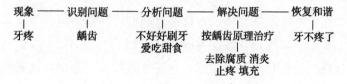

图 5-9　牙疼的解决过程

从牙疼到牙不疼,经历了龋齿的诊断和治疗过程,这个过程就是我们所说的问题解决过程。从这个过程中我们也可以看出,任何问题(被识别的问题)都有一个现实根源,任何问题也都来源于现实需求。我们经常讲做事情、搞研究、写论文要坚持需求导向和问题导向,其中需求导向就是要有现实根源,即上文例子中的牙疼,患者有解决牙疼的需求。问题导向是指解决问题的人要解决真正的问题而不是凭空想象的问题,即上文中牙疼背后的原因是龋齿,龋

---

① 对医生来说,识别问题其实就是诊断,解决问题其实就是在诊断的基础上治疗。

齿是一个真正的问题，需要治疗和解决。现实生活中很多智库、专家会给别人提建议、发表看法，这些看法有的时候被批评不接地气，原因就是没有做到需求导向和问题导向，有点何不食肉糜的味道。在大学里，很多学生在写毕业论文（无论是本科、硕士还是博士毕业论文）的时候，经常都是想当然地对着一个"空靶子"发表一通意见，根本没有问题意识。

从现象级别的问题上升到本质级别的问题其实很复杂，有时会得出不同的问题，有时还会出现错误识别问题的情况。比如，一名患者总是头疼，这是现象级别的问题，当他来到西医院，经过医生的诊断，被确诊为高血压。接下来按照西医高血压的理论，他需要服用降压药来控制血压。但是当他来到了中医院，经过中医大夫的望闻问切，被诊断为肝火上炎，接下来按照中医阴阳五行和调理肝气的原理，服用中草药治疗或者采取针灸等传统诊疗手段治疗。同一名患者，去的医院不同，识别的问题就不同。中西医是两种不同的认识疾病的系统，治疗方法也就不同。而有趣的事，两种方法可能都是有效的。这只能说明，这个世界是复杂的，在很多场合下，不同的理论对待同一问题有不同的看法，但殊途同归。但这个例子还是局限在专业范畴，什么意思？也就是说这名患者还是在医院寻求治疗，他没有寻求什么非医疗手段，如果这名患者头疼，他讳疾忌医不喜欢去医院，而是听从了他的邻居的一些土方法，用白醋泡大蒜来治疗头疼，结果耽误了病情。这就说明，专业的事情还是需要专业的人来干，这种邻里之间的民间土办法可能不能准确识别病情，即在识别问题上是不正确的。

这也是一个提示，当遇到没有遇到过的问题或难题的时候，我们要多听听过来人（经验丰富）的意见，他们处理过这种类似问题并成功解决过这种问题，这样的人能提供给我们丰富的经验作为参考。我们不要听那些在相关问题上根本没有研究、没有经历的人的意见，那样只会耽误事。

（二）提出、分析和解决问题是三个论证过程

在介绍完问题解决的一般流程之后，我们来具体分析提出问题、分析问题和解决问题这三个核心环节。本部分想要向读者说明的是，这三个环节其实是三个论证过程。我们在之前已经提及，批判性思维的要素包含问题、结论和前提，可以用图 5-10 来呈现一下，这可以让我们从要素的角度看到一个问题是怎样被解决的，即针对一个问题给出前提充分的结论。这里面包含一个重要的内容——论证，表面上看起来图 5-10 仅包含一个论证，即前提到结论之间的论证，但是如果我们将整个问题解决的流程，即提出问题、分析问题和解决问题嵌套进去，你就会发现这里面包含很多论证。

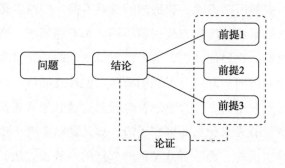

图 5-10　批判性思维要素（重点为论证）（总图）

图 5-10 只是简单地呈现出批判性思维的要素（重点为论证）和它们之间的关系，没有体现出其与问题的解决过程，即提出问题、分析问题和解决问题的关系。如果将提出问题、分析问题、解决问题三个环节融入进去，图 5-10 就会演变成图 5-11、图 5-12。

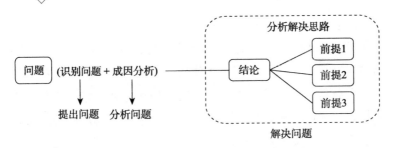

图 5-11　批判性思维要素与提出问题、分析问题和解决问题的关系

在图 5-11 中，从整体问题解决的角度来看，问题其实包含了两个部分，先是精准地分析这个问题是什么问题，准确定位这个问题在相关理论（较为本质层面）中的位置；然后是分析该问题的成因，分析问题就是呈现问题形成的原因，即图 5-10 中的问题其实包含提出问题和分析问题两个部分。结论主要是指在锁定问题和原因分析的基础上提供解决方案，即图 5-11 中的"结论"和从前提到结论的"论证"（主要是解决问题部分）。

在问题解决的每个环节里都存在论证，提出问题和分析问题的环节也不例外。图 5-10 是从一个对问题解决最为宏观也最为简化的角度观察论证。将提出问题、分析问题和解决问题融入之后，我们就能观察到图 5-11 的论证框架。图 5-11 只能让我们观察到在解决问题部分存在论证，但其实在提出问题部分、分析问题部分也存在论证。如果我们把提出问题、分析问题和解决问题部分的论证都呈现出来，又把它们都放在一个最为宏观的问题解决的论证框架里，你就能观察到一个问题的解决包含着很复杂的论证嵌套关系，也即大论证里面套着小论证。在问题解决的每个环节，我们无时无刻不在发表观点，这些观点也是局部的结论，比如对问题是什么的判断是观点（即提出问题部分的结论）；对成因是什么的判断是观点（即分析问题部分的结论）。只要有观点就涉及论证，因为我们需要证明观点是成立的。图 5-12 体现了提出问题、分析问题和解决问题环节中的论证。它能让我们了解要想解决问题就离不开论证,并且论证无处不在。图 5-12 向我们呈现了问题解决的三个环节各包含一个论证。在提出问题环节,你必须证明(使用的就是论证)你识别的问题是对的;在分析问题环节,你必须证明(使用的还是论证)你指出的原因是对的;在解决问题的环节,你必须证明(使用的还是论证)你给出的解决方案也是正确的。

或者,为了更好地理解图 5-12 呈现的内容,我们也可以把它改造成图 5-13,这样更直观一些。

这样,我们就将提出问题、分析问题和解决问题与论证的关系解释清楚了,同时也帮助读者认识到了解决问题的基本流程是提出问题、分析问题和解决问题。一旦涉及问题的解决、观点的表达①,就离不开论证。

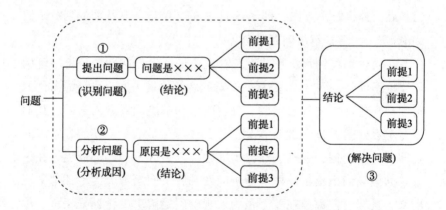

图 5-12 提出问题、分析问题和解决问题中的论证(1)

---

① 研究或论文写作就是观点的集合体,研究者无时无刻不在表达自己对问题是什么的判断(即观点),对原因是什么的判断,对结论是什么的判断,甚至每个前提也是一个小结论,这也是判断。只要是判断,就需要表达观点,只要输出观点就需要证明观点成立(提供前提)。因此,研究工作或者论文写作离不开论证。每一项研究或者每一篇论文都有复杂的论证体系。

第五章 批判性思维相互交织的四条线索

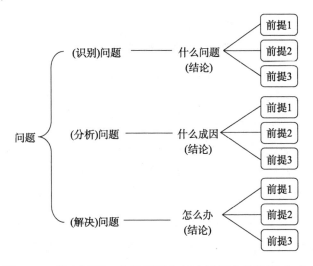

图 5-13　提出问题、分析问题和解决问题中的论证（2）

为了让读者更加清楚解决问题过程中的三个环节都包含论证，我们还是用日常的例子来解释一下。比如你牙疼，在经过两个牙医检查之后，竟然有了两个不同的诊断结果，牙医张三认为你是龋齿导致的牙疼，即你的现象级别的问题"牙疼"被张三识别为"龋齿"问题，这是第一个关于你的牙疼是什么问题的观点；但是李四认为你虽然有龋齿，但是引发牙疼的不是龋齿而是牙龈萎缩，也即你的现象级别的问题"牙疼"被李四识别为"牙龈萎缩"问题。这两个对问题的识别，到底哪个对？这就要观察医生张三和医生李四的论证过程了。哪一个前提能推出结论，哪个人的观点（即对问题的识别）就是正确的，而另一个人的观点在医学上就被称为误诊，这个人的医学理论（显性知识）就不是那么深厚，或者经验（隐性知识）不那么丰富。

事实上，没有任何一个医生没有经历过误诊，尤其在他的成长期，即新手时期。各行各业都是如此，从一个行业内青涩的年轻人逐渐成长为行业内的成熟专家，需要经过多次的误判。有一种说法是，所谓的专家就是把这个领域的坑都踩了一遍的人。这也就是为什么，在行业内从业的初期都要跟着师父，等到成熟了，才能够独当一面。

这样，我们就将解决问题的三个环节与论证的关系解释清楚了。其实，批判性思维是为了给问题提供论据（前提）充分的结论。如图 5-14 所示，当你从一个完整问题的解决环节展开观察的时候，批判性思维就包含提出问题、分析问题和解决问题这三个环节。但是当你深入一个完整问题解决的任何一个环节的时候，它也可以单独构成一个问题。证明它是一个什么问题，这也是批判性思维。比如，当你牙疼，从你确诊到治疗这整个过程，是运用批判性思维解决问题的过程。一旦你将这个过程拆解了，先解决它是哪类牙疼这个问题的时候，你是在运用批判性思维解决牙疼的定性问题，这也是解决问题，只不过解决的是一个大问题当中的一个小问题。世界上的问题都是相互嵌套的，比如你牙疼怎么能好，这是一个大问题，里面包含三个小问题：你的牙疼是哪类牙疼？（识别问题）你的牙疼是由什么原因引起的？（分析问题）怎么治疗你的牙疼？（解决问题）无论是大问题还是嵌套其中的小问题，都需要动用批判性思维，都需要论证[①]，这就是本部分要向读者阐述的内容。

[①] 论证指的是前提及其与结论之间的关系。细心的读者能发现，每个环节（提出、分析和解决问题）都包含一个完整的分析论证。从这个角度来看，提出、分析和解决问题三个环节也包含三个分析过程。之所以指出这个问题，是因为我们通常说的分析问题可能仅指提出、分析和解决这三个流程中的第二个环节，但事实上，提出问题环节包含分析、分析问题环节包含分析、解决问题环节也包含分析。注意区分作为提出、分析、解决问题中的第二个环节的分析和包含在提出、分析和解决问题内部的分析，两者容易混淆。

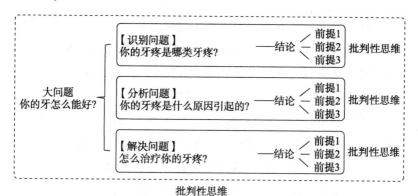

图 5-14 大问题、小问题以及批判性思维的嵌套

(三)解决普通问题和解决疑难问题

问题线索需要交代的最后一个问题就是解决普通问题和解决疑难问题。解决普通问题,是指这个问题对个人来讲是一个问题,但是对于全人类来讲,并不算问题,已经有了成型的解决方案(既有知识能解决),你只需要获得既有知识、掌握相关技能,在批判性思维的指导下解决这个问题即可,或者你不需要自己学习和掌握相关技能,你只需要找到拥有这样知识和技能的人给你解决就行。这些都是普通问题,即布鲁姆认知金字塔中的应用(如图 5-15 所示)。

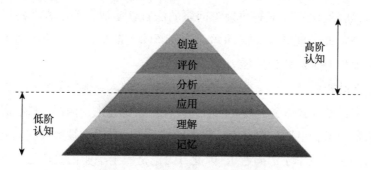

图 5-15 布鲁姆认知分类理论

但这个世界上还有一种问题被称为疑难问题，这类问题相较于普通问题而言，属于没有成型解决方案的，即既有知识没有办法解决的问题，需要通过研究找到新的方法来解决。这就涉及知识生产，即图 5-15 所示的布鲁姆认知金字塔中的创造——生产新知识。区分解决普通问题和解决疑难问题的意义重大，因为任何一个行业、领域中甚至社会中，都包含这两类问题。能解决普通问题的人比比皆是，被我们称为匠人；能解决疑难问题的人凤毛麟角，被我们称为专家或者创新性人才。人类社会是被创新推动的，只有创新才能带领人类社会走向更高、更美好的状态和层面。而创新意味着生产新知识。什么情况下能够触动人们去生产新知识呢？只有疑难问题产生的时候，也即既有知识不够用、解决不了的时候。也只有在这个时候，人们为了解决疑难问题就会开展研究活动，最终随着难题被解决，新知识产生，人类认识社会、认识自然的能力就又提升了，人类在知识总量上就又增长了，社会也就因为知识的增加而进步。

创造新知识或者生产新知识是知识分子（不局限于这个群体）的主要工作，他们从事知识生产的主要途径是科学研究，所以知识生产或者疑难问题的解决总是跟"科学研究"脱离不了关系。各行各业都离不开研究，比如在医院解决一般问题的医生就是普通医生，能解决疑难问题的医生就是研究型医生；在法院能解决一般问题的法官是普通法官，能解决疑难问题的法官就是研究型法官。各行各业都是如此，能解决疑难问题，能创新的人都是各个行业的翘楚，因为他们有生产知识的能力。

在高校内部，学者是专门从事知识生产的人，他们要负责产出新知识来推动社会进步。与此同时，高校招收研究生，他们是科学研究的后备力量，也要从事研究，解决疑难问题（即没有被解决的问题，既有知识解决不了的问题）。因此，无论是硕士毕业论文还是博士毕业论文，都要求有创新性，这个创新性就是你解决了一个目前既有知识解决不了的问题，带来了新的知识增量。最后，我们用表 5-31 来系统而清晰地呈现一下解决普通问题和解决疑难问题之间的差别。

表 5-31　解决普通问题和解决疑难问题之间的差别

项目	解决普通问题	解决疑难问题
主体	普通人	专家、大咖
知识	既有知识	新知识
认知	应用	创造
过程	使用既有知识	科学研究
难度	一般	艰难
结果	知识总量没变化、社会没变化	知识总量增加、社会进步

问题的难度不同，需要投入的精力、解决问题的方式，以及产出的结果也不同，最终导致人们呈现的面貌和状态是不同的。如果你想成为一个领域的领头羊，你就需要有研究探索的精神，敢于向疑难问题发出挑战，不畏艰难，生产新知识，最终引领社会进步。而不是一方面怀有远大的抱负，另一方面在行动上迟迟不能投入，在精神上总有畏难情绪，这样就会造成一个人内心的扭曲和消耗。

至此，我们就将理解批判性思维的第四条线索介绍完了，也将这一章的内容全部介绍完毕。这四条线索（见图 5-16），是批判性思维在微观层面的全方位展开，能够帮助读者深入细致地了解批判性思维的整个运作原理。通过本章的介绍，想必你会发出这样的感叹，批判性思维真的是博大精深，任何一个元素、任何一个切入角度都能展开非常庞大的分支，相应地，这对批判性思维的练习者也提出了非常大的挑战。读者也应该意识到，想要正确地思考无论如何都不是一件容易的事情，这真的是一种非常稀缺的能力。

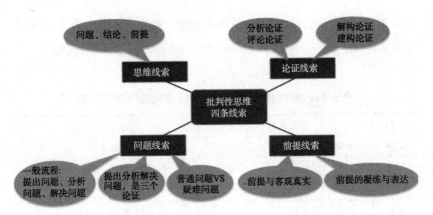

图 5-16　批判性思维的四条线索（总图）

本章核心观点提示

1. 批判性思维有四条相互交织的线索，分别是思维线索、论证线索、前提线索和问题线索，这是掌握批判性思维的关键。

2. 思维线索的核心就是理解批判性思维是由问题、结论、前提等要素构成的，这部分内容请结合第一章内容一起理解。

3. 论证线索是批判性思维非常重要的实质线索之一，主要包含分析论证、评论论证和解构论证、建构论证等相关内容。

4. 前提线索是批判性思维非常重要的另一条实质线索，前提线索向读者呈现一个正确的前提是怎样形成的。

5. 前提是客观真实，批判性思维要求依据客观真实，即指前提为真。

6. 客观真实既包含书本上的显性知识，也包含隐性知识，还有信息和数据等，表现形式非常多样。

7. 显性知识是书本上的知识，隐性知识是在书本之外存在于专业实践、社会和生活中的知识。

8. 知识、信息和数据也都可以成为前提，要注意辨别它们之间的关系。

9. 在信息时代，对客观真实的获取总是充满挑战，CRAAP 批判性辨别信息法能帮助我们去伪存真，检索到"客观真实"，而不是一些滥竽充数、虚假的信息。

10. 前提从语言形式上来说是断言，我们要掌握断言的基本知识。

11. 理解断言要区分断言和非断言。

12. 理解断言要区分事实和观点。

13. 理解断言要区分事实和虚构。

14. 准确前提的形成需要经过三个步骤：检索客观真实、准确提取内容、适当调整剪裁。

15. 问题线索是指用批判性思维解决问题需要经过提出问题、分析问题和解决问题的过程。

16. 问题解决的一般流程包含五个步骤，所有的问题都有现实根源。

17. 提出问题、分析问题和解决问题是三个论证过程（也包含三个分析过程）。

18. 解决普通问题和解决疑难问题虽然都是在运用批判性思维解决问题，但由于问题的类型不同，其在主体、知识、认知、过程、难度、结果这几个方面存在非常大的差异。

第六章
批判性思维实操的关键
——驾驭四条线索

一、宏观——含有四条线索的综合实操图

我们在上文已经详细介绍了正确理解批判性思维必须掌握的四条线索——思维线索、论证线索、前提线索、问题线索,相信读者朋友们已经了解了这四条线索丰富的内涵、复杂的细节、多样的形式。由于上文对这四条线索是分门别类介绍的,本部分我们要将这四条线索综合起来介绍,这也是批判性思维在实际运用过程中的真实情景,即这四条线索在我们运用批判性思维解决问题的时候是交织在一起的,不会是我们上文介绍的独立、互不相关的情况。我们先将含有四条线索的批判性思维综合实操图(图6-1)展示给大家,然后再向大家介绍它们之间的关系。

在运用批判性思维解决某个具体问题的时候,我们上文分别介绍的四条线索是同时作用、互相影响的。如图6-1所示,这是一幅将批判性思维所有的内容(四条线索)都囊括其中的综合图。①标注的位置说明解决问题需要经过提出(识别)问题、分析问题和解决问题三个步骤,经过上文的学习,我们很快就能判断出

第六章 批判性思维实操的关键——驾驭四条线索

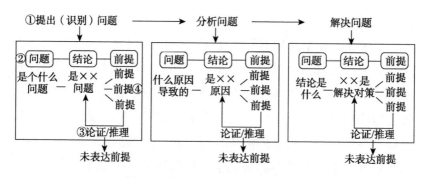

图 6-1 批判性思维综合实操图

这是问题线索；与此同时，问题线索还向我们展示了下面三个方框中的内容，即提出问题、分析问题、解决问题分别是三个论证过程，也是三个思维过程。读者可以翻阅上文图 5-14（大问题、小问题和批判性思维的嵌套）帮助自己加深对这部分内容的理解。②标注的位置意图说明解决问题必须包含思维线索，即问题、结论、前提，无论是解决一个大问题还是解决大问题中的局部问题（提出问题、分析问题或解决问题环节）都必须包含思维的这几个要素。③标注的位置是论证线索，即前提要能推出结论。这部分内容我们在上文介绍得特别详细，不仅介绍了论证的类型、论证的谬误、论证对语言的要求，还深入细致地阐释了分析论证和评论论证、解构论证和建构论证。而提及论证线索就不得不涉及未表达前提，未表达前提是前提能够推出结论的保证，它根据场合的不同又被称为大前提、假设、观念、潜意识……对于问题的解决而言，论证是一个至关重要的线索。④标注的位置是前提线索，即前提要保证为真，保证为真就必须依据客观真实。前提线索的内容也特别丰富，我们在上文也详细介绍了前提与客观真实的关系、客观真实的形式、如何获取客观真实、前提的凝练和表达等内容。

　　这幅综合图不仅向我们展示了一个具体问题的解决需要同时包含上述四条线索，同时还提示我们注意每条线索在问题解决过程中所处的位置和发挥的功能。其中，思维线索是理解问题解决的最为底层的要素线索，它提示我们，无论是一个大问题的解决还是具体某个局部问题的解决都可以被分解为问题、结论、前提这些思维要素，这是我们观察批判性思维的入门线索。前提线索和论证线索是在思维线索基础之上对前提以及前提与结论的关系的拓展，其中前提线索就是对思维要素中"前提"的具体展开；论证线索就是对思维线索中"前提与结论的关系"的具体展开。问题线索是围绕问题的提出、分析和解决过程产生的线索，它与思维线索、论证线索和前提线索是相互嵌套的。一方面提出问题、分析问题和解决问题的每一个环节都是一个思维线索、论证线索和前提线索的组合；另一方面提出问题、分析问题和解决问题又可以被整合成一个大的思维线索，详情见图 5-16（提出问题、分析问题和解决问题中的论证）。图 6-1 能够帮助我们既在总体上了解批判性思维的全貌，又能在局部上了解批判性思维的细节，还能全面地呈现批判性思维的所有线索、内容和要素，也正是这样一张图，将我们在第一部分——理论篇介绍的内容都囊括其中。总而言之，要想掌握批判性思维就必须掌握批判性思维的四条线索及它们的运作原理和相互关系，希望读者们能将这幅图牢牢记住并深入理解。

二、微观——综合实操图的具体操作点

　　在第六章，我们通过图 6-1 介绍了批判性思维的综合实操图，

这是一个宏观视角。本部分，在综合实操图描绘的批判性思维的整体构造的基础上，我们要深入细致地分析实际运用批判性思维解决问题的过程中具体的操作点。所谓的具体操作点是指在大的问题线索（提出问题、分析问题、解决问题）以及思维线索（问题、结论、前提）之下，我们运用批判性思维解决具体问题的时候经常操作的微观点，主要包括前提点和论证点，相对应的就是前提线索和论证线索。由于我们之前介绍前提线索和论证线索的时候都是从应然角度出发，即着重告诉读者一个正确的前提是怎么形成的，一个正确的论证要怎样展开；此处，我们从实然的角度出发，着重告诉读者如何排除实际中经常出现的前提、论证错误。

（一）前提——具体操作点（1）

这部分内容与上文中的前提线索是息息相关的，读者可以结合起来理解。我们已经在上文详细介绍了什么是前提、前提与客观真实的关系、客观真实的类型（显性知识、隐性知识、数据、信息和理论等）、前提的凝练与表达，这是一个理想状态，但实践中，我们面临的绝大多数问题在前提上都存在这样或那样的问题，我们需要做的是利用上文介绍的关于前提的原理来识别这些错误。前提错误，是由于前提不为真，或者是没有做到依据客观真实。那实际生活中，前提错误的情况有哪些呢？

1. 前提不具有全面性

前提的全面性指的是要想就问题得出正确的结论，前提必须是充分的。充分的前提首先表现为前提不能缺项，即具有全面性。这表现在实际中是指构成前提的客观真实形式很多，包括显性知识、隐性知识、信息等。我们在做出结论之前，首先需要对前提的载体即客观真实的种类进行全面检索，这部分请参看前提的凝练与表达中的检索客观真实的部分。但在实践中，很多时候前提是不具有全面性的。这表现在以下几个方面。

（1）前提不具有全面性的表现之一即忽略隐性知识，这种错误是涉世不深、生活在象牙塔里的人最容易犯的错误。他们通常将知识看得极为重要，并认为他们掌握了解决问题的密码，通过自己占有的知识就能够轻而易举地就问题得出正确的结论。殊不知，大量的隐性知识是隐藏在社会实践中的。比如，我自己在学生时代就学习了国际贸易法，从书本上知道了贸易单证的概念和类型，但是实践中我根本就不知道贸易单证是哪个部门签发的、在什么时间节点签发、怎么流转、最后怎么兑现，这部分知识就是隐性知识。但是，懂得实践中隐性知识的人如果不具有显性知识，也容易只见树木，不见森林。他们只懂实践中的具体操作，而不懂这种操作背后的理论原理，这不利于系统纠错，也不利于在产生问题的时候观察到问题的本质，所以我们提倡人的学习要包含理论和实践两个环节。

隐性知识既包含专业实践中的隐性知识，还包含社会生活中的隐性知识，即人生道理。在我们漫长的成长过程中，有些人生道理是通过观察别人学会的，有些是父母教会的，但大多数是在社会中摸爬滚打学会的。由于这部分隐性知识复杂且没有成型的体系，父母能教会多少还取决于父母本身懂得多少、所处的社会阶层以及接受教育的经历，这就是我们通常所说的一个人的原生家庭带来的影响。工人、农民、教师、公务员、商人教出来的孩子各有不同。通过观察别人能学会人生道理的人其实是非常少的，这要求人们不仅要具有观察能力，还必须时刻意识到自我中心主义是人类固有的顽疾并想付出努力突破它。多数人都是自我中心主义的，即不会通过观察别人来剔除自己身上错误的认识，而是认为自己是对的并用自己的"正确认识"来批判别人。更多的人是通过遭受挫折来学习的，这就是所谓的"人教人教不会，事教人一教就会"。当一个人在错误认识的指导下做错了一件事情，吃了亏，他就没有别的办法，必须且只能通过纠正自己的错误才能保证不再持续吃亏。① 所以，在教育界有一种体验式教育方法，专门用来解决讲道理没用，但是通过学生的体验就能学会的问题。比如小的时候，我们都用烧火的大锅做饭，灶底下都是明火，灶上面就是一口大锅。爸妈多次提醒我们兄妹在他们做饭的时候不要摸锅，容易烫伤。但是我们都不听，偏偏去摸，结果烫伤了。但是仅此一次，我们就长记性了，再也不摸了，这就是人学习的一种方式。隐性知识在很多情况下是需要用观察、体验的方式来学习的，能用观察的方式学习隐性的人是极少数的，大多数人还是体验式的，这也是为什么我们强调人的社会阅历，经历得越多，人的经验也就丰富，隐性知识也就越多。隐性知识越丰富，再加上受过高等教育的专业训练，这个人得出正确结论的概率就很高。这也是人们在找医生看病的时候愿意找经验丰富的名医的原因：一方面是专业出身，有显性知识；另一方面经验丰富，有隐性知识。

（2）前提不具有全面性的表现之二是数据不完整，或者具有欺骗性。数据不完整，包括没有数据，有数据但是数据不是全数据或大数据，而是局部数据或小数据。比如我们提及一种司法现

---

① 但也有一错再错、死不悔改的，这在东北被描述为——吃一百个豆不嫌腥。

象,却没有相应的司法案例数据做支撑,这就是缺乏数据的情况。有的数据没有考虑实际情况,比如在执行死刑数量问题上,很多西方国家诟病中国的死刑执行人数偏高,却忽略了中国有14亿人口,平均到每万人之后,死刑执行人数其实是很低的。这样的数据是具有欺骗性的。在日常生活中,我们经常看到的各种CPI、PPI、GDP等数据,放在不同语境下探讨,含义会有很大差异。很多同学写论文时喜欢用大数据分析、实证分析,这两种分析手段都需要用到数据。比如有同学做渎职犯罪的实证分析,选取了70个案例样本,但是在中国每年有几千个相关案例,这种小样本就没有任何意义。

(3)前提不具有全面性的表现之三是忽略跨学科(领域)信息。这一点主要针对的是人才培养模式的不足。目前大学在人才培养方面都采取了专业化培养模式,走的是专才培养路径,即大学是分科而治。上大学的人是有专业的,学习了某个专业的人在其他专业知识面前,就会碰到专业壁垒。这种培养方式对于工业社会和社会分工是有好处的。但是现代社会越来越复杂,再加上信息时代和产业的变革,导致实际中的问题与大学中的"分科培养"并不吻合,即实际中的问题常常是复杂而综合的问题,但解决问题的人是只拥有某个领域的专业知识的人,在客观上不具有对这个复杂而综合的问题得出正确结论所必需的全部前提。例如,我们在医院能够看到同时具有数种基础疾病的人。在医院目前的疾病诊疗分类中,这些疾病是需要不同科室处理的,这就导致了内分泌科处理不了神经内科的事,心脏内科处理不了血管外科的事,所以就要会诊。我们要时刻记得我们自己学科知识、经历、阅历的局限性,对于复杂事物可能需要多听别人的意见,多借鉴其他学科的客观真实。

2. 前提不具有真实性

前提不具有真实性是指前提可能是全面的，即我们收集了全部的客观真实，显性的、隐性的、理论的、信息的、数据的，但是这些数据可能不一定全部为真，需要筛选和识别。前提不具有真实性有两种情况，一种是前提本身不为真，另一种是前提为真但存在理解错误。

（1）前提本身不为真。前提本身不为真是指我们收集的客观真实鱼龙混杂。比如我们的学生在检索数据的时候不去权威网站上获取官方数据，而是在某搜索引擎上随便找到某个不知名网站上的二手数据。再如援引案例时，没有去中国裁判文书网，援引法律时，没有去全国人大的网站检索下载官方版本，或者查阅特定出版社出版的纸质版本，援引一个人的作品时，只是转引自其他人的作品，而没有直接找到该作品，这都是不客观的表现，不具有权威性。

（2）前提理解错误。前提本身真实性没有问题，但是由于理解有问题，前提的真实性就被扭曲了。举一个例子，2021年3月1日新的刑法修正案开始施行，该修正案对未成年人犯罪的刑事责任年龄（原来为14周岁）做出了调整，规定：已满12周岁不满14周岁的人，犯故意杀人、故意伤害罪，致人死亡或者以特别残忍手段致人重伤造成严重残疾，情节恶劣，经最高人民检察院核准追诉的，应当负刑事责任。该条法律规定即为客观真实，但在我实际上课的时候，有的同学直接提炼了一条前提——年满12周岁的未成年人要对故意杀人罪承担刑事责任，这样的理解是错误的。修正案的本意是 12 周岁以上的未成年人要满足两个条件才应对故意杀人罪承担刑事责任，其一是手段残忍、情节恶劣，其二是经最高人民检察院核准追诉。只有加上了这两个限定条件，年满 12 周岁的未成年人才承担刑事责任。而课堂上，我的学生直接将这个客观真实提炼成了一条具有普遍意义的、没有条件限制的前提，这是不对的。理解上的错误不仅表现为大脑不能将客观真实准确提取成所需要的前提，还表现为提取者的语言驾驭能力不够，不能用准确的语言形成一条准确的前提。这一点我们在上文准确前提的形成部分已经提及，就不再赘述了。

3. 前提不具有合法性

前提不具有合法性是指前提本身可能在真实性上是没有问题的，但是在获取的方法和途径上有问题。比如在法律案件中，通过偷拍、侵犯别人隐私获取的证据（也是前提）就不具有合法性，不管你呈现的内容是否真实，获取的手段是违法的，就不能被采用。最近学术圈里经常发生图片抄袭、图片剽窃事件。也许这整篇文章都是当事人写的，但是实验得来的图片不是自己做的，而是从别的文章上剽窃或者抄袭的，这种前提即便是正确的，但是获取的手段有瑕疵，也被认为是前提不成立。由图片抄袭、图片剽窃引起的学术不端现象最近出现得比较多，相应文章的作者也都被处罚。[①]法律领域经常出现这样的情况，有一个特别著名的案子——辛普森杀妻案，辛普森是美国的一位著名运动员，他是黑人，被指控杀害了自己的妻子。现场勘查发现的所有证据都指向

---

① 这类研究，也许结论是正确的，但是图片来源违法，那么整个研究都是不被承认的。

辛普森是凶手，但是在庭审中，辛普森的律师团队指出，这些证据获得的手段都不具有合法性。比如，采集现场证据的警察没有戴手套，这违反了证据采集的规则；比如，作为人证的警察曾经因种族歧视受到过处罚，即有种族歧视的黑历史，结果导致该名警察的口供不具有合法性。这就是典型的因为程序、手段等违法导致证据（前提）不成立的情况。

通过对前提这部分内容在实际中运用情况的介绍，读者们很容易发现这就是上文前提线索的展开，是我们在日常生活中运用批判性思维解决问题时，前提经常出现的情况。只不过我们在上文强调的是理想状态下的前提是怎样形成的，有什么具体的要求和表现。在本部分，我们强调现实生活中的前提经常是有问题的。我们可以用上文介绍的原理来识别前提经常出现的三类错误——不具有全面性、不具有真实性和不具有合法性。

（二）论证——具体操作点（2）

论证这个批判性思维的具体操作点只有一个需要我们注意的地方——前提推不出结论。我们在上文介绍评论论证的时候已经分析过，在前提不为真的情况下前提肯定推不出结论；在前提为真的情况下，前提有时候也推不出结论。前一种情况属于前提的问题，后一种情况属于前提和结论之间关系的问题。论证在实践中经常出现的问题有以下三个。

1. 前提不具有充分性

我们在上文已经介绍了前提和结论有四种关系：充分、必要、充分且必要、没有关系。作为批判性思维要素的前提要么是充分前提,要么是充分且必要前提;如果前提仅为必要前提或前提和结论没有关系,就一定推不出结论。此处前提不充分指的是前提不具有充分性,只有必要性。

以上对于充分、必要、充分且必要条件的介绍仅停留在文字层面,我们用两个例子说明一下。比如将土豆做熟,你可以用水煮、用火烤、用油炸……有很多种方法,每一种方法对于把土豆做熟来讲都是充分条件,但是不必要。再比如我们上文所举的张三构成故意杀人罪的案子,如表 6-1 所示,要想证明张三构成故意杀人罪,必须满足四个要件——主体、主观方面、客观方面、客体。每一个前提(要件)对于结论来讲都是必要但不充分的,只有四个条件放在一起才充分,即构成必要且充分的前提。

表 6-1　故意杀人罪的必要且充分条件

问题	结论	前提
张三是否构成故意杀人罪?	张三构成故意杀人罪(断言)	1. 张三符合故意杀人罪主体要件
		2. 张三主观上具有直接故意
		3. 张三实施了杀害李四的行为
		4. 李四的生命权被侵害

前提要想推出结论,在把土豆做熟这个例子中,水煮、火烤、油炸中的任意一个都行,即每个条件都是充分条件,但在张三构成故意杀人罪这个案件里,就必须具备四个前提才充分。

将土豆做熟这个例子中,如果你说用刀切,这种办法就不行,不具有充分性;或者你在张三构成故意杀人罪这个例子里,仅提出张三符合故意杀人罪主体要件,其他三个要件无法证明,那么这一个主体要件就只是必要条件,而非充分条件。

实践中，前提仅具有必要性，但不具备充分性，就没办法保证前提能推出结论。前提是否具有充分性，考查读者能不能辨别出前提和结论的关系，即前提是不是充分前提。这在理论上都好理解，但是在具体实例中想要辨别就很困难，它非常考验读者的逻辑能力，也考查读者对于生活的理解。我再用一个生活的例子来说明这个经常隐藏在日常生活中但是又不容易被识别的问题，这是我的一段真实经历。

我的工作很忙，平时陪伴孩子的时间相对少一点，饮食起居也都是交给别人打理。这时候我身边就出现了很多别的声音，其中还不乏我的家人对我的负面评价，大意是我不是一个特别称职的妈妈，原因就是不太照顾孩子的饮食起居。我们先用表 6-2 分析一下这个观点（即分析论证）。

表 6-2　对我的负面评价的分析论证

问题	结论	前提
我是不是一个称职的妈妈？	我不是一个称职的妈妈	不怎么照顾孩子的饮食起居（做家务）

这里面的前提是推不出结论的，妈妈的功能有很多，如照顾孩子饮食起居、通过工作赚钱养家、做一个自强不息的女性给孩子做榜样、情绪稳定且不给家庭添乱……在这些妈妈的功能中，能做到一个都不能被称为不称职的妈妈（即任何一个都构成充分条件），得是啥都做不到才是不合格的妈妈。对于别人的评价我是不在意的，但是对于家里人的评价有必要重视以正视听，否则家庭里总是弥漫着不正确的三观，于是我这个批判性思维者开始整顿家风。我的切入点即为前提推不出结论，原因是他们仅是将称

职妈妈跟做家务以及照顾孩子饮食起居联系起来,而没有看到现代女性对家庭的另外几种贡献,这往小里说是不理解妈妈的全面功能和作用;往大里说这可就是父权思想在作祟,还是用家务劳动捆绑女性并且认为家务劳动就是女性的专属义务。但是,实践中就是会有女性被这种观点捆绑,从批判性思维的论证角度来看,这种前提和结论之间的关系肯定是不成立的。

2. 前提不具有关联性

前提不具有关联性主要指的是前提和结论之间的四种关系中的没有关系。读者可能会觉得,这不是很好理解和判断吗?其实,做到能够识别出前提和结论之间没有关系也是一件很困难的事情,能做到的都是独立思考者。我们在上文介绍的很多逻辑谬误的类型也都属于这种情况。

还是举生活中的例子。甲说自己喜欢日本艺术,乙说甲这是卖国贼的行径。这就是典型的前提和结论没有关联性,也是我们上文所说的稻草人谬误。妈妈穿红色旗袍,孩子考试就会旗开得胜。妈妈穿什么衣服跟孩子的考试成绩没有什么关系,这是归因谬误。当你从前提和结论之间的关系角度重新审视上文所提及的论证谬误,你就会发现它们都属于前提不具有相关性的情况。

现实生活中的例子要远比我们书本上列举的丰富多彩和变化多样,很多时候并不好识别,再加上人都是感情动物,还受到自我中心主义的束缚,导致我们有时候会忘记甚至是没有能力用批判性思维的前提、论证要求来审视我们的生活和跟我们发生各种联系的人的观点、行为。有时候你在某个熟悉的领域是可以使用批判性思维的,但是到了一个陌生的领域却无法使用这项能力。

我有一个朋友在他所处的物理学领域能够做到理性、客观。但是一回到家就被家庭成员的关系搞得痛苦不堪，无法承受。批判性思维是一个很难掌握的技能，需要极度理性和客观，并经过不断练习，才能最终获得。苏格拉底曾经说过："一个人的灵魂有三个层次——第一层是欲望，第二层是意志，第三层是理性。"理性是最高层次的灵魂表现形式，而只有批判性思维才能帮助人们实现理性。

3. 前提推不出结论，即未表达前提错误

其实，介绍完前提不具有充分性、前提不具有关联性这两部分内容，就已经将实践中论证存在的两个主要错误现象介绍完毕，但是考虑到前提和结论之间的关系是由未表达前提决定的，而未表达前提的表现形式也是非常多样的，在现实生活中发生的场景也各有不同。我们再介绍一下从未表达前提角度如何观察前提推不出结论（图 6-2）。

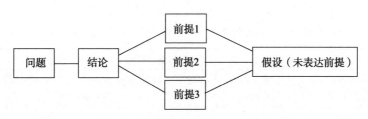

图 6-2　未表达前提决定前提能否推出结论

我们还是用上文的称职妈妈的那个例子来解释一下未表达前提是如何影响前提与结论的关系的。如表 6-3 所示，称职妈妈的未表达前提很多，即现代社会中，妈妈的功能很广泛，只要妈妈做到其中几点就可以被认为是称职妈妈，而不能狭隘地认为，在家里忙活家务、洗衣服做饭的才是称职的妈妈。

表 6-3　认为我是一个称职妈妈的未表达前提

问题	结论	前提	未表达前提
我是不是一个称职的妈妈？	我是一个称职的妈妈	我虽然不怎么照顾孩子的饮食起居，但我努力工作，为家庭提供经济基础并且情绪稳定、热爱学习	1. 照顾孩子饮食起居的妈妈是称职妈妈 2. 积极努力、热爱工作、能给孩子提供榜样的妈妈是称职妈妈 3. 情绪稳定、不爱发脾气的妈妈是称职妈妈

结合表 6-4 中的那些认为我不是一个称职妈妈的观点的未表达前提，就能发现，这两者的区别就在于未表达前提，而未表达前提就代表着一个人的认知，你的未表达前提越是宽广、包容、接近客观真实，你就越是趋向于得到一个正确的结论。所以说，人和人之间最大的差别在于认知，在于未表达前提，因为未表达前提能影响结论的正确与否，同时未表达前提也是前提的理论基础，还属于客观真实的范畴，这也是论证线索和前提线索的交叉点。

表 6-4　认为我不是一个称职妈妈的未表达前提

问题	结论	前提	未表达前提
我是不是一个称职的妈妈？	我不是一个称职的妈妈	不怎么照顾孩子的饮食起居	称职的妈妈必须忙活家务，照顾孩子饮食起居

未表达前提有很多种表现形式，既可以表现为专业知识，也可以表现为人对社会和生活的认知和观念，还可以表现为人的一种心理状态，同时未表达前提被认为是前提的前提，并且存在很多层次，一个人看到的层次越深，他的认知程度也就越高，思想也就越深邃。我们还是用张三构成故意杀人罪来解释一下未表达

前提的多层次性（表 6-5）。

表 6-5　张三构成故意杀人罪中未表达前提的多层次性

问题	张三是否构成故意杀人罪
结论	张三构成故意杀人罪
前提（小）	1. 张三符合故意杀人罪主体要件 2. 张三主观上具有直接故意 3. 张三实施了杀害李四的行为 4. 李四的生命权被侵害
前提的前提（大前提、未表达前提、假设……）	1. 主体要件——行为人必须年满14周岁 2. 主观方面要件——行为人明知自己的行为能导致被害人死亡，并且追求这种结果发生 3. 客观方面要件——行为人实施了故意杀人行为 4. 客体要件——行为人剥夺了被害人的生命权
前提的前提的前提（大前提、未表达前提、假设……）	依据刑法规定，这是现代文明国家治理社会、维持秩序的方式，依据法治，遵守法律制度，由国家代替个人来治理犯罪
前提的前提的前提的前提（大前提、未表达前提、假设……）	没有刑法的时代，古代国家治理社会的方式与现代国家不同，它们遵守丛林法则，允许个人自己采取报复的手段来恢复秩序

本质上，前提推不出结论也是因为对上一级的未表达前提的理解存在问题，从这个层次上看也是前提出了问题。而前提，无论是未表达前提还是前提都跟客观真实有关系，都是认知的范畴，所以我们要努力提升自己的认知。

以上，我们从前提、论证两个微观具体操作点观察了批判性思维在具体运用中容易出现的问题，前提对应的就是前提线索，论证对应的就是论证线索，所以本部分的内容要结合上一章的内容一同理解。前提和论证两个微观的具体操作点还嵌套在提出问题、分析问题、解决问题（问题线索）、思维要素——问题、结论、前提（思维线索）这两条宏观线索之中。总之，在批判性思维实际操作的过程中，这四条线索是相互交织的，并时时刻刻考查读者对前提、论证两条线索的掌握程度。

至此，本书第一部分结束了。第一部分一共有六章，从第一章批判性思维是什么入手，我们向读者介绍了什么是思维，什么是批判性思维，它与理性思维是什么关系，还介绍了批判性思维常见的敌人、批判性思维与学科思维之间的关系。结束第一章对批判性思维基本概念、分类、要素的剖析之后，我们就进入到了第二章——为什么要学习批判性思维。这部分我们从哲学、社会学、心理学、逻辑学、教育学多学科的角度揭示了批判性思维的多学科属性以及底层性。一方面，批判性思维很基础，只要涉及问题的解决就会用到批判性思维；另一方面，批判性思维又是很多学科的研究对象，只不过切入角度不同。通过对第二章内容的学习，我们会对批判性思维的底层性和多学科属性有更为深刻的了解。但是前两章内容还都是围绕批判性思维本身展开的。第三章我们从宏观角度探讨了批判性思维的重要性——批判性思维对高等教育的重要意义。本章从以 ChatGPT 为代表的 AI 人工智能时代给中国教育带来的挑战入手，深刻分析了中国高等教育存在的困惑，并且用联合国教科文组织等走出相应困境使用的方法做对比，得出了中国高等教育亟需批判性思维融入的论断，并从批判性思维与知识图谱、批判性思维与高阶认知培养、批判性思维与能力培养目标、批判性思维与育人（优秀的心理特质）角度阐释了批判性思维对于中国高等教育转型的重要性。结束了第三章内容之后，本书的宏观（偏理论）探讨就结束了，开始真正进入批判性思维的方法论层面和细节层面，即学习怎么使用和操作批判性思维。在具体介绍批判性思维如何操作之前，我们还需要区分批判性思维与相关概念的关系，这是第四章的内容。批判性思维是一个被频繁使用但又缺乏界定的概念，它不仅与很多概念有粘连，人们还对它有很多误解，于是第四章专门介绍了批判性思维与其他概念的关系，如批判性思维与思维、与逻辑、与论证、与知识的错综复杂的关系。这部分内容的介绍能够帮助读者更加清晰地描绘批判性思维的画像，而不是将之与其他事物混淆。前四章内容的铺垫就是为了引出第五章——批判性思维最为核心的技术内核，要想正确理解批判性思维，必须知道批判性思维运作的四条线索，分别是思维线索、论证线索、前提线索和问题线索。这部分内容非常庞杂，且对读者要求很高，但是没有办法，缺少任何一个线索，你都无法正确认识批判性思维的本质和运作机理。第五章分别介绍了批判性思维内部的四条线索，通过这个方法，我们能够深入细致地了解批判性思维的每条线索的细节，但这还是一种静态的描述方式，批判性思维在运用的过程中，四条线索是交织在一起的。为了更深刻地还原实践中批判性思维的四条线索的运行机制，第六章讲解了实操中的批判性思维和它的四条线索。

  第一部分内容相较于全书内容而言是理论部分，也属于认识论的部分。接下来的一部分是实践篇，我们要用批判性思维及第一部分介绍的原理来解决实践当中的问题，在这个部分里，你会再一次认识到批判性思维的基础性和跨学科属性，这也正印证着第二部分的主题——万物皆思维。

📍 本章核心观点提示

1. 批判性思维实际操作的关键是要熟练掌握并运用四条线索。

2. 从宏观上观察，四条线索在实际运用批判性思维的过程中是交织在一起的，参见图 6-1。

3. 从微观上观察，批判性思维有两个具体操作点，分别是前提和论证。

4. 前提这个具体操作点对应的是前提线索，前提存在的问题主要是不为真，具体包含不具有全面性、真实性、合法性三种情况。

5. 论证这个具体操作点对应的是论证线索，论证存在的问题主要是前提推不出结论，具体包含前提不具有充分性、关联性等情况。

6. 前提推不出结论主要是因为未表达前提错误。

7. 未表达前提又被称为假设、大前提、观念、潜意识……

8. 未表达前提不但内涵多样，层次也很丰富。

9. 对未表达前提的认识层次越深，标志着一个人的思维层次越深、认知程度越高。

10. 前提和论证两条线索是微观线索，它们嵌套在思维线索和问题线索之中，相互交织，时刻考查批判性思维练习者的思维水准。

第二部分

实践篇——万物皆思维

　　本部分，我们将介绍批判性思维的实践操作。批判性思维存在于国家、社会、个人生活的方方面面，这也是我们将该实践篇命名为"万物皆思维"的原因。只要有问题需要被解决，我们就要动用批判性思维，就会涉及上文的四条线索。批判性思维对于人的能力培养具有极为重要的教育意义，这也是为什么美国和联合国教科文组织要将批判性思维的培养列为教育的头等大事。美国已经在其高等学校中开设了通识批判性思维课程，并且将批判性思维学科化和低幼化，即实现学科教育的思维培养，以及从幼儿园到高中阶段的批判性思维培养，其目的就是将批判性思维贯穿教育的始终。无论教育的对象是幼儿园的小朋友还是大学生，或者是已经步入社会工作的成年人，再或者是从事文科、理工科、医学、农学等不同领域应用和研究的人们，批判性思维都是他们获得良好生活、工作、学习甚至是生命体验的不可或缺的知识和技能。批判性思维是无所不在的，我们甚至没有办法将其适用的场景分类，因为无论怎么划分都会有遗漏、交叉、粘连的情况，都没有办法涵盖批判性思维运作的全部场景。由于本书的篇幅限制，也由于批判性思维的基础性、全覆盖性，这里只能围绕一些典型的、本书的潜在读者可能涉及的场景来介绍批判性思维的具体应用。但是，批判性思维的运行原理是不变的。相信有了第一部分理论篇的原理解析以及第二部分实践篇的具体例子，你可以慢慢学会将批判性思维运用到各个领域，这也是本书的写作初衷和目的。

第七章
商业决策中的批判性思维

一、没有调查就没有发言权——小米电视进军印度市场

2019年，小米手机连续十个季度拿下印度的销售冠军，同时也连续十个季度成为印度智能手机市场份额占比最高的手机厂商。小米手机在印度的成功引发了小米电视业务负责人进军印度市场的想法。于是，时任小米电视副总裁的高雄勇向雷军提交了进入印度市场的申请。雷军问："你去印度调研过吗？"高雄勇说："没去过，但是有同事在印度。"雷军说："你先去印度，回来咱们再探讨。"高雄勇没有办法，只能去印度调研，虽然他个人觉得有同事在印度反馈信息就可以了，没有必要亲自过去一趟。到了印度之后，高雄勇原来的想法受到了极大的冲击，印度跟他想象的太不一样了。他认为，印度即便条件再差，每户人家总得有个房子吧，电视机是放在房子里的这个前提应该没有问题。但印度的实际情况是，很多人家是在露天的环境里看电视的，风沙、高温这些特殊的环境因素导致对印度电视机的要求跟国内生产的电视机完全不同——电视需要防风防沙、抗高温，按照国内思路设

计的电视机在印度是不能用的。虽然在高雄勇去印度之前，也有印度同事提出了一些防风防沙、抗高温的技术参数和要求，但是由于国内电视部门的工作人员没有亲临现场，对这些技术参数和要求都不理解。只有到了现场，才知道要给印度的电视加上多大的风扇，设计什么样的防风沙罩，才能明白印度的电视和国内的电视之间存在本质差别。

我们用批判性思维的模型将小米电视这个案例中的要素提取出来，然后再观察一个成熟的商业决策需要考虑哪些问题，以及雷军为什么要求高雄勇亲自去一趟印度，而不是坐在办公室里根据自己的想象和同事传递过来的数据和参数造电视。如表 7-1 所示，我们先对高雄勇和雷军的观点做一个分析论证，将其最开始做决策时的思维要素提取出来，然后再结合表 7-2 对高雄勇和雷军的观点做评论论证，最后再比较表 7-1 和表 7-2，看看哪个部分发生了变化，导致高雄勇纠正了自己的想法。

表 7-1　对高雄勇和雷军观点的分析论证

问题	结论	前提	未表达前提
小米电视进军印度市场需要亲自去印度调研吗？	不需要（高雄勇）	按照国内生产电视的经验再结合印度同事提供的技术参数就能生产适合印度市场的电视	印度人对待电视的习惯和中国人是一样的
	需要（雷军）	按照国内生产电视的经验和印度同事传递的技术参数不见得能生产出适合印度市场的电视	印度人对待电视的习惯和中国人不见得一样

高雄勇和雷军观点不一致的地方在于高雄勇认为小米电视进入印度市场无需他亲自去印度市场调研，只要根据国内生产电视的经验和印度同事提供的技术参数就能生产出适合印度市场的电

视。因此，高雄勇和雷军要解决的问题是"小米电视进军印度市场需要亲自去印度调研吗？"。高雄勇的结论是"不需要"，但是雷军的结论是"需要"。高雄勇的前提是"按照国内生产电视的经验，再结合印度同事提供的技术参数，就能生产出适合印度市场的电视。高雄勇的未表达前提是"印度人对待电视的习惯和中国人是一样的"。而对此，雷军却有不同的看法。详见表 7-2。

表 7-2 对高雄勇和雷军观点的评论论证

问题	分析论证			评论论证
	结论	前提	未表达前提	①前提是否为真 ②前提能否推出结论
小米电视进军印度市场，负责人需要亲自去印度调研吗？	不需要（高雄勇）	按照国内生产电视的经验，再结合在印度的同事提供的技术参数，就能生产出适合印度市场的电视	印度人看电视的习惯和中国人是一样的	印度人在室外看电视，中国人在室内看电视，习惯不一样因此，高雄勇的未表达前提不为真，即前提推不出结论
	需要（雷军）	按照国内生产电视的经验和印度同事传递的技术参数，不见得能生产出适合印度市场的电视	印度人看电视的习惯和中国人不见得一样	雷军的未表达前提为真，前提能推出结论

从表 7-2 可以看出，由于高雄勇亲自去了一趟印度，他发现自己原来的想法（未表达前提）是错误的，印度人看电视的习惯跟中国人是不一样的，他们的电视不是摆放在屋子里，而是摆放在露天环境中。因此，高雄勇修正了自己想当然的想法，回国后生产出了符合印度当地要求的电视，很受欢迎。

在用批判性思维对小米电视进军印度市场的例子进行拆解后，我们会发现高雄勇的问题在于他的未表达前提不为真，也就说明他的结论不是依据客观真实得出的，而是依据想象中的印度人看电视的习惯而得出的。要真正获得客观真实，对小米电视进军印度市场做出正确的评估，他需要亲自到现场。雷军为什么在客观真实这个部分要比高雄勇判断得准确？那是因为小米手机进入印度市场的时候，雷军亲自去了印度三次，他深刻意识到现场调研和道听途说是两回事。这是一个商业案例，说明通过实地调查是能够获取客观真实的，而依据客观真实才能就问题得出正确的结论。这也印证了我们在第五章的前提线索部分所述——客观真实的形式是非常多样的，不仅包括显性知识，还包括隐性知识、信息等。

二、顺势而为——新东方的初创和东方甄选的转型

新东方是一个我们都熟知的企业，它的创始人俞敏洪也是一个家喻户晓的人物。当初，作为高校老师的俞敏洪因为在学校搞托福培训，到处张贴小广告而被北京大学开除，于 1993 年创办了北京新东方学校。当时正处于"出国留学的热潮"，学习外语的需求非常庞大，但是外语培训的供给是非常有限的。于是，俞敏洪针对这个需求群体迅速将新东方做大做强，后来又将新东方上市，培训业务也延伸到了 K12 领域。随着 2021 年 7 月"双减"政策的实施，2021 年 12 月俞敏洪带领新东方团队转战直播带货领域，成立东方甄选，又在半年之内火爆全国。我们用表 7-3 来分析一下俞敏洪在商业发展过程中做出的三个决策以及相应的前提，然后分析一下他为什么能成功。

表 7-3　对俞敏洪商业决策的分析论证

问题	结论	前提	未表达前提
他离开北大，进行何种创业？	成立新东方学校	①他是外语老师 ②他有培训经验 ③有大量学习外语的需求（人）	出国热
是否需要进行商业类型的战略转移？	需要	孩子不被允许在校外补课	"双减"政策实施
转型到哪个领域？	在直播电商领域成立东方甄选	①新东方的品牌效应 ②直播带货未来前景	内容模式电商兴起

在表 7-3 中，俞敏洪离开北大之后面临着生存问题，要继续创业。他对创业这个问题的决策（结论）是成立新东方学校，原因是自己是外语老师，擅长外语，也做过外语培训，市面上也有大量的学习外语的需求。这三个前提发生在一个大背景之下——当时有大量的出国需求存在，而俞敏洪能满足这种需求。于是新东方快速发展起来，这就说明第一次创业的方向选择是正确的。从批判性思维的角度来看，结论（成立新东方学校）是正确的，前提为真，前提能推出结论。然而随着"双减"政策的实施，新东方的业务受到影响，继续沿着老路走下去显然是行不通的，这时候俞敏洪面临第二个问题。即考虑是否需要商业类型转移。结论是需要转移，原因依旧是在"双减"的大背景之下，孩子不被允许到课外班补课，原来的业务模式也推行不下去了，校外补课需求锐减，新东方必须转型。那么转型到哪个领域呢？这是俞敏洪面对的第三个问题。对这个问题的结论是"在直播电商领域继续利用新东方的品牌效应成立东方甄选"，而这个结论又取决于内容模式直播电商的兴起。尽管俞敏洪在刚开始做直播电商的时候受到过很多非议，但是不得不说东方甄选又是一次成功的商业企划。

以上三个决策都是在顺应大形势、大环境的情况下作出来的，这也说明要想经营好企业，不仅要把产品做好，还要考虑到企业生存的大环境，这也是客观真实的一部分。不考虑大环境，产品做得再好也不行。①

关于东方甄选还有很多商业决策可以探讨，比如它取消了坑位费，采取知识型直播模式，准确定位目标群体，迅速占领直播领域的头部。这些决策都是针对当时直播领域的乱象和瓶颈采取的差异化竞争策略，都收获了不错的结果。当然，新东方本身也有很高的品牌认知度，是俞敏洪和他的外语培训前期积攒下来的。由于篇幅的限制，此处就不再继续对这些内容展开探讨了，感兴趣的读者可以自己制作分析论证和评论论证的图表来练习批判性思维。

三、需求（问题）导向——下沉市场的拼多多和内容电商的抖音

中国的电商到目前为止已经进化了三代，第一代电商是传统电商，典型代表就是淘宝和京东，它们的显著特征就是汇集海量

---

① 介绍到这里，肯定会有一些读者认为，书中例举的案例相对于新东方、小米的整体商业模式略显单薄，这些企业成功因素的分析是很复杂的。是的！新东方、小米等任何商业模式的成功都是多因一果的，批判性思维可以运用在宏观的整体形势分析，也可以在宏观之下就某个决策点进行分析。显然，本文所解决的是某个决策点，是新东方、小米等企业能够成功的众多决策中的一个。他们的企业的成功离不开内部的管理、产品的设计、用户的精准把控、营销的策略、市场的定位等具体因素，任何一点做不好，企业都会陷入困境。本书只是在这些企业经营模式中选取一个比较有代表性的点来分析，这并不意味着我们忽视了其他方面。请读者利用这些有限的例子来了解某个具体的决策点中的批判性思维是如何体现的。

商品，当用户进行关键词搜索时，搜索引擎会按事先设置的规则，对相关商品进行排序并展示给用户。第二代电商是新型电商，主要以社交关系为驱动，也可以称为社交电商，典型的就是拼多多以及社区团购。第三代电商是内容电商，典型代表就是短视频电商和直播电商，本处要介绍的案例就是二代电商拼多多和三代电商抖音的故事。就在人们认为淘宝和京东已经占据了中国电商不可撼动的地位的时候，拼多多横空出世且业绩增长得非常快，很快就占据了电商领域的半壁江山。原因在于，拼多多虽然与淘宝和京东同为电商，但是经营模式并不相同，拼多多针对的是下沉市场，而非淘宝和京东所关注的一二线城市；同时京东主打的是物流服务快速高效，淘宝之后组建了天猫商城主打商品的保质保真，清退了几十万家低端商铺，这些商铺后来都被拼多多收入麾下。中国大部分人口都集中在非一二线城市，这部分人也有网上购物的需求，淘宝和京东最开始没有完全考虑这部分人群的需求，而且这些下沉市场购买力对于商品的质量要求并不高，但是对于价格很敏感。于是，拼多多就将下沉市场的消费者作为主流客户，经营质量尚可但品牌无影响力、价格低廉的产品。同时与淘宝京东的满减和红包策略不同，拼多多采用的是社交关系电商的模式，把优惠转换成"砍一刀"和补贴机制，直接让利给消费者，并且通过转发的方式扩大销售渠道。我们先用批判性思维的模型（见表 7-4）来分析一下拼多多的商业模式。

后来，拼多多用自己的快速发展和高比例的市场份额证明了自己的商业模式至少在当时是成功的。表 7-4 呈现的拼多多商业模式中最引人注目的是未表达前提，这个未表达前提代表着拼多多策划团队的认知水平，他们非常熟悉当前的电商运作模式和它

表 7-4 拼多多的商业模式

问题	结论	前提	未表达前提
采取什么样的电商模式能跟淘宝等头部电商平台进行差异化竞争？	占领下沉市场	下沉市场也有大量的网购需求；这部分消费者群体对质量和品牌不敏感，对价格敏感	淘宝和京东的主要市场在一二线城市；淘宝和京东主打质量和品牌，价格相对高
	利用社交关系	让利于民，在社群转发扩大销售渠道	淘宝满减和红包策略的方式优惠力度小，传播面有限

们的模式漏洞，就在人们认为电商的竞争已经白热化的情况下，他们找到了第一代电商没有覆盖的商业需求（模式漏洞）并带领拼多多脱颖而出，迅速占据高比例的市场份额。因此，任何好的商业模式都是问题导向、需求导向的。

抖音则是第三代电商的代表，它抓住了第一代、第二代电商的痛点（模式漏洞），成功引导电商进入新的发展阶段。无论是以淘宝、京东为代表的第一代电商还是以拼多多为代表的第二代电商，它们提供的都是商品展示平台，需要用户自己在上面检索。这就要求用户明确知道自己的需求，按照相应的参数在第一代、第二代电商平台上检索，在生成的产品目录里进行挑选。而抖音则是内容电商，并不需要用户明确知道自己的现实需求，它通过大数据来推测消费者的痛点，然后通过短视频和直播的形式直接针对潜在消费者的痛点提供解决方案，不但在内容上比较友好，而且在方式上（直播）更加人性化，解决了网上购物体验差的问题。比如，在传统电商平台上，顾客想要搜索化妆品，他们只能一样一样地检索、比对，然后下单。但是在抖音这种内容电商的场域里，短视频和直播都是提供内容的，也就是将化妆品转化成内容提供给消费者，比如参加前男友的婚礼要怎么化妆，出席晚宴怎么搭配首饰等。[①]在这样的内容加持下,抖音不仅将产品卖给顾客,还为顾客提供了解决方案,这就比第一、二代电商友好很多,也更以消费者的需求为中心。因此,抖音慢慢占据了很高的市场份额。就在很多人认为抖音还是娱乐软件的时候,抖音已经悄悄做起了电商,并且在你没有意识到的情况下将商品卖给了你。我们用表 7-5 来分析一下抖音的商业模式,看看抖音做对了哪些事情,从而证明了它的商业模式的正确性。

表 7-5 抖音的商业模式

问题	结论	前提	未表达前提
如何与其他电商进行差异化竞争?	做内容电商	直接提供给顾客解决方案	之前的电商只提供商品,需要顾客自己知道解决方案
		界面友好、解决体验感差的问题	之前的电商都是静态陈列商品,没法试穿,没法体验

我们也可以从发现问题的角度来重构表 7-5 的内容,来看看抖音是怎样针对一个具体的需求或者现实中顾客的痛点来设计自己的商业模式的(见表 7-6)。

表 7-6 抖音的问题意识带动的商业模式

问题	结论	前提	未表达前提
顾客不能深入了解所购买的商品的用处(如服装的搭配)	提供解决方案(如不同场景下的服装搭配方案)	将解决方案根据不同场景做成内容	之前的电商只提供产品,不提供产品的使用场景和方案,它们假设顾客深入了解
		利用视频或者直播向顾客提供内容	之前的电商都是静态陈列商品,没法试穿,没法体验

[①] 这有点类似我们在第一章提及的知识体系和知识图谱,第一、二代电商提供的商品清单有点像知识体系,第三代电商如抖音提供商品的方式有点像知识图谱即提供的是解决问题的方案。

表 7-6 和表 7-5 的内容是一样的,只不过是从不同的角度来阐释问题,表 7-5 解决的是电商企业要想生存就必须差异化竞争的问题,而差异化竞争的本质就是发现之前的电商没有解决的需求或者留下的痛点问题,这样就产生了表 7-6。只有解决了现实中的需求或者顾客痛点的商业模式才是好的模式,是能获得成功的模式。从淘宝、京东、拼多多到抖音,我们也能观察到,社会的进步也是被批判性思维推动的,没有哪一种商业模式能适配所有的时代,每一种成功的商业模式都是在发现现有的商业模式的问题、漏洞、没有解决的需求和潜在痛点的基础上建构起来的,并且依据客观真实、形成逻辑闭环(正确推理)才能在市场的浪潮中站稳脚跟,最终实现新旧商业模式的更新和迭代,推动商业社会不断前进。

第八章
个人生活中的批判性思维

一、知道自己不知道是一种难能可贵的品质——秋裤风波

有一次,一名学生跟我分享了她和妈妈最近的一个矛盾。故事是很常见的桥段——有一种冷叫作你妈觉得你冷。该名学生的妈妈认为长春已经初冬了,天气已变寒冷①,每次打电话都提醒这名学生要穿秋裤。提醒的次数多了,该名学生就感到厌烦,于是和母亲发生了争执。这是现实生活当中的一个场景,很多人听过之后会一笑了之,并认为这是母女之间平常得不能再平常的互动。但是作为一名从事批判性思维研究的老师,我敏感地抓住了这次教学的机会,即使它并没有发生在正常的课堂教学过程中。于是,在当时已经穿了秋裤的我进一步问该名学生:"那你是穿还是不穿呢?"

学生说:"老师,我不穿。"

我继续问:"为什么呢?"

---

① 长春初冬的温度大概零下十多摄氏度,并且会下雪,深冬会达到零下三十多摄氏度。

学生说:"我不觉得冷,为啥要穿?"

好了,对话进行到这里,我们已经能够将这名学生的思维路径完全地展示出来。该名学生遇到的问题是"你妈认为天气冷,让你穿秋裤",该名学生的结论是"不穿"。该名学生为自己的判断提供了一个理由(前提)——我并不觉得冷(推理)。那么问题来了,该名学生头脑中的观念(未表达前提)是什么?是该名学生认为她能够正确感知是否寒冷。我们用表格将这名学生的思维过程呈现出来(表 8-1)。

表 8-1 秋裤风波中女儿的思维模型(分析论证)

问题	结论	前提(理由)	未表达前提(观念)
妈妈认为天气冷,应该穿秋裤	不穿	我并不觉得冷	我能够正确感知是否寒冷

通过表 8-1,我们能够观察到,女儿(该名同学)之所以不穿秋裤是因为她没有感觉到冷,如果她感觉到冷,就会穿秋裤。这里有一个隐含的前提,也就是未表达前提(该名同学的观念)——这名学生认为自己能正确感知是否寒冷,这是导致她和母亲之间矛盾的根源,并且就因为这个矛盾,母女之间拒绝沟通。那么该名同学头脑中的观念是否正确呢?哲学把人分成"物质体"和"我自己"两个层面,"我自己"能完全地感知我的"物质体"吗?其实并不能,人对自己身体的了解程度不超过 5%。[1]举个例子,人为什么会着凉感冒?原因就在于当你自己不觉得冷的时候,你的身体已经冷了,于是你就着凉了。还有一个例子发生在我的母亲身上,有一天她觉得冷,一直抱着一个暖宝,后来她发现皮肤有

---

[1] 张羽. 只有医生知道[M]. 南京:江苏人民出版社,2013:1.

一些烫伤，但是她当时并没有感觉到烫。以上这两个例子告诉我们，人的感觉能够感知的范围其实是非常有限的，所以该名学生头脑当中的假设——我能正确感知是否寒冷——其实是靠不住的。结合表 8-2，我们来看一下对秋裤风波中女儿的思维模型的评论论证。

表 8-2　秋裤风波中女儿的思维模型（评论论证）

分析论证				评论论证
问题	结论	前提（理由）	未表达前提（观念）	①前提不为真 ②前推推不出结论
妈妈认为天气寒冷，应该穿秋裤	不穿	我并不觉得冷	我能够正确感知是否寒冷	未表达前提不为真，前提推不出结论

通过挖掘该名女学生的未表达前提，并且结合医学数据和现实的例子，我们发现人是不能够完全感知是否寒冷。这是一种依据感觉作判断的思维方式，属于非理性思维。正确的做法是什么呢？批判性思维强调，要想对问题得出正确的结论必须依据客观真实，那么在判断温度方面什么是客观真实呢？——天气预报。① 也就是说，真正正确的方法，是按照季节、节气和气温来随时增减衣物，而不是依靠自己的感觉。这位学生的妈妈也不是一个擅长批判性思维的家长，她采取的方式是一遍一遍地提醒女儿多穿一些，但是家长的这些叮嘱有的时候在儿女眼中是没有必要的担忧。如果家长擅长分析人的思维，明白家长和子女之间的差距在于头脑当中的假设不同，采取论证、推理等理性的方式让子女认同自己的观点，那么类似的发生在子女和父母之间的矛盾就会少

---

① 在没有现代意义上的天气预报的时候，中国古人创造了二十四节气，指导人们生产和生活。

一些。

　　这是用批判性思维解决生活中问题的小例子，这个例子虽然是发生在母女之间，但是纠正女学生错误观念的过程发生在我和该名女学生之间。在我的循循善诱之下，女同学开始逐渐探索到自己意识深处的观念，这些观念有时候是她自己都没有意识到的，所以也被称为潜意识。她是比较幸运的，身边有能够提点自己、推动自己思考的人。但如果是普通人，在身边缺乏思路特别清晰的人的指点的情况下，又怎样获得成长呢？这就需要时刻反思自己的言行，把自己当成被观察的对象，观察自己对某个问题的反应（结论），然后寻找自己得出结论的原因，再挖掘背后隐藏的深层次意识和观念。这就是杜威所说的反思性思维，也就是批判性思维的别称。它是指批判性思维可以被人们用来反思自己的行为方式、心智模式，不断提升自己的观念、认知，从而获得对外在事物更好的判断，进而获得更好的、更智慧的人生体验。瑞士心理学家荣格说过一句话，不能把潜意识放进意识，那就是你的命运。这句话的意思是说，我们总是下意识地（在潜意识支配下）对事物（问题）做出反应（得出结论），就像上文那个不穿秋裤的女学生一样，但是这些在潜意识支配下得出的结论其实是不正确的，这就会导致一定的后果，比如上文不穿秋裤的女孩可能会冻感冒、可能会得风湿病。但是，如果她在总是感冒、反复腿疼的情况下，没能反思到这是由于自己在不正确的潜意识支配下得出了错误的结论，却感慨命运多舛，这就是错误归因，没有探查到自己受了"潜意识"的捉弄。但实际上，具有批判性思维的人，或者说能够利用批判性思维进行自我反思的人，他们最终能够挖掘出自己隐藏在意识深处的潜意识（那个总是让自己做出错误决定的罪魁祸首），改正它，然后改变自己对某个问题的结论，从而获得一个好的结果。这就是荣格所说的，不具备批判性思维就不能发现自己潜意识中存在的错误观念，就没办法纠正自己在错误观念之下得出的错误结论，反而认为这是自己的命不好（表8-3）。

表8-3 认为自己命运坎坷的思维模型

	分析论证				评论论证
	问题	结论	前提（理由）	未表达前提（潜意识）	①前提不为真 ②前提推不出结论
荣格：不能把潜意识放进意识，这就是你的命运（你误以为是命运坎坷，其实是潜意识作祟）	为什么我的命运坎坷？	你对生活中的很多问题的结论与真实的世界存在矛盾（结论不正确，但你没有意识到）	结论不正确是因为推出结论的理由是想当然的，是站不住脚的	想当然的理由受潜意识支配	①潜意识不正确导致理由不正确 ②理由不正确导致结论不正确 ③结论不正确导致命运坎坷
具体实例	为什么我身体不好，总是感冒	你穿的衣服过薄，但是你没有意识到你的结论（穿过薄的衣服）是不对的	我没觉得冷	我觉得我的感觉是准确的（这就是你的潜意识）	你的潜意识是错误的，不应当依据感觉，而应当依据天气预报穿衣服

结合表8-3，一个人只有深入细致地分析自己得出结论的前提以及隐藏在背后的潜意识，然后用客观依据来判断自己的潜意识，发现自己的潜意识是错的并勇于纠正，才能突破自己在现实生活中遇到的困境、窘境以及所谓的坎坷命运。因为外在世界是不因主观意志而改变的，长春冬天天气寒冷，零下二十多摄氏度这个客观真实不会改变，你只能通过改变自己的决定（对待寒冷这个客观场景的决策）才能解决自己总是感冒这个问题，而想改变自

己的决定，就得先洞察自己的潜意识，看看自己是不是在被想当然的、不正确的潜意识所支配。

因此，撒切尔夫人说过："注意你的思想，因为它会变成你的语言；注意你的语言，因为它会变成你的行为；注意你的行为，因为它会变成你的习惯；注意你的习惯，因为它会变成你的性格；注意你的性格，因为它会变成你的命运。我们怎么想问题，我们就会变成怎样的人。(What we think, we become!)"

二、用想象代替法律——婆婆诉儿媳赡养义务案

这是我实际接触的一个案子，一个婆婆将儿媳告上法庭，称她的儿媳妇不履行赡养义务，请求法院依法作出裁判。我们还是用表 8-4 来分析一下婆婆的思维模型。婆婆面临的问题是儿媳妇不赡养婆婆，婆婆采取的对策（也就是结论）是上法院起诉，这么做的前提是她认为儿媳妇有赡养婆婆的义务。这样就构成了一个完整的论证，我们通过分析论证将这个思维过程呈现出来。

表 8-4　婆婆的思维模型（分析论证）

问题	结论	前提
儿媳妇不赡养婆婆	婆婆到法院起诉请求法院判决儿媳妇履行赡养义务	儿媳妇有赡养婆婆的义务

那么我们需要判断婆婆的这个观点有没有问题。经过查阅相关法律，我们发现《中华人民共和国老年人权益保障法》规定，赡养人是指老年人的子女以及其他依法负有赡养义务的人。赡养人的配偶应当协助赡养人履行赡养义务。可见，子女的配偶不属于赡养人的范畴，所承担的仅仅是协助赡养义务，法律也没有规

定儿媳对公婆、女婿对岳父母负有赡养义务。因此，婆婆只会败诉。结合表 8-5，我们来分析一下婆婆为什么败诉，错在哪里。

表 8-5 婆婆的思维模型（评论论证）

问题	分析论证		评论论证
	结论	前提	①前提不为真 ②前提推不出结论
儿媳妇不赡养婆婆	婆婆到法院起诉，请求法院判决儿媳妇履行赡养义务	儿媳妇有赡养婆婆的义务	法律没有规定儿媳妇有赡养义务，前提不为真

这个例子说明了婆婆头脑中的法律观念是不正确的，也就是前提不为真，把不应当由儿媳承担的赡养义务强加给儿媳，这就是道德绑架。举这个例子不是为了宣扬儿媳妇可以不管公婆，是要捋清楚公婆和儿媳之间的本质关系是什么。对于公婆而言，自己的子女赡养自己是本分，子女的配偶赡养自己是情分。老人不能用"本分"来要挟儿媳或者女婿；如果子女的配偶对老人照顾有加，老人也不能心安理得地接受而不表示感谢。

本章的两个例子都是发生在日常生活中的，我们能够观察到前两个例子的当事人头脑中的观念都不清晰，也就是对客观真实的认识不够，致使他们在遇到问题（天气寒冷要不要多穿、儿媳妇要不要赡养婆婆）的时候作出了错误的决策。生活中的批判性思维的例子特别多，读者朋友们可以尝试使用本书分享的方法来分析论证和评论论证一个人或者一件事情的思维模型，这样你就比较容易找到"出"问题的"点"在哪里，然后能较为容易地纠正它。

第九章
科学世界中的批判性思维

一、大事不好——冥王星被踢出了九大行星

我们接下来要讲一个科学世界中的著名故事——冥王星的遭遇，冥王星自从 1930 年被人类发现以来，一度位列九大行星。然而在 2006 年，国际天文学会经过投票，决定把冥王星从九大行星行列中剔除，现在冥王星只能被称为太阳系的矮行星。这到底是怎么一回事呢？

冥王星的行星命运就是这么离奇。人们一开始在强烈地凑够九大行星的愿望下，把它列入了行星的行列，这是当时轰动一时的科学新闻。但后来，经过科学家的观测，他们发现最初对冥王星的质量以及体积的计算有误，其实它的个头比想象中要小得多，尽管冥王星也拥有卫星，但这并不满足行星的标准。同时冥王星的轨道特征也与其他行星明显不同，它的性质更类似于几大行星的卫星。冥王星的轨道与太阳系中其他行星的轨道平面有明显的角度差异。

2006 年，国际天文学会再次明确了行星的概念："行星"指的是围绕太阳运转、自身引力足以克服其刚体力而使天体呈圆球

状、能够清除其轨道附近其他物体的天体。在太阳系传统的"九大行星"中,其他八大行星符合这些要求。冥王星由于其轨道与海王星的轨道相交,不符合新的行星定义,因此被自动降级为"矮行星"。于是在国际天文学会重新界定了行星的标准之后,冥王星就被彻底排除在了九大行星之外。我们用表 9-1 和表 9-2 来描述一下这个冥王星被纳入九大行星又被踢出九大行星的思维过程。

表 9-1 冥王星被纳入九大行星家族

问题	结论	前提	未表达前提
冥王星属于九大行星吗?	属于	冥王星符合行星定义	行星的定义对体积、轨道和所携带的卫星有明确规定

在最开始,冥王星被列入九大行星范围之内的时候是符合行星的定义的,但是随着后来科学家探测的数据和观察结果的增多,冥王星的一些数据和信息就不符合行星的定义了,所以冥王星就被踢出了九大行星的家族(表 9-2)。

表 9-2 冥王星被踢出九大行星家族的思维过程

问题	结论	前提	未表达前提
冥王星属于九大行星吗?	不属于	①科学家重新测量了冥王星的体积,发现其体积不符合行星的要求 ②科学家重新观测了冥王星运行的轨道,发现其轨道不符合行星的要求	行星的定义对体积、轨道和所携带的卫星有明确规定

我们发现对于同一个问题——"冥王星属于九大行星吗?",表 9-2 中的结论和表 9-1 中的结论是不同的,得出表 9-2 中的结论——冥王星不属于九大行星的原因在于科学家观测到了新的数据和信息,改写了之前的前提(即表 9-1 中的前提不再为真),使得冥王

星在体积和轨道两个方面不再符合行星的定义了。因此，冥王星就被踢出了九大行星家族。

通过这个科学发现的例子，我们也能感受到科学的结论也是会随时被新发现推翻的，这也是科学不断进步的原因。就像当初"地心说"被"日心说"取代，纯粹的理论推导被伽利略的实验科学佐证一样。

二、大胆假设小心求证——苯分子的结构和钨丝灯泡

苯分子在 1925 年就已经被发现了，但是在此后的几十年里，人们一直不知道它的结构。德国有机化学家凯库勒曾经提出碳四价和碳原子可以连接成链这一学说，即凯库勒奠定了碳原子链状结构的理论基础。对于苯分子的结构，凯库勒在分析了大量的实验事实之后认为，苯分子中有六个碳原子和六个氢原子，它们的结构非常对称，也是链状结构。但是凯库勒竭尽全力，尝试了多种开链式结构，但又因与实验结果不相符而将其否定。苯分子的结构对凯库勒来说一直是一个谜。一天傍晚，凯库勒坐下写一本教科书时，头脑中还在思考这个问题。但是想着想着就困了，就进入了梦乡。他梦见一条长长的碳链像蛇一样扭动，突然这条蛇咬住了自己的尾巴，构成了环形。他由此得到启发，想到了苯分子中的碳链极有可能是一个闭合的环，于是经过实验，凯库勒终于发现了苯环的结构（图 9-1）。

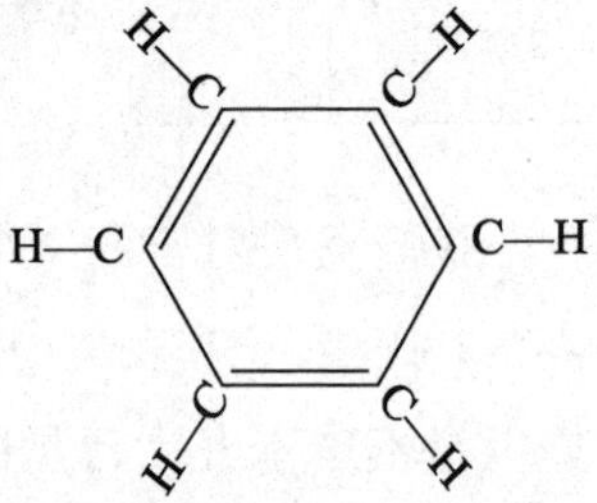

图 9-1　苯分子结构图

我们用表 9-3 来呈现一下思维过程。

表 9-3　苯分子结构的发现过程

问题	结论	前提	未表达前提
苯分子的结构是什么样的？	一直没有发现苯分子的结构	凯库勒实验了多种开链式结构	凯库勒虽然提出了碳原子链状结构，但彼时他认为链状结构都是开链式结构
	发现了苯分子的闭链式结构	凯库勒通过实验证明了苯分子的闭链式结构	凯库勒梦到了闭链结构，从而改变了自己对于链状结构都是开链式结构的固有观念

这就是神奇的科学发现。有时候科学发现是先有结论、后有前提的，即科学家先提出一个假设（这个假设是对结论的假设），然后再通过实验验证这个假设。在之前的研究中，凯库勒一直认为碳原子链的链状结构是开链式结构，并在这种想法（认知）的支配之下试图通过实验来检测出苯分子的结构，但一直无果。直到凯库勒在做梦的时候梦到了一个闭链式碳原子结构，他由此获得了灵感，然后尝试验证闭链式的苯分子结构，最终解开了苯分子结构这个谜团。这在某种意义上就是胡适所说的"大胆假设，小心求证"，只不过凯库勒的大胆假设是在梦境中获得的启示，这个启示跟想象力也有关系。这就是我们通常所说的"不要扼杀孩子的想象力"的原因，有时候想象力可能会指引我们通往正确的结论，有了想象力，我们就可以通过实验的方法去验证我们想象的事物是不是正确的。科学研究不都是从前提到结论的过程，还有很多科学研究的进程是先设想结论，然后通过实验去验证结论。而先假设结论是需要一定的想象力的。先有结论后有前提，用前提验证结论的过程叫作论证，而从前提到结论的过程叫作推理，

这两者的区别我们之前提及过。通过这个科学小故事，我们也能发现，一个科学问题也好，社会问题也好，一旦没有结论或者结论跟客观真实不一样，那么问题一定会出现在前提和未表达前提环节。当人们认识或者觉察到前提和未表达前提存在的问题的时候，真正的结论可能就出现了。

我们再用另一个科学故事——爱迪生与钨丝灯泡的故事来展示一下科学世界中的批判性思维。很多人错误地认为是爱迪生发明了灯泡，事实上，灯泡是在1854年的时候，由德国的亨利·戈培尔发明并且进入到实用阶段的。只是当时的灯丝不耐用，所以没有普及开来。当时的灯丝为什么不行呢？白炽灯将电能转化成热能，在这个过程中需要把灯丝加热，温度甚至达到上千摄氏度，在这样的高温状态下，很多材料是承受不住的，因此使用寿命就很短。为了解决这个灯泡（由于灯丝材料不行）使用寿命短的问题，爱迪生从1879年开始，筛选了6000多种材料，最终确定了钨丝是充当灯丝的绝佳材料。我们用表9-4呈现一下爱迪生发现钨丝材料的思维过程。

表 9-4 什么材料能够充当白炽灯的灯丝

问题	未表达前提	前提	结论
什么材料能够充当白炽灯的灯丝？	要承受白炽灯从电能转化而来的热能，灯丝要能够承受上千度的高温	对6000多种材料进行了试验	？（钨丝）

根据表9-4，爱迪生面临的问题是"什么材料能够充当白炽灯的灯丝？"。这种材料必须满足耐热耐高温的特性（未表达前提，也就是大前提）。爱迪生经过对6000多种材料的测试，终于发现了钨丝是可以满足大前提要求的材料，最终对问题得出了结论。

表 9-4 将结论放在最后，是因为在爱迪生发现钨丝这个案例里，大前提是已知的，实验的手段也是常规的，只有结论是最后得出来的。因此，我们将顺序稍微调整了一下，以展现在人类的思维过程中，很多要素之间的关系和前后顺序是可以调整的，这取决于实际情况。通过这个例子，我们可以发现，爱迪生得出钨丝这个结论经过了成千上万次的实验，排除了 6000 多种材料，这个过程就是为了找到客观真实。要想得到钨丝这个正确结论，必须依据客观真实，必须经过实验进行反复验证，证明前提能够推出结论，这是完全符合批判性思维的特征和要求的。

要想从事科学研究，不具有批判性思维是不行的，虽然本书仅举了几个特别简单的例子来说明批判性思维在这个领域中的运用，但需要注意的是，科学研究不仅包括自然科学，还包括社会科学，所有研究必须遵循批判性思维的规律。

第十章
阅读与写作中的批判性思维

　　我关于批判性思维的研究其实是始于写作研究的,那时候我还是一名普通的法学教师,由于在 2012 年评上了硕士研究生导师,又在 2016 年评上了博士研究生导师,摆在我面前的一个问题就是我不仅自己要会写论文,还要教会我的学生写论文。为此,我不停地摸索并且运营了一个写作类的公众号,在上面分享写作心得。最开始的写作指导都是经验型的,不够触及本质,而且师生之间经常会因为底层的逻辑、话语体系没有达成一致而沟通不畅。因此,我开始到国外大学的网站上查询和检索它们是如何教写作的。后来批判性思维就进入了我的视野,因为国外的写作课都是在批判性思维的基础上展开教学的。再后来,我就对批判性思维产生了浓厚的兴趣,研究了美国、澳大利亚乃至联合国教科文组织关于批判性思维的研究进程、政策文件,以及它对教育(不仅是高等教育)的重要作用,正如我在第二章所说的,批判性思维具有底层性和多学科性,对于人的学习和全面发展非常重要,于是我就将批判性思维作为自己的研究方向之一,尝试开启中国批判性思维及其场景化的研究。

不过多介绍我的研究经历,我们还是把视线拉回到阅读[1]和写作上,让我们一步步揭示批判性思维对于阅读和写作的重要性。在本书中,介绍这个部分的内容仅想说明阅读和写作本身其实也是必须动用批判性思维的学习过程,凡是没有批判性思维融入或参与的阅读和写作都是不达标的,甚至是敷衍了事的。从论证的角度来看,阅读属于解构论证,写作属于建构论证,读者也可以结合上文的内容对这部分内容进行深入理解。我们分别来看一下批判性思维是怎样对阅读和写作提出要求的。

一、批判性阅读——将阅读推进到思维的层次

学生写作能力不足是阅读能力不够导致的,因为写作是输出,阅读是输入,输入过程质量不高、数量不够、内容不准确都影响输出的质量。因此,我们首先需要抓学生的阅读,让学生深刻理解阅读的要求和标准,而不是像日常那样随意地阅读,那样只能算是装作在阅读。

如表10-1所示,阅读是有层次的。根据《如何阅读一本书》的作者莫提默·J.艾德勒和查尔斯·范多伦的分类,阅读包含基础性阅读、检视性阅读、分析性阅读、主题性阅读,这四个层次是层层递进的关系。我们稍后会对这四个层次进行分析,也请读者们对照一下,看看自己的阅读在哪一个层次。

第一层为基础性阅读,是指读通,你能从前到后读完,没有文字障碍和术语障碍。这种阅读要求并不高,你只要不是文盲,

---

[1] 本书所指的阅读是议论文阅读,专业文献、学术文章都是议论文,都属于本书所指的阅读范畴。

对所阅读的文字材料背景的基础知识有一定了解,就能达到。

第二层为检视性阅读,是指读懂,你在基础性阅读的基础之上,对文章的标题、目录、作者信息、主要内容等都能进行复述,也就是能说出文章的一些客观信息,能描述主要内容,能说出文章的重点以及重要信息。注意这个"内容"是指作为文章物理组成部分的"内容"。

第三层为分析性阅读,是指读透,也被称为批判性阅读,它是在基础性阅读和检视性阅读基础上将一本书的"肉"拆掉,剥离出"骨架"的阅读方法,这副骨架说的就是文章的论证结构,肉就是指通过上文的检视性阅读得到的内容。这部分要求我们能够清晰地透过现象(肉)看到这篇文章的本质(骨头),具体而言就是学生在做完分析性阅读之后能够"准确"回答如下问题:"本篇文章要解决的问题是什么?""针对问题,作者的结论是什么?""作者得出结论的依据是什么?"(这三个问题是分析论证的主要内容。)"这些依据是否符合前提的要求?""这些前提是否能推出结论?""作者的结论是否为真?""作者用的是什么论证方式?""这个论证是可靠或可接受的吗?"(这几个问题是评论论证的主要内容。)怎么样?看到这里,是不是觉得我们在做庖丁解牛的工作,一点一点剔除肉,让骨架露出来。

第四层为主题性阅读。从严格意义上来说,主题性阅读是为写作做准备的,它是指搜集关于某个特定主题的一些文献,对这些同主题的文献进行批判性阅读,最后将这些文献所讨论的问题的主题线索、时间线索、空间线索、作者线索等全部梳理出来,主题性阅读的过程也是形成文献综述的过程。因此,主题性阅读也是在前三个阅读层次,尤其是批判性阅读的基础上展开的。

表 10-1　阅读的层次

阅读层次	名称	定义	要达到的目的	针对的文体
第一层	基础性阅读	你能从前到后读完,没有文字障碍和术语障碍	读通	议论文、小说、散文等
第二层	检视性阅读	在基础性阅读的基础之上,对文章的标题、目录、作者信息、主要内容等都能进行复述,也就是说能说出文章的一些客观信息,能描述主要内容,能说出文章的重点以及重要信息。注意这个"内容"是指作为文章物理组成部分的"内容"	读懂	议论文、小说、散文
第三层	分析性阅读(批判性阅读)	它是在基础性阅读和检视性阅读基础上将一本书的肉拆掉,剥离出骨架的阅读方法,这副骨架说的就是文章的论证结构,肉就是指上文的检视性阅读	读透	议论文
第四层	主题性阅读	搜集关于某个特定主题的一些文献,对这些同主题的文献进行批判性阅读,最后将这些文献所讨论的问题的主题线索、时间线索、空间线索、作者线索等全部梳理出来,主题性阅读的过程也是形成文献综述的过程。因此,主题性阅读也是在前三个阅读层次,尤其是批判性阅读的基础上展开的	为写作做准备	议论文(写作)

在阅读的四个层次中,基础性阅读和检视性阅读是批判性阅读的基础,主题性阅读是大规模的,针对所有文献开展的批判性阅读。结合本书的主题,我们主要介绍批判性阅读,其他的阅读类型请读者自行学习①。同时需要提醒读者注意的是,检视性阅读需要动用的就是我们在第五章的前提线索中的准确前提形成部分

---

① 可阅读笔者所著的《批判性思维与写作》《100 天写出一篇论文——论文写作的本质及过程控制》。

提及的六项思维工具——抽象、概括、分析、综合、比较、分类，在这里也不详细介绍了，我们只针对批判性阅读展开介绍，目的是让读者清晰地认识到，阅读需要推进到批判性思维的层次，即将批判性思维融入专业文献的阅读中。我们以一篇短小的文章为例：

论司法的性质与功能："大学生掏鸟窝"应当受到惩罚[①]

曾经，"大学生掏鸟窝"一案的判决引发了强烈的社会关注和公众热议。不少人认为司法判决违反常理不能被公众接受。主要原因无外乎对大学生施以10年的刑罚判得太重[②]；大学生不知情，无法辨别国家二级保护动物不应当受到法律这样的严惩；司法在人和鸟之间选择保护鸟，丝毫不顾及大学生的前途和国家未来的发展。更有人提出，司法没有履行告知和教育的义务，对于法律的宣传和普及工作做得不到位。于是，关于司法是否需要合乎情理的话题再次成为法学界热议的焦点。司法是否必须让公众满意取决于司法的性质和功能。在当今中国，司法的性质和功能定位就决定了司法判决在效果上很难完全让公众满意。

从合法性的角度来看，法院的判决是于法有据的，即10年的有期徒刑是基于法律的规定作出。《刑法》第341条明确规定，非法猎捕、杀害国家重点保护的珍贵、濒危野生动物的，或者非法收购、运输、出售国家重点保护的珍贵、濒危野生动物及其制品的，处五年以下有期徒刑或者拘役，并处罚金；情节严重的，处五年以上十年以下有期徒刑，并处罚金；情节特别严重的，处十年以上有期徒刑，并处罚金或者没收财产。同时，根据《最高人

[①] 范文是作者综合案件情况和行文报道自编的一篇示例。

[②] 涉案的两名大学生，一名被判处有期徒刑10年半，一名被判处有期徒刑10年。后文统一表述用10年来概称。

民法院关于审理破坏野生动物资源刑事案件具体应用法律若干问题的解释》，6只属于情节严重，10只就属于情节特别严重。本案中，涉案的燕隼，属于国家二级保护动物，符合《刑法》第341条规定规定。同时，两名大学生捕获、贩卖的数量一共是16只，符合《刑法》和《最高人民法院关于审理破坏野生动物资源刑事案件具体应用法律若干问题的解释》中关于情节特别严重的规定。因此，法院并没有重罚，完全是依据法律规定做出的判决。

此外，"法盲"不是借口，不能成为免责的理由。法律认识错误，是指行为人对自己的行为在法律上是否构成犯罪、构成何种犯罪或者应受怎样的处罚，有不正确的理解。这种不正确的理解，或是由不知法律规定，或是由误解法律规定所引起的。行为人对法律的这种认识错误，并不影响其行为的性质和危害程度，司法机关应当按照其实际行为是否违法及其危害严重程度，追究其相应的法律责任。本案中，"知不知道燕隼是二级保护动物，以及知不知道因此受到严惩"属于法律认识，并不影响法律行为的性质和危害程度。因此，法院不能，也没有权力因为两名大学生"不知情"而免除对他们的刑事处罚。

法律生效的方式是"公布实施"而非每个公民皆知晓。法律自相关机关公布实施之日起就对全社会具有约束力。为配合法律的生效，相关机关会进行相应的普法宣传。法律生效方式以及普法宣传只是尽量保证全社会知晓法律内容，但不能保证每个公民知晓，这不是法律生效的前提。同时，作为法治社会的公民也有义务"知法懂法守法"。本案中，法律已经生效并向全社会公布，法律已经完成了必要的程序，不能苛求法律的生效方式和普法宣传做到每个人都知晓，因为公民个人也有知法守法的义务。涉案当事人应当在行为之前了解自己行为的性质，这也是法治社会对公民的要求和公民的义务。因此，认为司法以及法律没有告知的观点是错误的。

司法的主要功能是维护社会秩序，具体的做法是依法裁判，纠正被扰乱的社会秩序。本案看似保护了鸟没有保护人，导致公众无法接受，但是从更大的社会秩序来看，尤其是在恶意捕杀贩卖野生动物仍然猖獗的当下，司法机关做出这样的判决是没有问题的。

司法的特征就是事后救济，司法不是最优和成本最低的解决问题的方式，只是社会和行为人无法正确行为时的纠偏机制。本案中那些认为司法应当走出被动保护心态的观点本身存在对司法不正确的理解，因此也是站不住脚的。

"大学生掏鸟窝"一案具有典型的时代意义：一方面，我国依法治国、建设法治社会的进程在稳步推进；另一方面，公众的法律意识仍然不高，在日常生活中自觉用法律约束行为的意识尚未形成。司法机关之所以在一审、二审以及再审中均维持了10年的刑罚，也是想用此案来说明：在一个法治社会，知法懂法守法是一个公民的基本素养和基本义务，法律没有讨价还价的空间。这个案件必将起到一定的震慑和示范效应，也会进一步推动我国的法治建设。

上文已经指出批判性阅读就是将文章要解决的问题、针对问题的结论，以及得出结论的前提提炼出来，这个过程是分析论证，同时我们还要对作者的问题、结论、前提进行评价，也即评论论证的内容。我们用表10-2来呈现对范文的分析论证，然后再用表10-3来呈现对范文的评论论证，这样就对一篇文献完成了批判性阅读。

表 10-2 对文章观点的分析论证

问题	结论	前提	未表达前提
司法的性质和功能是什么？司法判决应该让公众满意吗？	中国司法的性质和功能决定判决在效果上无法完全让公众满意	①司法判决符合法律规定，是正确的； ②法盲不是借口不能免责； ③不能渴求法律确保每一位公民知晓法律内容，法治社会中公民有知法懂法的义务； ④司法选择保护"二级野生动物"是在维持社会秩序； ⑤司法无法做到"事前保护"以及走出"被动保护心态"； ⑥法治社会是司法和公民法律意识的双方互动	①司法的性质是国家权力而不是社会权力； ②司法裁判只需要满足合法性就是正当和正确的； ③现行法律规定是没有问题的； ④法官只能依据法律做出判决，法官不能超越法律； ⑤判决的社会效果不是司法主要考虑的内容； ⑥司法关注更大范围的秩序而非个案中的结果； ⑦法治社会也需要公民自己提升法律意识

这就是范文的论证结构，我们使用分析论证的方法将作者的底层逻辑全部剖析出来摆在读者面前，作者的观点能不能站得住脚呢？我们接下来还需要使用评论论证的方法来辨别作者观点里的"陷阱"，它非常具有迷惑性。

我们来看一下作者的前提和未表达前提就能发现，作者存在前提不为真和未表达前提都存在不为真[①]的情况。首先，作者认为"法律一经公布实施就生效,公民有知法懂法守法的义务"（前提③）来证明司法判决是没有问题的，但是这样一个观点忽略了国家也有普法宣传进行法制教育的责任，如果国家将对燕隼一类动物的保护宣传做到像大熊猫、东北虎一样周全，如设置保护区、确立明确标识、加大宣传力度等来配合法律的实施，公民知法懂法守法就有了更为良好的社会支撑。这都是典型的将相关关系当作因

---

① 未表达前提不为真直接导致由前提推不出结论。

果关系所犯下的错误,使得作者忽略了其它的、可能的、导致大学生被追究责任的根本原因。这一前提推不出结论。其次,作者认为我国的法律规定没有问题(未表达前提③)。是这样吗?我国刑法及相关司法解释规定,捕猎燕隼这种二级保护动物,6只属于情节严重,10只属于情节特别严重,两名大学生掏了16只,所以被列为情节特别严重这一档。同一类型案件,如果当事人只掏了5只鸟,就可以在五年以下量刑,甚至还可以缓刑。①但是就相差5只的数量,如果当事人掏了10只就只能在10年以上量刑。为什么捕猎5只以下最轻可以缓刑,不必收监执行;捕猎10只就要10年以上刑罚?这种因果关系何在?也即,从捕猎的第6只到第10只,刑罚上涨了10年有期徒刑的原因在哪里?此外,刑法考虑量刑的因素除了数量,还有手段、方式、方法、社会效果等因素,那么为什么在此罪中只选择了数量标准?②在本案中,数量与判刑10年其实也不具备因果关系,只是相关关系,这也是为什么公众对判决结果普遍存在不满和质疑的原因所在。

这样一来,我们就能判断出作者的结论是不是成立了。我们还是用表10-3来呈现对范文的评论论证。

通过这样的分析,你就能看出作者的观点有很多值得商榷的地方,作者的结论并不能成立。这样,我们就完成了对这段文字的批判性阅读。要想完成这样的阅读并不容易,它要求我们首先

---

① 参见《屈某某非法猎捕、杀害珍贵、濒危野生动物罪案》,(2016)宁0105刑初185号;《沈某非法收购、杀害珍贵、濒危野生动物案》,(2016)粤0511刑初190号;《冉某非法猎捕、杀害珍贵、濒危野生动物罪、非法狩猎案》,(2015)万法环刑初字第00007号。

② 李拥军:《合法律还是合情理:"掏鸟窝案"背后的司法冲突与调和》,《法学》2017年第11期。

表 10-3　对文章观点的评论论证

问题	结论	分析论证		评论论证
		前提	未表达前提	①前提不为真；②前提推不出结论
司法的性质和功能是什么？司法判决应该让公众满意吗？	中国司法的性质和功能决定判决在效果上无法完全让公众满意	①司法判决符合法律规定，是正确的；②法盲不是借口不能免责；③不能渴求法律确保每一位公民知晓法律内容，法治社会公民有知法懂法的义务；④司法选择保护"二级野生动物"是在维持社会秩序；⑤司法无法做到"事前保护"以及走出"被动保护心态"；⑥法治社会是司法和公民法律意识的双方互动	①司法的性质是国家权力而不是社会权力；②司法裁判只需要满足合法性就是正当以及正确的；③现行法律规定是没有问题的；④法官只能依据法律做出判决，法官不能超越法律；⑤判决的社会效果不是司法主要考虑的内容；⑥司法关注更大范围的秩序而非个案中的结果；⑦法治社会也需要公民自己提升法律意识	前提不为真：①公民虽有知法懂法守法的义务，但是国家也有普法宣传进行法制教育的责任，如设置保护区、确立明确标识、加大宣传力度等来配合法律的实施，这是公民知法懂法守法的社会支撑。未表达前提不为真：②刑法考虑量刑罚的因素除了数量，还有手段、方式、方法、社会效果等因素，本案涉及的罪名中只选择了数量标准。同时，法律规定的数量与判刑 10 年也不具备因果关系

要完成基础性阅读和检视性阅读，其次要能准确提炼和表达出文字的批判性思维要素——问题、结论、前提以及未表达前提（假设），做到这些也仅是做完了分析论证，要想完成最后一个步骤——评论论证，还需要大量的专业知识来判断作者的未表达前提到底是不是正确的。这才是打开阅读的正确姿势，你知道到了吗？

二、批判性写作——将写作推进到思维的层次

批判性写作其实就是议论文写作，任何涉及解决问题、表明

立场、发表观点的写作都是议论文写作，只不过议论文写作分为学术型和非学术型，前者具有理论性，多指高校科研人员（包括研究生）撰写的理论性文章；后者不具有理论性，多为政府机关、各行业机构撰文，比如法院的判决书、律师的代理意见。[①]但无论哪一种都是议论文，都需要将批判性思维融入其中，否则写作就是失败的。

（一）构思环节

要想进行批判性写作，首先我们手里要有个问题，围绕这个问题要给出前提充分的结论，即在开题的环节就要拿出自己还没有开始写作、尚处于构思环节的论文的论证框架——分析论证。一般情况下我们作为导师是需要学生提供图 10-1 或者表 10-4 这样的论证结构的。

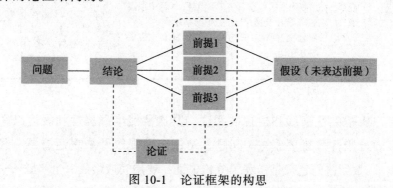

图 10-1　论证框架的构思

表 10-4　论证框架的构思

实然（问题）	过程（论证）	应然（结论）
……	……	……

[①] 学术型和非学术型议论文写作可以结合上文的布鲁姆认知分类来理解，非学术型写作涉及布鲁姆认知分类中的应用，学术型写作涉及创造。

图 10-1 意在使我们能够清晰地描述出写作者围绕问题是怎样得出了论据充分的结论的，该图迫使我们厘清存在于大脑中的信息之间的关系和界限，杜绝整体性思维和似是而非的思考。我们必须明确地将问题表述出来，清晰地向读者展示自己对于问题的总体结论，也就是解决办法是什么。更为重要的是我们需要向读者展示这个解决办法是怎么来的，即符合理论要求并经过推理和论证得出来的，而不是经过主观臆断想象出来的。在这幅图中，问题、结论、前提等要素必须紧密地结合在一起，并在逻辑上实现自洽，有任何逻辑上的瑕疵都会导致论证存在缺陷甚至无效，进而使得论文写作工作前功尽弃。一旦出现了逻辑问题，后续工作即便是按部就班地推进也没有意义，因为逻辑问题是致命的，必须调整好论证框架之后才能够开始下一个环节。

表 10-4 意在使用另外一种方式帮助我们明白自己手中正在从事的工作是怎样的一个现实过程。在表 10-4 中，问题被解释成现状，是一个实然的东西；而我们想做的事情，也就是结论，是一个应然的东西。我们通过论文写作（即研究）其实是想实现将一个事物从实然状态过渡到应然状态。但是中间的"过程（论证）"要求我们必须从科学、本质和规律的角度揭示从实然到应然是如何过渡和实现的。同样，表 10-4 也要求实然、应然和过程在逻辑上是自洽的。

完成这样一幅分析论证的框架图之后，学生就可以参加开题了，开题的过程就是评论论证的过程，老师们会围绕你的前提是否为真、前提能否推出结论以及你要研究的问题是否是一个真问题要求你进行答辩和解释，如果这次考核（开题）通过，你就可以开始撰写自己的论文了。这是在论文的构思阶段体现的批判性思维。

（二）最小论证单元的正文写作

论文的构思阶段属于偏宏观的阶段，这时候的批判性思维体现在论文的架构上，即别人要阅读你的论文时，在读到批判性阅读的那个层次所要读出来的东西。在微观的写作层面也要遵循和体现批判性思维。一篇论文有一个整体要解决的问题、结论和若干前提，从微观角度来看，要想解决整篇文章的宏观问题，需要解决无数微观的小问题，也就是说，论文写作是在一个大的论证架构中嵌套着无数个小的论证结构，每一个最小的论证结构也都需要符合批判性思维的要求。我们再介绍一下 IBAC 的写作结构。IBAC 是指在最小的论证单元中帮助我们理清思路、完整表达论证要素并按照读者最容易理解的方式呈现写作内容的一种指导性写作结构。其中：I（issue）代表问题；B（base）代表基础，也就是大前提、未表达前提等；A（analysis）是指分析，也可以指代小前提；C（conclusion）代表结论。IBAC 结构是符合上文强调的论证结构的，我们将论证结构和 IBAC 结合在一起，用图 10-2 来呈现。

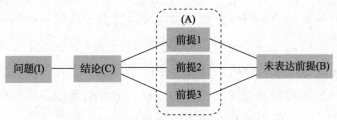

图 10-2　IBAC 写作结构与批判性思维

我们先来看一篇示例，这是一篇学生交上来的论文初稿，该论文题目为《外国仲裁裁决司法审查中的问题及对策研究》，本段落选自分析问题的一部分，这位学生意在指出外国仲裁裁决司法审查中存在问题（形式要件审查不完整、实质要件审查不统一）的其中一个原因是现有法律规定内容缺失。从论证上来看，这就是构成文章正文内容的一个最小的论证结构。学生提交上来的原文存在很多写作上的问题，条理不清晰，不太容易懂。在我们用IBAC规范思路和改写之后，思路就非常清晰了。

示例原文：

现有法律规定内容缺失

从法律规定的内容中可以看出，其主要规制了外国仲裁裁决司法审查的形式要件，包括管辖法院、当事人应当提交的申请材料、申请承认执行的期间。而《纽约公约》中的七个拒绝承认执行的理由，我国法律中则鲜有涉及。唯一有所涉及的是《最高人民法院关于审理仲裁司法审查案件若干问题的规定》的第16条，该条规定了涉及公约第5条第1款（1）项时适用何种冲突规范确定仲裁协议效力应当适用的法律，但也仅仅涵盖了该项事由中很小的一个方面。因此，如何认定外国仲裁裁决是否符合《纽约公约》的相关标准，在我国法律中就处于真空状态，并没有哪个法律条文对此进行规制。

示例重构：

I句：现有法律规定内容缺失

B句：理论上，外国仲裁司法审查的内容包括如下几项：仲裁协议无效，未给予适当通知或未能提出申辩，仲裁庭超越权限，仲裁庭的组成和仲裁程序不当，裁决不具有约束力或已被撤销、停止执行等，同时还要求满足争议属于可仲裁的事项以及不违反公共秩序等要求；实践中，《纽约公约》这个被全球广泛承认的涉及仲裁裁决承认的公约在其第5条详细地规定了上述内容。

A句：相较之下，我国法律只规定了外国仲裁裁决司法审查的形式要件，包括管辖法院、当事人应当提交的申请材料、申请承认执行的期间。《纽约公约》中的七个拒绝承认执行的理由，我国法律中则鲜有涉及。唯一有所涉及的是《最高人民法院关于审理仲裁司法审查案件若干问题的规定》的第16条，该条规定了涉及公约第5条第1款（1）项时适用何种冲突规范确定仲裁协议效力应当适用的法律，但也仅仅涵盖了该项事由中很小的一个方面。

C句：因此，如何判断外国仲裁裁决是否符合《纽约公约》的相关标准，我国法律并没有相关规定。

以上，我们用一个特别小的论证单元的写作例子来展示了IBAC写作框架对于写作的重要性，它能够很容易地将问题、结论、前提、未表达前提区分开来，并以一种有序的方式呈现出来。我们在表达的时候可以借助这种写作结构，使读者更容易理解和接受自己的观点。

这样，我们在写作这个环节从构思和最小论证单元的IBAC写作两个方面向读者介绍清楚了批判性思维是怎样渗透在写作的宏观和微观层面的。不包含批判性思维的写作是不成功的写作，不符合批判性思维的要素和要求的写作也是不合格的写作。还是需要提示读者，本书不是专门讲授阅读和写作的书籍，而是因为这两项内容涉及批判性思维才将其列入其中，实际中，很多同学在阅读和写作中也遇到过很多困难，究其原因是批判性思维没有在这两个领域中得到很好的应用。但局限于篇幅，本书只能简单地介绍阅读和写作与批判性思维是怎样联系在一起的，希望读者能从批判性思维的角度重新审视自己的阅读和写作活动，反思自己在阅读和写作中存在的问题。

此外，本书还想指出的是，辩论中的批判性思维与写作中的是一样的，只不过写作是书面表达，而辩论是口头表达，但它们的本质都是围绕一个问题发表观点、表明立场，这个过程就是分析论证和评论论证。无论是辩论的哪一方都首先要对对方的观点进行分析论证，明白他们的结论是怎么来的，然后再进行评论论证，指出对方的错漏之处，这个过程是一个解构论证，在解构论证的基础之上，辩论的目的是建构自己的论证——证明自己的观点是成立的。辩论的本质依旧是上文的解构论证和建构论证、分析论证和评论论证。只不过这个论证的线索被放在特定的辩题之中，那就需要结合该辩题所在的领域，了解该领域的"客观真实"，这属于前提线索的范畴。因此，无论是书面表达还是口头表达，都必须遵循我们上文所指出的批判性思维的四条线索。笔者曾经担任过很多校级辩论赛的评委，老实说，很多学生不会打辩论赛，都是各说各话，没有梳理对方的论证架构（分析论证），没有对对方论证架构中的前提、前提和结论之间的关系作出判断（评论论证）。这样的辩论赛，每一方都在说自己的那点事，对对方内容的抓取和反馈不充分，外在呈现也就不会很精彩。

第十一章
专业学习中的批判性思维

我们在本书的一开始就指出，批判性思维与学科思维有密不可分的关系，学科思维就是批判性思维在具体学科的体现。比如法律思维其实就是指批判性思维在法学学科领域里的体现，它是指针对一个法律问题，得出一个论据充分（法学理论）的结论（法学解决方案）；医学思维其实是指针对医学问题，得出一个论据充分（医学理论）的结论（医学解决方案）。其他各学科思维也都如是。学科思维强调解决的是学科问题，使用的是学科的理论，即前提是属于本学科领域的客观真实，经过正确推理得出一个正确的结论，所以学科思维就是批判性思维在具体学科领域的应用。

一、批判性思维与法律思维

我们再次引用上文提及的张三故意杀人一案来说明批判性思维与法律思维的关系（表11-1）。在该案中，我们要解决的问题是张三是否构成故意杀人罪，使用的大前提是法律条文，其背后是犯罪构成要件理论，其小前提是能够证明案件事实的证据，最后得出了张三构成故意杀人罪这个结论。

表 11-1　张三故意杀人案中的法律思维（批判性思维）

问题（法律问题）	结论（法律结论）	小前提（犯罪事实）	大前提（法律规定）
张三构成故意杀人罪吗？	张三构成故意杀人罪	1. 张三符合故意杀人罪主体要件	主体要件：犯罪嫌疑人需年满 14 周岁
		2. 张三主观上具有直接故意	主观方面要件：犯罪嫌疑人须具有直接故意
		3. 张三实施了杀害李四的行为	客观方面要件：犯罪嫌疑人实施了杀人行为
		4. 李四的生命权被侵害	客体要件：被害人被剥夺了生命权

我们能够很明确地看到表 11-1 呈现的是一个批判性思维在法学领域中应用的例子，它的突出特点是问题、结论、前提都属于法律的范畴。

二、批判性思维与医学临床思维

我们再举一个医学的例子，你就能观察到批判性思维在医学临床诊断中的应用。一个人因长期肚子疼、持续便血便前去就医。医生在了解完情况之后其实已经有了一个初步的答案，怀疑是肠癌。这时候医生依靠专业经验、直觉等做出了初步判断，但是这样的判断毕竟不精准，于是医生对患者进行 CT、彩超检查。CT 和彩超检查结果提示"考虑癌症！"。医生进一步给患者做了无痛肠镜，并在肠镜检查的过程中在患处提取了相关组织细胞，送到病理科进一步检验。很快，病理科提供的病理结果出来了，提示腺性癌细胞肿物。至此，确诊该名患者患了直肠癌。我们用表 11-2 来呈现一下医生诊断患者疾病的过程以及这个过程中的医学临床思维，即批判性思维在临床诊断中的应用。

表 11-2　直肠癌诊断中的医学临床思维（批判性思维）

问题（医学问题）	结论（医学诊断）	小前提（医学检查数据）	大前提（医学理论）
患者持续腹痛便血，是什么疾病？	直肠癌	1. 患者口述	有腹痛便血史
		2. CT 检查提示	阴影
		3. 彩超检查提示	腹部肿块
		4. 肠镜和病理提示	病理分析的结果

三、又是批判性思维——轰动全国的"ATM 机吐钱案"的理论争议本质

我们再来看一个在全国引发了巨大争议的案件涉及的法律思维，该案涉及的人群、覆盖的领域非常广泛，学者在针对此发表观点时使用的就是我们上文所提及的分析论证和评论论证，通过这个案件你就能更清晰地看到法律思维（各学科都是如此）与批判性思维的联系，也能从侧面说明批判性思维学习的重要性。如果不能掌握批判性思维的原理，我们的专业知识就等于白学，因为你并不会用知识解决问题。曾经有一个学生很沮丧地问我："老师，我都学习了三年法律了，为什么我回家的时候，我妈问我隔壁老王的债务需不需要父债子还这么简单的问题我都回答不了？"我说，因为你只学了知识，但是你并不会用这些知识解决现实中的问题。我们今天就将利用专业知识解决专业问题的底层逻辑拆解清楚。

我们接下来介绍的这起在全国都比较轰动的案件，可能法律学习者、非法律学习者以及普通老百姓都有所耳闻，这就是许霆案。2006 年 4 月 21 日晚 10 时，许霆来到天河区黄埔大道某银行

的 ATM 取款机处取款。取出 1000 元后,他惊讶地发现银行卡账户里只被扣了 1 元,内心一阵窃喜之后,许霆又连续取款 5.4 万元。当晚,许霆回到住处,将此事告诉了同伴郭安山。两人随即再次前往提款,之后反复操作多次。后经警方查实,许霆先后取款 171 笔,合计 17.5 万元;郭安山则取款 1.8 万元。事后,二人各自携赃款潜逃。同年 11 月 7 日,郭安山向公安机关投案自首,并全额退还赃款 1.8 万元。经天河区法院审理,法院认定其构成盗窃罪,但考虑到其自首并主动退赃,故对其判处有期徒刑一年,并处罚金 1000 元。而潜逃一年的许霆,2007 年 5 月在陕西宝鸡火车站被警方抓获,17.5 万元赃款因投资失败而被挥霍一空。

广州市中院审理后认为,许霆以非法侵占为目的,伙同同案人采用秘密手段,盗窃金融机构,数额特别巨大,行为已构成盗窃罪,遂判处无期徒刑,并处剥夺政治权利终身,没收个人全部财产。但该案的一审判决引发了特别大的讨论,许霆随后提出上诉,2008 年 3 月,广州市中院认定许霆犯盗窃罪,判处有期徒刑 5 年。许霆再度上诉,2008 年 5 月,广东省高院二审驳回上诉,维持原判。

尽管法院已经对许霆案给出了明确的判决结果,但是围绕案件背后理论的探讨一直没有停止过,我们要向读者介绍一下这些法学争论。在这个过程中,你会发现这里面依旧是批判性思维在法律领域的运用。

许霆案在媒体报道之后迅速引起了社会的激烈讨论。新浪网的民意调查显示绝大多数人认为许霆无罪,这反映出公众的情绪。除了社会公众的关注外,最热闹的当属法学界。各法学院校、法学专家围绕许霆案举办了许多研讨会并进行了热烈的讨论。这起案件目前被定性为刑事案件[1]，但是因为影响巨大，民法学界也加入了讨论的阵营。有不少民法学界的法学专家认为：许霆的行为构成民事上的不当得利。不当得利是指没有合法根据或者事后丧失合法根据，因致他人遭受损失而获得的利益。不当得利的取得不是由于受益人针对受害人而实施的违法行为，而是由于受害人或者第三人的疏忽、误解或者过错。所谓没有合法根据是指既没有法律上，也没有合同上的根据，或者曾有合法根据，但后来丧失了这一合法根据。据此，很多民法学者认为许霆的行为符合不当得利的构成要件。同时考虑到刑法的谦抑性原则[2]，许霆的行为应当尽量采用民法进行调整，不要再动用刑法去解决。

我们先用表 11-3 来呈现一下民法学界对许霆案的看法。

表 11-3　民法学界对许霆案的分析论证

问题	结论	小前提	大前提
1. 许霆的行为是什么性质？	属于民事行为	应当由民法调整，刑法不应当过多介入	刑法应保持谦抑性
2. 许霆的行为属于民事中的什么行为？	民事中的不当得利	许霆获益是提款机的故障导致的，不是许霆自己的非法行为造成的，即银行的损失是其 ATM 机故障导致的	损失是由受害人或者第三人的疏忽、误解或者过错造成的，而不是由受益人的违法行为造成的

---

[1] 刑法和民法是法律的不同分支。违反刑法的行为是犯罪，后果严重；违反民法为一般违法行为，其主要后果为补偿性的赔偿，相对刑法而言没有那么严重。许霆案引发了刑法和民法两个领域的法学专家的讨论，主流观点和法院的观点都认为是刑事案件，属于犯罪行为，但有民法学家认为这不属于犯罪行为，而且在刑法学界内部也存在分歧，我们在正文中会一一介绍。

[2] 刑法谦抑性原则又称必要性原则，指立法机关只有在该规范确属必不可少、没有可以代替刑罚的其他适当方法存在的条件下，才能将某种违反法秩序的行为设定成犯罪行为。

这就是民法学界对许霆案的观点，通过批判性思维的分析论证，我们很容易看出这里面的思维要素以及得出结论的前提。我们再来看看刑法学界的讨论，尽管法院已经作出判决，但刑法学家的讨论依旧未能达成一致意见。就定罪而言，有学者认为许霆的行为构成侵占罪，有的认为构成信用卡诈骗罪，有的认为构成盗窃罪，还有人认为在某种情况下很多人都会经不住诱惑而去做的话，就不应该再将其认定为刑事犯罪行为，支持许霆无罪。接下来我们分别看一下三种不同的刑法观点，你会发现这个过程就是我们上文所提及的分析论证和评论论证。

认为许霆的行为构成侵占罪的理由是侵占罪本质上是将自己合法持有的他人财物非法占为己有。许霆具有合法的取款人身份，他的每一次取款都是正常操作，与一般储户的取款行为并无两样，其行为本身都不违反法律规定。至于出现不当得利的结果，主要原因是 ATM 机出现故障，但该故障并非许霆的行为造成的。许霆只是在主观方面存在过错。如果就此认定许霆的取款行为是违法行为，显然是主观归罪。从整个案情来看，许霆先后存在两个行为，先是通过合法的取款行为获得不当得利，后是非法将其占有，因此其行为构成侵占罪。

但是反对观点认为，根据《中华人民共和国刑法》（以下简称《刑法》）第 270 条的规定：侵占行为的对象仅限于代为保管的他人财物、他人遗忘物或者埋藏物。在许霆案中，在 ATM 机出现故障的情况下，ATM 机内的现金并非由许霆代为保管，而是仍然由银行事实上占有和支配。同时在 ATM 机出现故障的情况下，ATM 机内的现金也并非遗忘物和埋藏物，许霆的行为并非将自己合法占有的他人财物转变为自己或者第三人不法所有，而是将他人占有的财物非法据为己有,自然不属于侵占罪。我们用表 11-4 来呈现一下关于侵占罪的讨论。

表 11-4　对许霆是否构成侵占罪的争论

许霆构成侵占罪吗？				
赞成观点				反对观点
分析论证				评论论证
问题	结论	小前提	大前提	①前提是否为真 ②前提能否推出结论
许霆构成侵占罪吗？	构成	许霆是合法的取款人；许霆通过合法的手段占有了银行的钱	合法持有他人财物	大前提不为真,前提推不出结论 因为: ①《刑法》第 270 条规定:侵占行为的对象仅限于代为保管的他人财物、他人遗忘物或者埋藏物; ②ATM 机出现故障≠财物交由许霆保管≠合法持有他人的财物

以上是关于侵占罪的分析,赞成的观点认为许霆属于合法持有银行的财物,因此构成了侵占罪,但是否定的观点认为许霆没有合法持有银行的财物,原因主要有两个。其一是《刑法》第 270 条规定,侵占行为的对象仅限于代为保管的他人财物、他人遗忘物或者埋藏物;其二是 ATM 机出现故障不等于银行将钱交给许霆代为保管,也不等于许霆合法持有他人的财物。表 11-4 很清晰地呈现出双方在争论过程中的底层思维是什么。

我们再来看第二种学者的不同观点,有学者认为许霆的行为构成信用卡诈骗罪。根据《刑法》第 196 条的规定:信用卡诈骗罪是以非法占有为目的,采用信用卡进行诈骗活动,骗取数额较大财物的行为。但是反对观点认为,利用信用卡诈骗包括使用伪造的信用卡、使用作废的信用卡、冒用他人的信用卡以及恶意透支四种情形。许霆使用自己合法、真实、有效的银行卡,并非使用伪造的信用卡、作废的信用卡或冒用他人的信用卡。与此同时,许霆所使用的工具是借记卡,而借记卡又不具备透支的功能,所以许霆的行为不属于恶意透支。而且构成信用卡诈骗罪,还要求对方即受骗者产生错误认识,并基于认识错误处分财产,而机器是不能被骗的,所以不构成信用卡诈骗罪。同样,我们用表 11-5 来呈现一下关于许霆是否构成信用卡诈骗罪的争论。

表 11-5　对许霆是否构成信用卡诈骗罪的争论

许霆构成信用卡诈骗罪吗?				
赞成观点				反对观点
分析论证				评论论证
问题	结论	小前提	大前提	①前提是否为真 ②前提能否推出结论
许霆构成信用卡诈骗罪吗?	构成	1. 许霆除了第一次取款均有非法占有的目的; 2. 许霆使用了银行发放的银行卡; 3. 数额较大	1. 以非法占有为目的; 2. 使用信用卡进行诈骗活动; 3. 骗取数额较大财物的行为	大前提不为真,前提推不出结论,因为: ①许霆持有的是合法、真实、有效的借记卡,并非伪造的、作废的信用卡,其行为也不是冒用他人的信用卡,而且借记卡不存在恶意透支情形; ②ATM 机不可能被骗

最后,我们再来看一下刑法学界的主流观点,这个观点与法院的判决书中所认定的犯罪一致。即许霆的行为构成盗窃罪。盗窃罪是指以非法占有为目的,使用平和的方法,违反财物占有人的意志,将他人占有的财物转移为自己占有的行为,盗窃罪被视为取得型财产犯罪的兜底罪。构成盗窃罪的关键并不在于行为人是公开窃取还是秘密窃取,而在于行为人是否使用平和方法,即

非暴力、非胁迫，侵犯他人对数额较大财物的占有，并建立新的占有关系。许霆在意识到银行 ATM 机出现异常，能够超出账面余额取款，并且不会如实扣账的情况下，从 ATM 机处取款 170 余次，共计取款 17.5 万元。该行为从客观上讲，符合盗窃罪的客观要件。首先，许霆采用的是平和方法，即以非暴力、非胁迫的方式取得了财物。其次，他违反了财物占有人的意志。按照常识，持借记卡最多只能取出卡内存储的等额现金，银行不可能同意许霆取出超出存款额的现金。所以许霆利用 ATM 机故障，超出存款额取出大额现金的行为，必然违反了财物占有人银行的意志。最后，许霆实施了将他人占有的财物转移为自己占有的行为。盗窃罪的对象仅限他人事实上占有的财物，ATM 机内的现金事实上由银行占有，并不因为 ATM 机出现故障，就改由他人占有。因此，许霆盗窃的对象是他人占有的财物。与此同时，许霆利用自己的借记卡和 ATM 机故障取出 17.5 万元，属于将银行占有的现金转移给了自己占有。从主观方面来看，许霆除了第一次在 ATM 机处无意中取出 1000 元外，其余 170 余次都是在明知机器有故障、明知自己的借记卡只有 170 余元的情况下，从 ATM 机中取出了 17.4 万元。而且之后又携款潜逃，直到一年后被抓获归案。这说明许霆在主观上具有非法占有的目的。但是，反对观点就如上文所提及的民法学界的观点，这个案件就不应该属于刑法调整的范畴。我们依旧用表 11-6 呈现一下这个观点中的批判性思维运用情况。

以上就是许霆案以及背后的法学理论争论。其实直到今天，围绕这起案件的法学研究仍然各抒己见，意见不一。无论争论如何，请读者们结合我们制作的表格细细体会在各种争论、观点之下的思维过程和规律。尽管在本书此处，笔者选择了一个法学的案例进行分析，但其实对于任何一个学科来说，底层的逻辑和思路都一样，不一样的是使用的学科术语、理论和要解决的问题。这样，我们就将专业学习中的批判性思维介绍完毕，也请读者结合自己的专业学习体会批判性思维在专业思维形成中的作用。

表 11-6 对许霆是否构成盗窃罪的争论

许霆构成盗窃罪吗？					
赞成观点					反对观点
分析论证					评论论证
问题	结论	小前提		大前提	①前提是否为真；②前提能否推出结论
许霆构成盗窃罪吗？	构成	1. 许霆采用的是平和方法，即以非暴力、非胁迫的方式取得了财物；2. 许霆违反了财物占有人的意志。持借记卡最多只能取出卡内存储的等额现金，银行不可能同意许霆取出超出存款额的现金；3. 许霆实施了将他人占有的财物转移为自己占有的行为；4. 许霆有逃逸行为，一年后被抓捕归案，这说明他有非法占有的目的		1. 以非法占有为目的；2. 使用平和的方法；3. 违反财物占有人的意志；4. 将他人占有的财物转移为自己占有的行为	大前提不为真，前提推不出结论，因为：①刑法应当保持谦抑性原则；②可以由民法的不当得利调整

第十二章
人生规划中的批判性思维

由于在高校工作,笔者一直和大学生群体在一起,这个群体有着普遍面临的问题——人生规划。小到考研、学习、考试,大到选择什么样的职业和赛道、找一个什么样的朋友、在什么时间节点踏入社会,都是这个群体关注但是有时候又思考不太清楚的问题。我们依旧用几个例子来说明,无论你的人生处于哪个阶段,面临的是学习、考研、就业、交朋友、选择城市等何种问题,你都需要窥见你底层的思维,才能做出更好的决策。

一、人生规划与批判性思维

大学生这个群体既充满朝气,有时候又会让人觉得稚嫩,他们经常会问我一些我根本回答不了的问题,很有意思。比如,曾经有同学问我:"老师,您说我是应该考研还是找工作?"作为只给这名同学上过一门课的老师,我真是没办法回答这个问题。我觉得这个问题就相当于你在吉大门口拦住我问:"老师,我是应该坐 13 路还是应该坐 315 路?"这时候我得问你:"孩子,你要去哪儿?"只有学生告诉我他的目的地,我才好帮忙做判断他是应该坐哪路公交车。也只有在他告诉我他将来要干什么之后,我才好帮他分析他是考研还是找工作,因为考研也好,找工作也好,归根结底都是为目标服务的。至于他将来适合干什么、想要干什么,这个事真是个人需要思考的问题,别人的意见真的只能听听,连参考都谈不上。我们还是用表 12-1 和表 12-2 将这个思维模型呈现出来。

表 12-1　没有目标的选择

问题	结论	前提	未表达前提
考研还是找工作	?	?	?

表 12-2　有目标的选择

问题	结论	前提	未表达前提
考研还是找工作	A:考研	将来在高校工作	高校工作对学历有很高要求
	B:工作	要尽快赚钱	家里条件不好,不允许长时间学习;相较于读书,自己更喜欢到社会上闯荡

从表 12-1 和表 12-2 就能看出,一个人心里对自己的未来有没有画像、知不知道自己将来要干什么,会影响他现在对事物的决策和判断。如果没有,仅是随大流或者被命运支配着走,你会发现你有可能会走弯路,或者做一些无用功。

二、一个目标明确的学生的人生规划

我曾经遇到过一个目标特别明确的学生,他就属于表 12-2 中 B 的情况。法学培养路径是非常多样的,既可以长时间学习,又可以短时间学习。长时间学习可以读博士,还可以到海外进修,将来工作可以选择科研院所、大专院校。短时间学习也够用,走向社会后可以当律师、考公务员，还可以去公检法等专门针对法学学科的实务部门，即法学的就业面也很宽，基本什么领域都需要法学人才，但是地位和待遇是不一样的。我遇到的这位目标特别明确的学生，他就选择在本科毕业的时候直接就业，考入公检法系统当公务员。我问他为什么这么坚决，他给我的回复是，家里能供他上大学就已经很不容易了，他毕了业就得为家里减轻负担，没有能力继续读研。此外，法学就业中公检法机关是主流就业渠道，一方面公检法公务员很稳定，一进去就有稳定的工资和待遇。还有一些地方的公检法机关在早些年还分配住房，这就使得很多家庭条件一般的孩子毕了业就能有稳定的工作和收入。另一方面，公检法系统是法学人的主场，在这里工作，法律人是唱主角的。如果法律人选择公司、企业，那在这些工作领域法律人是配角，有被边缘化和不受重视的感觉。但是，公检法系统薪资水平一般，不会有太大的提升空间。法学专业如果想要有高收入，可能还得从事律师这种自由职业，上不封顶，好的律师一年的收入能达到上千万，这是公务员没办法达到的。但是律师的社会地位低，很多时候他们办案子都很"受气"：一边受当事人的气，拿人钱财，与人消灾；另一边受强势机关的气，人在屋檐下，不得不低头。而且，律师有一定的成长积累期，不是一进入律师行业就赚钱，需要先学习和积累，尤其是积累自己的案源和人脉。更主要的是，不是所有的律师都能赚钱，大部分的钱还是被少数有能力的律师赚走了，这也是"二八定律"在法律领域的体现。因此，我的这个学生稳准狠地替自己想好了就业方向并很快带着自己的父母过上了稳定的生活。等我十多年后再看到他的时候，他已经从法院系统辞职，重新回到学校读研究生，并且开始做律师了。结合表 12-3，我们可以将他的人生规划分成两个步骤，并且看看在每个步骤中，他都是怎样思考的。

表 12-3　B 同学的人生规划

阶段	问题	结论	前提	未表达前提
第一阶段（毕业后头十年）	工作还是读研究生？	工作	尽快赚钱	家里条件不好，不能支撑自己继续学习
	选择什么工作？	公检法系统当公务员	①快速进入稳定的生活和工作状态；②公检法系统中法律人地位高	①律师成长期太慢，家庭承受不了，虽然有可能未来赚钱多；②企业等单位中法律人地位不高
第二阶段（毕业十年后）	是否攻读研究生？	读	①提升学历；②有能力支撑继续学习	①工作十年有了积蓄，可以读研；②工作之后发现了学历短板
	是否继续当公务员？	否，转行当律师	①已经不需要太稳定的生活了；②向往律师的高收入	①有一定的物质基础；②允许挑战难度更高且上升空间更大的职业

在这个例子中，你会发现，在一个人对其所学专业的就业情况十分了解的情况下，如律师、法官、企事业单位的利弊得失，再结合自己独特的家庭背景，就很容易在各个阶段做出对自己最为有利的决策。B 同学也不是没有想过本科毕业就直接读研，这样学历连续，而且研究生一毕业还有可能有更好的社会生态位等着他，但是他的家庭情况不允许，于是他果断选择就业，而且选择了在待遇稳定且工作角色强的公检法系统当公务员，这种选择能很好地解决他所面临的问题。十年之后，有了一定的积蓄，事业稳定之后，B 同学想要继续攻读学位并决定换到新的赛道上来重新挑战一下自己，于是他重新读研并且转行做了律师。律师这

个职业可能会赚到很多钱，但前提是它的压力很大，收入不稳定，但这个决策对于毕业十年的 B 同学来说是可以接受的，也符合他的个人意愿和职业追求。

这是一个让我印象深刻的个人职业生涯规划的例子。请你观察这个例子背后的思维活动，因为这才是帮助我们做出理性、明智决策的底层规律。

第十三章
反思中的批判性思维

批判性思维最伟大的一个功能就是反思,这也是为什么杜威将批判性思维称作反思性思维。古希腊神庙上曾经刻着一句话——认识你自己(know yourself)。教育的目的也是让人们能够认识自己并最终找到自己。因为自己是一切事物的根源,很多情况下,人的痛苦都不是由外界带来的,而是由自己对于外界认知的欠缺导致的,我们的境遇不能通过期待外界改变而变得更好,只能通过改变自己才能变得更好。但是改变自己的前提是认识到自己有问题,在认知、观念上存在欠缺。如何发现自己的问题呢?从来都没有人教过我们,也没有一套具体的、可以看见的方法来帮助我们认识自己,直到批判性思维出现。对人类来说,反思功能的重要性不言而喻,个体只能通过不断反思自我(内省)才能获得认知的提升;同样,群体(社会)也只能通过不断反思才能实现人类的迭代和社会的进步。我们还是用几个例子来说明批判性思维具有内省和反思的功能,如果具备了内省和反思的能力,这样的人外在表现是平和的、与社会是更相适应的、与自己是更加和解的状态。这样的人如果在商场上将会是一个成熟的企业家,如果在高校里将会是一名卓越的科研工作者,在家庭中也是一个稳定的家庭核心成员。如果你和这样的人做朋友，也会提升你对自己的认知。

　　本部分我们从事实判断和价值判断两个角度选取案例来帮助读者明白反思的不同类型。事实判断和价值判断与我们之前提及的事实和观点有关，我们先介绍一下定义。事实判断是指人们对客观真实作出的真实判断和描述，这类判断有唯一正确的答案，比如太阳是圆的，太阳是一个发光发热的球体。事实判断说的就是事实，这与我们上文对事实的界定也是一致的。价值判断是指人们对一个事物的好坏、喜好等作出的判断，比如我不喜欢晒太阳，这辆车的红色款比蓝色款漂亮等。价值判断因人而异，每个人有不同的审美和偏好系统，如果一个人非得用自己的价值判断要求别人，这就是人们口中常说的道德绑架。举一个简单的例子。我今天出门穿了一件蓝色的西服，大家都说我穿这件西服很漂亮得体，但唯独你觉得我穿这件衣服显得很沉闷。在这个例子中，我穿了一件蓝色的西服，这是一个事实判断，事实判断有唯一正确的答案。如果这时候有人站出来说我穿的是一件红色的西服，那这种人是事实判断都不正确的人（这种人让人发愁）。大家都说我穿这件西服很漂亮得体，这是价值判断，唯独你觉得我穿这件衣服显得很沉闷，这也是价值判断。价值判断没有什么正不正确的，因人而异。如果你觉得我这件衣服沉闷进而强制要求我换下，这也是没有道理的（除非你是我的好朋友，我在向你征求意见，这是另外一件事情）。你是在用你的标准绑架我（这种人也是不懂界限的）。本处提及的事实判断和价值判断其实是上文的事实和观点的另一种表述形式，大家可以结合在一起理解。

一、涉及事实判断的反思案例

假设你是一个学习上表现非常好的学生。有一天你发现自己很沮丧,你清楚地知道你为什么沮丧——因为这次考试没考好(这是一个在学生时代很容易发生的事情)。通常,不具有批判性思维的人,即不能理性思考的人(这也是大多数人),只能感受到:①今天心情不好;②心情不好是因为考试没考好。然后就停止思考了,并且任由自己沉溺在悲伤的情绪中。这种情绪怎么会消退呢?只能靠时间。但是下次遇到这类事情的时候,你还是会沮丧,还是会受打击,还是会需要用好几天甚至更长的时间去消化这个情绪。我们用表 13-1 来呈现一个没有批判性思维、不具有反思能力、没有深度思考能力的人是什么状态。

表 13-1　不具有深度思考能力的人

问题	结论	前提	未表达前提
今天状态好吗?	不好,心情不好	考试没考好	?(不继续反思到未表达前提层面)

批判性思维者是这么思考问题的:

(1)敏感地察觉到自己很沮丧,准确地识别出自己情绪的类别,而不是很笼统地跟别人说,我今天情绪不好,我们要识别出是"哪种"情绪。

(2)准确地知道自己负面情绪的来源,比如考试失利。

(3)不能停留在前两个步骤,而是要继续深挖,为什么考试失利这个事情会让自己这么沮丧?①通常人们产生了某种情绪是

---

① 别小看考试成绩,在大学里有人会因为成绩不好抑郁,甚至采取更极端的行为。

因为感性认识和理性的客观真实之间产生了差异。你要尽力找到感性上你是怎么觉得的，理性上事实又是怎样的。通过努力，你发现你自己感性上希望自己每次考试成绩都能名列前茅，但是实际上即便是学霸也会有马失前蹄的时候，这不仅是因为学生自己的状态会影响考试成绩，还有可能是考试类型转变，考试本身的问题导致你这次成绩不好。因此，理性思维要求的客观真实是没有人可以每次都考出令自己满意和期待的成绩。

（4）如果你已经分析出了自己对一件事情的感性认识和客观真实之间存在差距，下一步需要做的就是尊重事实，实事求是，然后解放思想。啥意思？你必须接受只要是考试就有失利的时候，不管你多优秀，你需要做的是不断控制这个比例，尽量少失误。这就是客观真实，必须尊重，不尊重就是任性，不尊重就是总跟自己别扭和拧巴。在认识这个客观真实的基础上，怎么办？解放思想，就是打破自己的主观认识，让自己的主观认识提升到客观真实的层面，客观上完成认识的提升。这时候你就告诉自己，考试失利是正常的，这对每个人来说都是一样的，不要过于沉溺在沮丧之中，要尽快恢复正常学习节奏，争取下一次考好。

（5）多练习几次，不要期待一次这样的反思就会让你获得成长，第二次考不好你还是会难受，但是会比第一次好一点。就这样不断地练习，直到新观念——考试失利是正常的，不要在乎一城一池的得失，继续努力然后尽量减少失误——深深地扎根于你的大脑，直到你有一天看到成绩不理想，心都不动一下，还是照常学习，情绪连波动都不波动，那就说明你成熟了。

我们已经用文字描述完了批判性思维者对自己成绩不理想引发的情绪波动问题的反思，接下来我们用表13-2来呈现一个有批判性思维、有反思能力、能进行深度思考的人在同一件事情上又是怎么处理的，与上文提及的不能深度思考、没有反思能力的人有怎样的区别。

表 13-2　有深度思考能力的人

问题	结论	分析论证		评论论证
		前提（原因）	未表达前提（潜意识）	①前提不为真；②前提推不出结论
今天状态好吗？	不好，很沮丧	考试成绩不理想	你希望自己每次考试成绩都能名列前茅	未表达前提不为真，前提推不出结论，因为即便是学霸也会有马失前蹄的时候

看到了吗，结合表 13-2，你深度思考了，你将自己的思考能力拉到了未表达前提层面，你发现，你考试成绩不理想而沮丧，是因为你的潜意识希望你每次考试都能名列前茅，可这是不可能的啊！这取决于很多因素，发挥、水平、出题难度、临场状态……一旦你认识到了这个层面并让自己理性思考，尊重客观规律，让自己认识到一次甚至几次考试成绩不理想都是正常的，如果因为成绩不理想就沮丧本质上属于感性思维，不能解决问题，不是理性思考。于是你就会主动寻求调整自己状态的方式，让自己尽快从沮丧中走出来，而不是任由自己沉溺在情绪（感性思维）中。这个过程包含一个分析论证，呈现出你现在状态的深层次原因（未表达前提），还包含一个评论论证，即你作为一个客观观察者（把自己抽离出来）观察自己的认知（未表达前提）——每次考试成绩都能名列前茅——是不是正确，结果你发现这个假设（未表达前提）是不可能的，不是客观真实。于是，你就会从理性的角度纠正自己的结论，因为你先前的结论不正确。你也就实现了一次

对自我的认识，原来你的潜意识竟然是这样认为的，竟然期待每次考试都能名列前茅，这个想法太过理想，不现实。因此，这就是一个完整的批判性思维用于自省的例子，也说明批判性思维能帮助我们认识自己底层最真实的想法到底是什么样子的。

当然，用批判性思维反省自己、认识自己的过程不是一帆风顺的，尽管你可能已经在理性上认识到了自己的想法（每次考试都能名列前茅）是不切合实际的，但是你就是不能控制自己的感情，你还是觉得沮丧。别担心，你只需要多练习几次，给批判性思维和自己一点时间，慢慢你就会发现，你沮丧也没有用，"保持理性"是让人跟不太愉快的事情相处起来比较舒服的方式。

上文举的例子是大学生对自己的考试成绩过于苛求导致的负面情绪，我们可以使用批判性思维帮助自己调整心态。其实大学生在求学过程中还会遇到各种各样的其他问题，比如知乎和小红书上有大量的关于"985废物""××专业学生人生十大至暗时刻""失败学"等内容。一方面会有一些学生将自己的"暂时性"失败归咎于外界环境，另一方面会有些学生将自己的"暂时性"失败归咎于自己。批判性思维的反思功能是提倡我们从自己身上找原因，因为外界的客观事实有时候是无法改变的，人只有通过改变自己才能改变自己所处的境遇。但是不能过分苛求、过度反思并在此基础上否定自己。这时候，我们也需要批判性思维的帮助，帮助我们正确认识自己，正确认识人的漫长而又艰难的发展轨迹，处理好当下的困境与长远发展的关系，而非过于执着眼前的困境和痛苦。不正确的反思是会带来脆弱的，所以建议读者朋友们、同学们不断用批判性思维来审视自己，帮助自己对事物形成正确的认识，也帮助自己形成正确的心态。

回到本案例探讨的主题——事实判断，这个例子涉及的是一个事实判断——没有人可以一直考好，每次考试都名列前茅。这是一个客观真实，在客观真实的情况下，如果你还执着每次都考好，这就是一个不理性的决策，会让自己很难受。我们接下来看一个涉及价值判断的反思案例，在那个案例之下，你会发现在事实判断的基础之上你是有选择的（也被称为价值判断、价值排序或者价值选择），也就是你怎样选择都可以，但前提是你需要坚持你的选择，而不是吃着碗里的，望着锅里的。因为价值判断没有对错[①]，但是你自己必须认可并接受你的价值判断产生的结果，即对自己的选择负责。

二、涉及价值判断的反思案例

还记得在第二章提及的 A、B 两个同学关于吃好还是节省时间的例子吗？我分别问了他们同一个问题——中午去哪里吃饭，A 同学给我的反馈是学生食堂，并且很坚定地要在从东向西的第二个窗口打饭。我问他为什么？他说人少，不记得吃什么。我继续问他为什么要找人少的地方吃饭？他回答我说，吃完了赶紧去图书馆占座上自习。B 同学面对同样的问题给我的反馈是去校门口×××饭店，我问他为什么？他说好吃，就是得排队等着。我们用表 13-3 来整理一下这两名学生不同的观念。

我们从表 13-3 能很轻松地发现，A、B 两个同学头脑中的价值排序是不一样的，即对两个于自己而言都有价值的东西进行排序。对于 A 同学而言，省时要比好吃重要；但是对于 B 同学而言，

---

① 价值判断在不违反法律和道德的基础上是没有对错之分的。

表 13-3 A 同学和 B 同学不同的价值判断（价值选择或价值排序）

问题	结论	前提	观念（未表达前提）	观念（未表达前提）（价值选择或者价值排序）
中午去哪里吃饭	学生食堂	人少，不记得吃什么	去图书馆占座	省时 > 吃好
	校门口饭店	好吃，但人多	排队等着	吃好 > 省时

吃好要比省时重要。这是批判性思维能探查人的底层价值排序[①]的典型例证，如果你对于批判性思维的探索就停止在这里，那就小看批判性思维了，批判性思维还能在我们的价值排序和现实世界发生冲突的时候帮我们从底层纠正这种排序，或者让我们认识到我们做的是一种排序，不能太贪婪。批判性思维最开始就被杜威称为反思性思维，原因就是，掌握批判性思维的人其实能够自己探查自己的观念，并且在觉察到自己的观念给自己带来痛苦和矛盾的时候勇于调整自己的观念，还是上文 A、B 两个同学的例子，A 同学将时间花在了学习上，B 同学将时间花在了美食上。期末考试的时候，A 同学的成绩比 B 同学好，这时候 B 同学不服气，抱怨了一句 A 同学可能跟老师关系很好。那我们继续用表 13-4 将 B 同学的这个观点用批判性思维的要素拆解一下，并且审视一下是否正确。

表 13-4 B 同学错误的观念

问题	结论	前提	未表达前提
A 同学的成绩比 B 同学的成绩好，B 同学很不舒服	B 同学认为 A 同学并不比自己优秀	A 同学只是跟老师关系好	①A 同学成绩好跟他努力学习没有什么关系；②自己成绩不如 A 同学也不是自己的问题

---

① 价值排序就是价值观。

在表 13-4 中，B 同学对于自己学习成绩不如 A 同学理想的分析和归因显然是错误的。B 同学忽略了一个事实，即每个人的时间都是有限的，一个人将时间花在哪里他就会在哪里取得收获。A 同学将时间花在学习上，他自然（按常理，如果 A 同学不是死读书的话）会收获一份比较好的成绩；B 同学将时间花在美食上，他自然能收获对美食的体验，甚至可能是体重。一个人无论是将时间花在学习上还是花在美食上其实是个人选择[①]，只要不影响毕业，个人选择都是在底线之上（事实判断）的价值判断，价值判断没有好坏，只有个人选择。个人认为好就好，个人认为不好就不好。但是 B 同学这种情况在生活中很常见，明明自己已经在潜意识中做了价值判断（或者价值选择），但自己又不能接受这种选择，这就会造成人生的纠结。我们用表 13-5 来分析一下价值判断的思维模型。

表 13-5　价值判断的思维模型

问题	结论	前提	未表达前提
把时间花在什么事物上？	1. 花在美食上（成为美食家）	美食比学习更值得花时间	1. 时间花在哪里都是个人选择，无所谓对错；
	2. 花在学习上（成为学习成绩好的人）	学习比美食更重要	2. 但不能在我们没有花时间的事情上还期待能有花了时间的结果

结合表 13-5，我们就能看出 B 同学的问题在于，他自己把时间花在了美食上，但是还羡慕把时间花在学习上的 A 同学学习成绩比自己好，这就违背了价值判断（价值选择）的底层规律。批

[①] 大学的学习是有很大自主选择权的，学生考试得 60 分还是 90 分对毕业没有影响，但是每个人的投入量不一样，不同学生的时间和精力分配比例不一样，就会导致最后的成绩不一样，这是个人选择。

判性思维能够帮助人反思是指，针对价值判断的情况，批判性思维者能敏感地发现客观真实——时间花在哪里都是个人选择，无所谓对错。并且能准确认识到自己把时间花在美食上，就不能强求自己在学习上也会获得同样的结果。如果自己感到纠结，就像 B 同学一样，那就是既要有享受美食的快乐，又不想承担长时间学习的辛苦，还期待在美食和学习方面都有好的结果，这是违反价值判断的定律的。

因此，对于 B 同学而言，要么就坚定自己关于美食优先的价值判断或者价值选择，接受自己最终在美食上面取得的收获，不要抱怨自己的学习成绩不如 A 同学；要么就调整自己关于美食优先的价值判断或价值选择，转而以学习为最优先的事情，放弃将大部分时间都花在美食上，最终在学习上有所收获。但这么做，你就不能抱怨你为了学习而放弃了体验美食。价值判断就涉及价值选择，选择就是出手无悔，谁要是后悔了，谁就是批判性思维的弱者，没有参透事物运行的本来规律。因此，结合表 13-5 来观察表 13-4，我们就观察到 B 同学在将时间花在美食上的基础上还抱怨 A 同学比自己考得好，并且不认为 A 同学是因为付出了努力取得了好成绩，反而错误归因于 A 同学与老师关系好，这就是非常要命的思维方式（是一种归因谬误），如果不改变是会影响 B 同学的一生发展的。波斯诗人鲁米曾经说过——宇宙的一切都在你体内，向内寻求一切的答案吧。说的也是这个意思，向外归因总是容易的，但是问题往往出现在自己身上，这就是批判性思维的重要之处，它为我们向内自省提供了方法论。

我们在日常生活中有时候涉及的是事实判断，有时候涉及的是价值判断，价值判断是在事实判断基础上的个人选择，选择了其中一种，就不要惦记另外一种，否则人就会割裂。上文是关于A、B同学将时间花在学习上还是美食上的选择，生活中这种例子更多。比如我在职业生涯中，选择当老师还是当律师？当老师工作会很稳定，但收入不会太高，当律师收入可能会高一些，但工作不稳定。比如我选择躺平还是选择参与激烈竞争（俗称卷）？躺平可能会比较轻松，但也失去了跟主流竞争的机会；卷可以跟主流竞争，但会很累。比如我选择赚钱多的伴侣，还是陪伴多的伴侣？赚钱多的伴侣，俗称有事业心的人，一定会在事业上花费很多时间和精力，陪伴多的伴侣一定在家庭上花费了很多时间和精力。我自己的工作是比较忙的，那我对孩子的陪伴一定比别的以家庭为重心的妈妈少，但我能提供给孩子的经济支持和榜样支撑会相对多一点。你看，这些问题都是具有两面性的，无所谓哪一个更正确，都是个人选择和平衡。最害怕的是你既要躺又要卷，躺又躺不平，卷又卷不赢。你既要一个赚钱多的伴侣，又要一个能时刻陪伴在你身边的人。你既想让自己成为一个经济独立的女强人，又担心做不好观念传统的人眼中的那个具有"贤妻良母"属性的妈妈。如果你始终不明白这是一种价值选择，一定是以一个为主，一个为辅，你就会既享受不到躺的轻松，也享受不到卷带来的成就感；你既享受不到赚钱多的伴侣给你带来的物质基础，也享受不到陪伴多的伴侣给你带来的感情支持；你既享受不到事业成功给自己带来的成就感，反而时刻会被因为无法长时间陪伴孩子而产生的愧疚感吞噬。这是一种矛盾的心态，是一种内耗。懂得批判性思维并常常自省的人是不会使自己陷入这种内耗和纠结状态的。我们用表13-6描述一下这种内耗和纠结的状态，并指出陷入这种状态的原因其实是我们的底层思维出了问题。

表 13-6　内耗和纠结的状态的思维模型

问题	结论	前提	未表达前提
你纠结和内耗的状态让你很不舒服	你肯定是既想得到 A，又想得到 B	实际上你只付出了 A，注定了你只能得到 A	（在一定的范围内[①]）做出 A 选择会收获 A 结果，做出 B 选择会收获 B 结果
例 1：你平时爱美食，但是会因为成绩不好闹心	你把时间花在美食上，又想获得好成绩	实际上你只在美食上付出了，你只能得到美食体验	
例 2：你选择了躺，但又躺不平，总不甘心	你把时间花在了躺上，还总抱怨别人卷你	实际上由于你躺了，你只能收获躺这种结果，别人卷你是正常的，得接受	
例 3：你选了一个有钱的伴侣，但总抱怨他不陪你	你既想要他的钱，又想要他的陪伴	实际上不太可能，男人的主要时间一定是要么花在事业上，要么花在家庭上	
例 4：你选择了做一个在职场叱咤风云的妈妈，但内心总对孩子有愧疚	你既想要自己的独立和强大，又想要儿女情长、陪伴孩子	实际上也不太可能，女人的主要时间一定也是要么花在事业上，要么花在家庭上[②]	

平时，我们会觉得有些人活得很通透，不纠结，纠结和内耗是一个非常不好的状态，它使得人不能集中精力做一件事情，反而总是在无谓的事情上消耗了过多的精力和情感。既然我们已经

[①] 当然，这里还涉及一个人怎么在 A 和 B 两种选择之间平衡的问题。本书此处讨论的是取舍问题，平衡问题我们有机会再探讨。实际上，每个人看到的取舍问题也都是其本人的平衡问题，即你看到的别人的取舍其实也是他个人平衡的结果，读者读到这里请千万不要用简单的二元对立分析我们这个价值判断。比如 A、B 两名同学，底层都是得学习，得毕业。但在允许的范围之内是以美食为主还是以学习为主，这是个人选择。所以价值判断不是非此即彼、二元对立，其实从更全面和更大的场景来看都是协调和平衡。

[②] 比如例 4 中，女人的主要时间花在哪里其实是一个价值排序和价值选择的问题，即她以什么价值为主的问题，她只是在主要时间上选择了事业，但是在细小时间上还在陪伴家人。所以这个女人只是在主要时间上做了一个取舍，但在全部时间上还是一个平衡问题。在例 3 中也是如此，男人在主要时间上是一个什么人和在全部时间上是一个平衡关系是不矛盾的。

意识到了我们内耗和纠结的状态,而我们追求的是不纠结的通透状态,那我们怎么办呢?根据批判性思维中的价值选择原理,你要么调整你的价值选择,比如你从爱美食转变为爱学习,要么你就接受你的现状——我就专注于美食了,并认识到这种状态没有什么好坏之分,就是个人选择,不羡慕别人(哪怕别人成绩比我好)。

结合表 13-5 和表 13-6,我们具体展开一下,针对躺和卷这件事情,我们要么认识到躺和卷都是人生可以接受的状态(未表达前提),选择一个认真做下去(前提)①,收获一个不纠结的结果(结论);要么就是意识到现在的结果(比如躺)不是我真心想要的,改变我的底层思维(前提)开始卷起来。在选择伴侣这件事情上,我们要么认识到什么样的伴侣都是有不足的,选择一个一方面有长处的伴侣并接受这样的状态平静且美好地生活下去;要么就做出调整,但是调整就必须接受调整之后的伴侣可能在另一方面也是有缺陷的。在选择做一个什么样的妈妈这件事情上也是如此,要么接受自己是一个职场妈妈,在职场上叱咤风云之后只能有一小部分时间陪孩子;要么就调整,减少一部分职场工作,把大部分时间花在孩子身上。但无论怎样,都需要认识到无论是将主要时间花在事业上还是花在陪伴孩子上,都是合格的妈妈。希望读者们也能在工作和生活中敏感地发现自己纠结和内耗的状态,时刻反省并运用批判性思维的原理将这种状态消除,这样你就会赢得一个通透的人生,你的灵魂就会独立和丰盈起来。同样,

---

① 我们这里的躺和卷都是针对某个具体事情的,比如我在人际关系上基本上是躺平的状态,不处理,因为我觉得花精力不值得,所以我得接受我的人际关系是很淡漠的状态,这是正常的。但我在写书、从事批判性思维研究这方面是很卷的,所以我在这方面的成果是相对丰富的,这也是正常的。读者读到这里时千万不要用简单的二元对立来分析我们此处的价值判断。

我们还是用波斯诗人鲁米的话结束这部分的内容——你感受到的痛苦是信使，倾听他们带来的信息。

至此，本书的第二部分就结束了，虽然我们探讨了商业决策中的批判性思维、个人生活中的批判性思维、科学世界中的批判性思维、阅读与写作中的批判性思维、专业学习中的批判性思维、人生规划中的批判性思维、反思中的批判性思维，但这些内容仍然不能覆盖批判性思维的全部应用场景，而且这些内容中也会有部分的粘连，比如反思中的批判性思维与个人生活中的批判性思维其实很多内容都是重叠的，但是由于我们想突出和强调的批判性思维的落脚点不同，也只能在形式上将它们分开。上述问题都是由批判性思维的底层性、基础性和多学科性决定的，事实上，正如第二部分的主题——万物皆思维一样，批判性思维贯穿在万事万物的底层，是我们为人、做事、工作、学习、生活、与人交往等所有人类活动的底层思维。但是，由于篇幅和笔者能力的限制，我们只能通过对一些实践案例的介绍来帮助你尽可能地理解批判性思维的运作机理和具体操作，更多的关于批判性思维的探索只能由你在丰富多彩的生活中去体验和学习了。

结　　语

　　本书行进至此,已经接近尾声了。在这段 20 多万字的"旅程"里,我们阐释了批判性思维在理论和实践两个环节的主要内容。在理论篇,我们从本体论、宏观、中观和微观四个层面剖析了批判性思维。本体论是指准确地界定了批判性思维的定义、要素以及批判性思维的理性思维特质。在本体论的基础上,我们在宏观上探讨了批判性思维对中国高等教育的重要意义,中观上探讨了批判性思维的多学科属性和底层性,微观上探讨了批判性思维的四条重要线索——思维线索、论证线索、前提线索和问题线索,同时为了更好地厘清批判性思维,我们还介绍了批判性思维与思维、与逻辑、与论证、与知识的区别和联系。通过第一部分内容的介绍,我们已经在综合国际、国内绝大多数批判性思维指导用书的基础上,总结出了一套独具特色的、便于你理解的关于批判性思维的内容体系。要知道我在最开始阅读国外关于批判性思维的著作和文献时,发现它们关于批判性思维的界定都是偏学理和抽象的,根本就无法理解批判性思维的准确内涵。如罗伯特·恩尼丝（Robert Ennis）认为批判性思维是一种帮助人们决定相信什么和做什么的反思性思维范式。如理查德·保罗、琳达·埃尔德（Richard Paul & Linda Elder）将批判性思维定义为一种对思维方式进行思考的艺术,该艺术能够优化我们的思维方式。如丹尼斯·库恩、约翰·米特（Dennis Coon & John O. Mitterer）认为批判性思维的核心是主动评估观念的愿望。在某种意义上,它是跳出自我、反思自己思维的能力。如埃里克·J. 高士（Erik J. Coats）认为批判性思维者将细致考察他们决定、信念和行动的基本假设。布鲁克·诺埃尔·摩尔和理查德·帕克（Brooke Noel Moore & Richard Parker）认为批判性思维不是任凭各种诱惑的摆布，不是轻易受情感、贪欲、无关考虑、愚蠢偏见等的干扰。这些从不同角度切入且高度抽象概括的批判性思维的定义不但让我在最初学习时感到不好理解，一阵眩晕；而且当我把这些概念以介绍的方式写入我的第一本书里的时候，也得不到读者的理解，他们觉得这一段文字太拗口、太抽象。这一切都是我在序言中所提到的批判性思维存在的几方面问题导致的——不通识、不本土、不可视（看不清内部结构，不具有可操作性）。于是，我在通读批判性思维的国内外主流作品的基础上，结合我多年做教师培训的经验，充分贯彻"以学生为中心"（在本书中是以读者为中心）的原则，重新布局、整合批判性思维的内容体系，并将其以适合读者理解的结构呈现出来，力争讲好批判性思维的故事，让读者能够更快、更好、更轻松地理解批判性思维。

为了进一步揭示批判性思维的实际应用，本书第二部分实践篇里，讨论了在不同场景下批判性思维的运用，虽然由于笔者能力、专业和本书篇幅的限制，所探讨的例子与万物皆思维的批判性思维的底层特性相比是非常有限的，但作为理解本书第一部分介绍的原理的实践配套部分，这些例子也是笔者在上百个例子中精心挑选、在上课过程中多次打磨和在写作过程中细心拆解的，希望能给你理解批判性思维带来帮助。

虽然本书关于批判性思维的撰写已经结束，但是留给你探索批判性思维的旅程才刚刚开始，停留在书本上的批判性思维无论是原理还是实例都是肤浅的,而丰富多彩的生活才是锤炼、提升我们批判性思维能力的广阔舞台,衷心希望并祝愿你能够运用本书分享的原理和技巧在自己的生活中不断强化对批判性思维的意识,洞察批判性思维运作的原理和规律,加深自己对生活、工作、学习和人际交往的理解,学会正确思考,最终将自己培养成一名成熟且出色的批判性思维者。

最后,依旧用鲁米的一句话结束本书的写作——你正寻找的东西也在寻找你!期待你能够在本书的帮助下开启一段奇妙的批判性思维之旅。

附录　批判性思考的过程

其实，本书在写完实践篇之后就可以结束了，因为主要的内容在原理和实践部分已经介绍得很清楚了。本书还有个副标题——怎样才能正确思考，虽然第一篇已经介绍了批判性思维的原理，深入细致地分析了它的要素和线索，第二篇介绍了很多实践中的例子以帮助你了解批判性思维的具体运用，但是以上都是旁观者视角，即你是以第三者的角度来观察批判性思维理论和实践的内容的。你学习批判性思维是为了能够运用批判性思维解决自己在日常的工作、生活和学习中遇到的问题，所以我们还缺一个主体视角，即在我们自己运用批判性思维的时候应当是一种怎样的过程、如何操作，即怎样才能正确思考。本书打算用附录的形式，同时也为了呼应本书的副标题，站在你自身的角度，将我们面临的问题分为未决之事和已决之事来展示批判性思考的过程，希望能为这段批判性思维的旅程画上一个圆满的句号。

还需要说明的是，批判性思考可以运用到工作、生活、学习的各个方面，这也是本书将第二篇命名为万物皆思维的原因。对批判性思考在实践中的操作场景进行准确且完备的分类是一件非常困难的事情，通过对第二篇的阅读，相信你能感受到在商业、生活、学习、反思、人生规划、科学研究中的批判性思维应用的广泛性。本附录站在你的角度，将你面临的事情分为已经有了结果和没有结果的事情，进一步将批判性思考步骤化，再一次从不同的视角展示批判性思考的过程，也请你带着在之前的两篇中学习的内容理解本部分的内容。但无论怎样分类展示，相对于批判性思维的广泛性、基础性而言都是非常有限的，都是会有覆盖不到、考虑不周延之处，好在本书仅试图帮助你开启批判性思考的大门，至于后续丰富多彩的批判性思维的内涵和应用就需要留给你在日常的生活中不断体会和感悟了，想到这里，笔者也就对构建在简单分类基础上的本书的描述与批判性思维的广泛性之间的反复拉扯的写作心态感到释然了。①

对于你个人而言，运用批判性思考就是用来解决问题——无论是外在有形的工作、学习和生活中的问题还是内在无形的心理、观念、认知和潜意识方面的问题，这个角度（指批判性思维是解决问题的工具）对于你来讲是最好理解的。从问题的分布形态来讲，批判性思维可以解决所有领域的问题，这是本书的容量没有办法覆盖的（上文已经提及），但是这些问题从你自身（主体视角）的角度可以被简单区分为未决之事和已决之事，即你作为决策个体对某件事尚未做出决策（结论）或者对某件事情已经做出了决策（结论）。对于前者，我们力求在批判性思维的指导下正确做出最优的决策，也即得出正确的结论，此时的批判性思维体现为优化决策过程的工具；对于后者，如果决策已经做出并且引发了一定的后果，也即之前的决策并不是最优的决策，我们的前置思考

---

① 笔者总是想呈现批判性思维的全貌，无论是在理论上还是在实践上，在第一篇和第二篇的结构划分和内容设计上考虑了很久，但总是感觉有限的例子和种类的划分无法呈现出批判性思维在丰富多彩的生活中的全貌，以至于笔者在全书的写作中都存在一种正文所提及的拉扯心态。写到本书的结尾，终于想通了，如果这本书对你而言能够开启批判性思考的大门就已经是很难以企及的目标了，妄图将批判性思维的全部场景、全部过程和全部本质纳入一本书中简直是不切合实际的想法，也是不够批判性思考的表现。于是，释然了！

过程并没有得出正确的结论,此时的批判性思维表现为复盘和反思的工具。我们先来看第一种,对于未决之事的批判性思考过程。

所谓的未决之事是指对于你来讲是第一次面对这件事情,还没有形成结论,但并不排除之前已经有人处理过这个问题,只不过之所以还需要你思考和处理,是因为他们处理得可能还是不够好。也可以指面对的是一个全新的问题,之前没有什么太有价值的探索。那么,这样的事情的思考过程是怎样的呢?它的思考过程包含六个步骤(见附表1)。

附表1 未决之事的思考过程——优化决策过程

步骤	名称	内容	例1(比尔·盖茨结婚决策)[①]	例2(张三是否构成故意杀人罪)
1	明确问题	可以是生活的问题(例1),也可以是专业的问题(例2)	比尔·盖茨考虑是否和梅琳达结婚	张三是否构成故意杀人罪
2	列举前提(理由)	①可以是充分前提,也可以是充分且必要前提;②可以来源于生活,也可以来源于专业知识	比尔·盖茨在墙上列举了所有他能想到的和梅琳达结婚的好处和坏处 好处:①②③④⑤ 坏处:①②③④⑤ 这个例子是一个生活的例子,前提是来源于生活的隐性知识。注意,	要想证明张三构成故意杀人罪,就必须搜集张三四个方面的证据(可以参见正文中的例子和图表) ①张三符合故意杀人罪主体要件,即年满14周岁。②张三主观上有杀人的直接故意。③张三客观上实施了故意杀人行为。④被害人死亡,被剥夺了生命权

---

① 在奈飞(Netflix)的纪录片《走进比尔的大脑》(*Inside Bill's Brain*)中,梅琳达分享了这样的一个场面,当她走进比尔的房间时,他正在列着结婚的好处和坏处,最后比尔决定和梅琳达结婚。在这之前,比尔和梅琳达已认识很多年。比尔在做婚姻决策的时候是经过深思熟虑的,非常慎重。

续表

步骤	名称	内容	例1（比尔·盖茨结婚决策）	例2（张三是否构成故意杀人罪）
2	列举前提（理由）		这个例子涉及的是价值判断	这个例子是一个涉及专业知识的例子，前提来源于显性知识。注意，这个例子涉及事实判断
3	给出结论	到此步骤完成了分析论证。思考者努力给出一个明智的决策	比尔·盖茨决定跟梅琳达结婚	检察院搜集到了充分的证据证明张三构成故意杀人罪
4	评估前提	从这个步骤开始是评论论证。这个环节考查思考者对前提的驾驭能力，即考查知识（显性或隐性），无知（没有相当的知识储备）是有成本的	比尔·盖茨反复确认自己决定结婚的前提是全面且真实的	检察院反复检验了自己搜集到的证据的真实性和合法性
5	评估推理过程	检验前提能否推出结论	比尔·盖茨反复确认自己的前提能支撑自己得出跟梅琳达结婚的结论	检察院反复确认自己的四个前提和张三构成故意杀人罪这个结论之间是必要且充分的关系
6	确认决策	经过分析论证和评论论证，确认决策的最优性	比尔·盖茨跟梅琳达结婚	检察院对张三构成故意杀人罪提起公诉

所谓的已决之事是指对于读者个人来讲这件事情是自己之前处理过、经历过或遭遇过的事情，已经有了一个结论，但这个结论不尽如人意，因此给你带来了困扰，这表现为引起了你的一些情绪和内心上的波动。那么，这种事情的思考过程是怎样的呢？其实跟上文未决之事的思考过程差不多，只不过已决之事一开始就有一个前置的不太理想的结局，它的思考过程也从这个让人"闹

心"的事开始，你需要复盘和反思，看看以后在同类事情上怎么避免失误和优化决策。具体而言，思考过程包含以下八个步骤（见附表2）。

细心的你可能已经发现了，附录中的两个表格叙事的方式并不相同。附表1是突出了问题、前提、结论、评估前提、评估推理过程这条线索（第二列——名称），将分析论证和评论论证作为次要线索放在第三列（内容一栏）中。而附表2将分析论证和评论论证突出，放在第二列——名称一栏中，而将问题、结论、前提等具体内容放在第三列（内容一栏）中。这是笔者有意为之，也是批判性思维内部存在四条线索所致。但其实，如果读者仔细体会的话，能发现它们的本质是一样的，只不过突出的批判性思维的方面和线索不同。如果用一句话来形容批判性思考的过程的话，那就是在明确批判性思维的要素——问题、结论、前提的基础上做分析论证和评论论证。你看，是不是又跟本书内容呼应上了。

这两个附录表格只是为了方便初学者将批判性思考步骤化列举出来的简单的步骤和示例，希望能帮助你从主体的角度更好地体会自己作为批判性思维的实际使用者应该遵循什么样的步骤展开对问题的解决过程。同时强调做表格很重要，要像本书一样随时随地地将分析论证和评论论证的表格列出来，这样会帮助（强迫）大脑明确批判性思维的要素并且将它们从大脑中剥离（提取）出来以让眼睛看到，这个过程是一个强制精准化的过程，也是强迫大脑按照批判性思维要求思考的过程。对于初学者来说，思考是不能不动笔的，因为你脑子里的东西，眼睛是看不到的。而且不提炼出来和用文字表达出来，你其实也不知道你的大脑想的是啥、想成啥样，以及你有没有能力用逻辑和语言把大脑中的想

附录 批判性思考的过程

附表 2 已决之事的思考过程——复盘和反思[①]

步骤	名称	内容	例 1	例 2
1	处境（也可以是困境）	你遇到了一个问题（可以是你的一种情绪，也可以是你面临的一种困难或问题，也可以是别人的一个困扰你的观点）	没考好，很沮丧	你作为侦查机关对张三构成故意杀人罪侦查完毕，移送检察院提起公诉，但是检察院以证据不足为由，退回侦查机关
2	稳定情绪（为理性思考扫清情绪障碍）	你告诉自己不要慌，不要情绪化（比如发脾气、茶不思饭不想、抱怨、畏难情绪、逃避……），我要冷静下来理性解决问题	告诉自己别慌张，停止难过	告诉自己别郁闷，看看自己哪里没处理好
3	唤醒批判性思维的意识	提示自己理性思考就是针对问题要前提为真，前提要能推出结论，这样结论才是正确的，问题才能得到解决	用批判性思维：①依据客观真实；②经过正确推理来消除自己的沮丧	用批判性思维：①依据客观真实；②经过正确推理来消除自己的烦躁
4	开始分析论证	①制作出分析论证图表，把问题、结论、前提、未表达前提都识别出来。这个图表是很难做，把思路拉到做分析论证图表上就很困难，而且把问题、结论、前提、未表达前提		

[①] 这是一个具体的、最小单位的批判性思考的过程（也是批判性思维的运作过程），比如陈有西那个例子中解构出来的几个子问题，一个批判论证是一个批判性思考的过程，你可能需要把上述八个步骤从不同的角度做几遍才能解决一个问题，一个问题可能包含几个思考的过程，建构论证是另一个批判性思考的过程，两个放在一起解决了那个问题，再比如本书中提及的论文写作的过程也包含很多具体的批判性思考过程，如批判性阅读、主题阅读，构思环节等很好多具体的思考过程集合在一起，只为解决一个写作问题。

续表

步骤	名称	内容	例1	例2
4	开始分析论证	准确地用文字呈现出来也是很具有挑战性的; ②你可能暂时能力不够,做不出分析论证的表格,那你应该充分理解相应的知识和求助能帮助你的人。 总之,你需要做出一份类似的分析论证表格,补充评论。不要怕,勇敢尝试几次,多练习几次就轻车熟路了	你制作了分析论证图表,发现你的问题是"成绩不理想应该怎么办?"。你的结论是沮丧,每次都应该考好 问题: 考试成绩不理想 结论: 沮丧 前提: 每次都应该考好	你制作了分析论证图表,将问题、结论、前提都列举出来 问题: 张三是否构成故意杀人罪 结论: 不构成 前提: ①张三年满14周岁,符合主体要件 ②张三曾叫器说要弄死被害人 ③案件的主要凶器虽然找到,但是没有提取张三指纹 ④被害人死亡
5	评论论证	①我要在分析论证的基础上做评论论证,我要检验一下前提是否为真,前提能否推出结论,我还要看看问题本身是不是正确的; ②有些问题我可能还不能很快速地做出评论,朴实相关的信息,我需要补充评论,我要展开在这方面的学习或者求助在这方面能帮助我的人	通过观察分析论证表格,你发现推不出结论,即便是学霸也有考试失利的情况,前提每次都考好,不可能为真	通过观察分析论证表格,你发现你的前提③不为真,不能证明就是张三持有凶器杀害了被害人,这是你在之前忽略的。忽略了只有凶器和被告张三之间的关系

续表

步骤	名称	内容	例1	例2
6	找到关键点	我具备了评论论证的能力,经过评论论证,我发现了我的思维困在我的那个点,或者表现为前提推不出结论,或者表现为问题本身不成立	你找到了你的前提存在问题,你观察到了你长久以来有一个不切合实际的想法,就是期待每一次考试成绩都能达到预期	你找到了你的前提存在问题,凶器没有也没有与张三的指纹进行比对
7	纠正(或调整)关键点	我要在评论论证的基础上把找到的那个"点"纠正过来,使它恢复到"客观真实"的状态	你认识到这个想法不符合实际,于是你要纠正。你宽慰自己人是不可能每一次考试都考好的,下次努力就好了,不以一次试论成败	你认识到这个想法不符合实际,于是你要纠正。你重新提取凶器上的指纹与张三的指纹进行比对,发现两者相符
8	问题解决	我把问题解决了,使工作、生活和学习的秩序得以恢复,然后我还做好了下一次用批判性思维指导自己的思考过程,再一次解决新的问题和挑战的准备	由于你修改了你的前提,虽然你的问题没有发生改变,但是前提发生了改变,因此解决方案也发生了变化 **问题**:考试成绩不理想 **结论**:下次努力,不以一次试论成败,试论成败不沮丧 **前提**:没有人可以每一次都取得好成绩	由于你修改了你的前提,虽然你的问题没有发生改变,但是前提发生了变化,因此解决方案也发生了变化 **问题**:张三是否构成故意杀人罪 **结论**:张三构成故意杀人罪 **前提**:①张三年满14周岁,符合主体要件 ②张三曾叫嚣说要开死敌害人 ③案件的主要凶器上的指纹与张三的指纹吻合 ④故害人死亡

法誊写到纸上,这个过程其实我们在前提线索中已经介绍过很多次了。最后,还是需要强调,批判性思维太博大精深了,任何文字、任何例子、任何解释都无法揭示它在人类生活的方方面面中的丰富立体、复杂多样的面貌,而这一切只能留给读者在后续的学习和生活中慢慢体悟了。

参 考 文 献

[1] AndreaJ. Boyack. More Talking, More Writing[J]. The Law Teacher, 2016(22): 2-4.

[2] Archana Parashar and Vijaya Nagarajan. An Empowering Experience: Repositioning Critical Thinking Skills in the Law Curriculum[J]. Southern Cross University Law Review, 2006(10): 219-241.

[3] Dannye Holley and J. P. Ogilvy. Critical Thinking and the Law[J]. International Journal of the Legal Profession, 1994(1): 343-367.

[4] Greg Taylor. Structured Problem-Solving: Against the "Step-By-Step" Method[J]. Deakin Law Review, 2006(11): 89-102.

[5] Judith A. Langer. Learning through Writing: Study Skills in the Content Areas[J]. Journal of Reading, 1986(29): 400-406.

[6] Robert Ennis. Critical Thinking: A Streamlined Conception[J]. Teaching Philosophy, 1991(14): 4-18.

[7] Nick James. Logical, Critical and Creative: Teaching 'Thinking Skills' to Law Students[J]. Queensl and University of Technology Law & Justice Journal, 2012(12): 66-88.

[8] Erik J. Coats, Robert S. Feldman, Steven Schwartzberg. Critical Thinking: General Principles & Case Studies [M]. New York: McGraw-Hill College, 1994.

[9] Frans H. van Eemeren, Rob Grootendorst. Argumentation, Communication, and Fallacies [M]. London: Routledge, 2016.

[10] 董毓. 批判性思维三大误解辨析[J]. 高等教育研究, 2012（11）: 64-70.

[11] 干咏昕. 用批判性思维方法打造批判性思维课程[J]. 西南大学学报（社会科学版）, 2010（6）: 51-54.

[12] 缪四平. 美国批判性思维运动对大学素质教育的启发[J]. 清华大学教育研究, 2007（3）: 99-105.

[13] 缪四平. 批判性思维与法律逻辑（全文）[A]. 中国逻辑学会法律逻辑

专业委员会编.第十四届全国法律逻辑学术讨论会论文集[C].2006(7).
[14] 缪四平.批判性思维与法律人才培养[J].华东政法大学学报,2008（4）：145-151.
[15] 刘儒德.论批判性思维的意义和内涵[J].高等师范教育研究,2000（1）：56-61.
[16] 刘儒德.批判性思维及其教学[J].高等师范教育研究,1996(4):62-67.
[17] 马克·巴特斯比.中国的批判性思维教育适合采用探究法[J].宫振胜,译.工业和信息化教育,2018（5）：1-10.
[18] 钱颖一.批判性思维与创造性思维教育：理念与实践[J].清华大学教育研究,2018（4）：1-16.
[19] 武宏志.何谓"批判性思维"?[J].青海师专学报（教育科学）,2004（4）：1-4.
[20] 武宏志.论批判性思维的核心元素：论证技能[J].延安大学学报（社会科学版）,2016（1）：5-20.
[21] 武宏志.批判性思维的灵魂：理性标准[J].逻辑学研究,2016（3）：25-41.
[22] 武宏志.批判性思维：多视角定义及其共识[J].延安大学学报（社会科学版）,2012（1）：5-14.
[23] 武宏志.批判性思维与逻辑教育教学[J].延安大学学报（社会科学版）,2003（1）：19-23.
[24] 武宏志.批判性思维：语义辨析与概念网络[J].延安大学学报（社会科学版）,2011（1）：5-17.
[25] 杨唐峰.批判性思维的文化视角研究及其对高等教育的启示[J].东华大学学报（社会科学版）,2019（3）：293-300.
[26] 张青根,沈红.一流大学本科生批判性思维能力水平及其增值：基于对全国83所高校本科生能力测评的实证分析[J].教育研究,2018（12）：109-117.
[27] 钟启泉.批判性思维：概念界定与教学方略[J].全球教育展望,2020（1）：3-16.
[28] 钟启泉."批判性思维"及其教学[J].全球教育展望,2002(1):34-38.
[29] 周志成,容媛媛.批判性思维纳入大学培养目标的当下意义[J].西南民族大学学报（人文社会科学版）,2016（7）：202-206.
[30] 安东尼·韦斯顿.论证是一门学问（第5版）[M].姜昊骞,译.北京：

天地出版社，2019.

[31] 布鲁克·诺埃尔·摩尔，理查德·帕克. 批判性思维（第 10 版）[M]. 朱素梅，译. 北京：机械工业出版社，2015.

[32] 理查德·保罗，琳达·艾尔德. 批判性思维工具（第三版）[M]. 侯玉波，姜佟琳，等译. 北京：机械工业出版社，2019.

[33] 理查德·保罗，琳达·艾尔德. 思辨与立场：生活中无处不在的批判性思维工具（第二版）[M]. 李小平，译. 北京：中国人民大学出版社，2016.

[34] 李世强. 批判性思维：改变思维定式，做出聪明决策[M]. 北京：中国纺织出版社，2020.

[35] 李万中. 思维的利剑：批判性思维让我们看清自己看清世界[M]. 北京：清华大学出版社，2017.

[36] 刘彦方. 批判性思维与创造力：越思考越会思考[M]. 上海：学术出版社，2018.

[37] 路易斯·卡茨. 批判性思维与说服性写作：独立思考者的精进技巧[M]. 北京：新华出版社，2021.

[38] 玛格丽特·马特林. 认知心理学：理论、研究和应用[M]. 北京：机械工业出版社，2016.

[39] 迈克尔·卡列特. 批判性思维：高效决策和解决问题的方法与工具[M]. 葛方方，卢方蕊，译. 北京：电子工业出版社，2019. 梅利莉·H. 萨尔蒙. 逻辑与批判性思维导论（第 6 版）[M]. 刘剑，李嘉伟，译. 北京：中国轻工业出版社，2020.

[40] 尼尔·布朗，斯图尔特·基利. 学会提问（第 11 版）[M]. 吴礼敬，译. 北京：机械工业出版社，2019.

[41] 荣艳红. 批判性思维能力的培养与中国本科教学模式改革[M]. 北京：科学出版社，2018.

[42] 斯蒂芬·D. 布鲁克菲尔德. 批判性思维教与学：帮助学生质疑假设的方法和工具[M]. 钮跃增，译. 北京：中国人民大学出版社，2017.

[43] 斯特拉·科特雷尔. 批判性思考：跳脱惯性的思考模式[M]. 郑淑芬，译. 台北：季天文化出版社，2013.

[44] 田洪鋆. 批判性思维视域下课程思政的教与学[M]. 北京：法律出版社，2021.

[45] 田洪鋆. 批判性思维与写作[M]. 北京：北京大学出版社，2021.

[46] 田洪鋆. 100天写出一篇论文：论文写作的本质及过程控制[M]. 北京：北京大学出版社，2023.

[47] 托马斯·库恩. 科学革命的结构[M]. 张卜天，译. 北京：北京大学出版社，2022.

[48] 吴宏志，周建武. 批判性思维：论证逻辑视角[M]. 北京：中国人民大学出版社，2010.

[49] 张萍. 批判性思维：理论与实践[M]. 北京：人民出版社，2019.